SPOTLIGHT
스포트라이트

초판 1쇄 발행 2016년 8월 19일

번역 · 해설 최지원
펴낸이 조치영
편집주간 스크린영어사 기획 1팀
디자인 이즈플러스
인쇄 삼성인쇄 (주)
펴낸곳 스크린영어사

서울특별시 관악구 대학동 1514번지
TEL (02) 887-8416
FAX (02) 887-8591
http://www.screenplay.co.kr

등록일자 1997년 7월 9일
등록번호 제16-1495

ISBN 978-89-6415-073-3
978-89-87915-11-1 (세트)

SPOTLIGHT

BREAK THE STORY. BREAK THE SILENCE.

스포트라이트

2016 아카데미 2개 부문 수상
최우수 작품상·각본상

(제 88회 아카데미 시상식 6개 부문 노미네이트)
(제 73회 골든 글로브 시상식 3개 부문 노미네이트)
(제 69회 영국 아카데미 시상식 3개 부문 노미네이트)

스크린영어사

SPOTLIGHT
《스포트라이트》를 시작하며

영어를 공부해야겠다고 마음먹었다면 제일 먼저 공부 방식과 교재를 고민하게 되죠. 특히 영화로 영어 공부를 할 때는 목적에 맞는 영화의 선택이 중요합니다. 영화 장르와 분위기, 타깃 관객층에 따라 사용되는 영어의 편차가 크기 때문이죠.

《스포트라이트》는 그런 면에서 특징이 뚜렷한 영화입니다. 일단 신문사가 주요 배경인 만큼 군더더기 없는 깔끔한 대화가 많습니다. 신문사 편집 회의나 기자들의 취재 과정, 변호사나 성직자 같은 취재원들과의 인터뷰가 내용의 상당 부분을 차지하죠. 하지만 지루하고 딱딱할 것 같다고 지레 겁먹을 필요는 없습니다. 중간중간에 기자들끼리 쓰는 농담이나 취미 생활인 스포츠 등의 소소한 재미가 요소요소 들어가 있기 때문입니다.

저는 개인적으로 너무나 사랑하는 배우들이 대거 등장해서 번역하는 내내 즐겁게 작업에 임했는데요. 남성 등장인물이 압도적으로 많고, 이들 대부분이 연기로 정평이 나 있는 배우들이어서 영화 내내 편안하고 안정적인 중저음의 목소리들을 마음껏 즐기실 수 있습니다. 게다가 전체적으로 오버하지 않는 사실적인 연기를 펼치고 있어서 오디오로만 들어도 집중이 잘 됩니다. 특히 직장 동료들 사이에서나 상사와 부하 직원 간에 써먹을 수 있는 실용적인 표현들이 많아서 직장인들에게 더욱 유용한 교재가 될 것 같습니다.

영화 자체의 매력도 무시할 수 없는데요. 아시다시피 이 영화는 정의를 구현하려는 기자들의 노력과 고뇌를 담고 있습니다. 요즘처럼 사회적으로 불신이 팽배한 때에 그러한 기자들의 여정을 가만히 따라가다 보면 마음속에 작은 불꽃이 피어나는 걸 느끼실 수 있을 겁니다. 혹시 이 영화의 무거운 주제 때문에 선택을 망설이는 분들이 계시다면 그 불꽃을 꼭 느껴보시라고 권하고 싶습니다. 또한, 미 동부의 유서 깊은 도시인 보스턴 사회에 존재하는 다양한 문화적 층위와 표현의 자유를 수정헌법 제1조로 보장하는 미국의 언론사 분위기 등, 그동안 잘 알지 못했던 미국의 또 다른 단면을 배울 수 있는 계기가 될 수도 있을 것입니다.

아무쪼록 이 영화가 미뤄놓은 숙제나 오래 묵은 체증처럼 여러분을 힘들게 하던 영어에 대한 갈증을 채워주고, 새로운 문화를 이해하는 데 조금이라도 도움이 되기를 간절히 소망해 봅니다.

Contents

Main Characters

SPOTLIGHT
스포트라이트

마티 배런
MARTY BARON

뉴욕과 마이애미에서 경력을 쌓은 보스턴 글로브의 신임 편집국장. 사교성은 떨어지지만, 매사에 진지하고, 언론인으로서의 사명을 최우선으로 생각한다. 늦게까지 사무실에 남아 일하고 휴일에도 출근하는 지독한 일 중독자이기도 하다. 처음 겪게 된 보스턴이라는 도시와 새로운 직장이 낯설기는 하지만 보스턴 글로브를 지역 독자들에게 꼭 필요한 신문으로 만드는 일에 불철주야 매진한다.

벤 브래들리 주니어
BEN BRADLEE JR.

보스턴 글로브의 편집 부국장. 스포트라이트 팀의 취재 내용을 직접 전달받는 직속상관이다. 냉소적이고 비판적인 성격으로 일반 기자들에게 큰 인기는 없다. 처음에는 마티를 경계하고 거리를 두지만 함께 일을 하면서 점점 그에게 마음을 연다.

로비 로빈슨
(본명 월터 로빈슨)
ROBBY ROBINSON

스포트라이트 팀 팀장. 보스턴 글로브에서 잔뼈가 굵은 유명 기자 출신의 데스크. 지역 명문인 보스턴칼리지 고등학교 출신으로 보스턴 상류층에 수많은 동문이 있지만, 언론인으로서의 본분을 잊지 않는다. 따뜻하고 인간미 넘치며 유머 감각도 있어서 후배들이 많이 따른다.

스포트라이트

스포트라이트 팀 팀원. 바쁜 기자 생활로 가정을 챙기지 못해 부인과 별거 중이다. 물불 가리지 않고 저돌적으로 취재에 임하며, 한 번 마음 먹으면 놓치지 않고 물고 늘어지는 끈질긴 면을 갖고 있다. 약간 어눌한 듯하면서도 특유의 친화력으로 주변 사람들과도 잘 어울린다. 야구 팬이기도 해서 동료인 매트와 부국장 벤 등과 함께 보스턴 레드삭스 경기도 자주 보러 다닌다.

마이크 레젠데스
MIKE REZENDES

사샤 파이퍼
SACHA PFEIFFER

스포트라이트 팀 팀원. 오하이오주에서 태어나 자랐지만, 어머니의 고향인 보스턴에서 기자 생활 중이다. 보스턴에 있는 가족으로는 자상한 남편과 독실한 가톨릭 신자인 할머니가 있다. 가톨릭 교회의 성추행 스캔들을 취재하기 위해 여러 피해자를 만나면서 그들에게 공감하고 함께 마음 아파한다. 이로 인해 할머니와 함께 다니던 성당 미사를 포기하며 내적인 갈등을 겪기도 한다.

필 사비아노
PHIL SAVIANO

어린 시절 신부에게 성추행을 당한 피해자로, 피해자 단체인 스냅(SNAP)을 구성해서 이 현실을 널리 알리려고 노력하고 있다. 하지만 번번이 사람들에게 무시당하고, 정신이상자 취급을 받으면서 피해의식과 강박관념이 강해졌다.

미치 개러비디언
MITCH GARABEDIAN

아르메니아계 미국인으로 권위적인 보스턴 사회에서 소외감을 느끼는 인권 변호사다. 그래서 더욱 소외계층의 피해자들에게 안타까운 마음을 갖고 있다. 늘 약자들의 편의 서서 그들의 권익을 위해 노력하며, 자기 일에 대한 사명감이 강해서 가정도 꾸리지 않고 일에만 묻혀 산다.

대형 로펌의 변호사. 수년 전 포터 신부 사건의 피해자들을 변호하면서 매스컴을 타기 시작했으며, 잘생긴 외모와 유려한 언변으로 일약 스타 변호사로 자리매김했다. 하지만 현실에 눈을 뜬 후로는 피해자들에게 소송을 권하지 않고 가해 신부들과의 합의를 이끌어내며 돈을 벌어왔다. 이 일로 추궁을 받자 양심의 가책을 느껴 로비에게 성추행 가해 신부들의 명단을 건네준다.

에릭 맥클레쉬
ERIC MACLEISH

매트 캐롤
MATT CAROL

스포트라이트 팀 팀원. 귀여운 딸과 장난꾸러기 두 아들을 둔 아빠로서 사제들의 아동 성추행 사건에 큰 충격을 받는다. 그 때문에 취재에 임하는 몇 달 동안 밤에 잠을 못 이루고 괴로워한다. 자료 분석과 정리에 능하며 컴퓨터도 잘 다뤄서 문서 작업은 주로 그의 담당이다.

SPOTLIGHT
스포트라이트

보스턴 최대 일간지인 보스턴 글로브에 신임 편집 국장인 마티 배런이 부임한다. 마티는 한 신부의 아동 성추행 사건이 조용히 넘어가는 걸 보고 탐사보도를 전문으로 하는 스포트라이트 팀에 집중 취재를 요청한다. 그런데 놀랍게도 취재 과정에서 그동안 감춰졌던 사제들의 아동 성추행 사건이 줄줄이 드러난다. 또한, 보스턴 대교구의 추기경이 이 사실을 알고도 오랜 세월 눈감아왔다는 증거도 나타난다. 수십 년간 가톨릭 교회 차원에서 피해자들을 입막음하고 사제들의 범행이 공개되는 걸 막아왔던 것이다. 이에 스포트라이트 팀은 끈질긴 노력으로 보스턴에서만 70여 명의 신부에 대한 증언을 확보하고, 가톨릭 교회가 조직적으로 진실을 은폐했다는 사실을 밝혀내는데…

Chapter 1

신임 국장 마티의 부임

Arrival of the New Editor-in-chief

시간 00:00:00~00:14:30

INT. POLICE STATION, BOSTON - NIGHT, 1976

A title comes up on the black screen : "Based on Actual Events," and music plays. A cop walks down a long hall. We hear some indistinct voices and ringing sounds. It's a Boston police station in 1976. A young cop is reading a magazine in the front desk area. He turns back to the older cop as he comes in.

YOUNG COP : How's that going?

OLDER COP : The mother's bawling and the uncle's pissed off.

YOUNG COP : She's not married?

OLDER COP : Divorced with four kids. (putting a cigarette in his mouth) I guess Father was helping out.

YOUNG COP : (dubiously) Helping out?

The older cop lights his cigarette. The front door opens and Burke walks in.

OLDER COP : Hey, Mr. Burke, they're in back talking to the bishop.

내부. 보스턴 경찰서 – 밤, 1976년

검은 화면에 '실제 사건을 바탕으로 함'이라는 자막이 나오고 배경음악이 흐른다. 한 경관이 기다란 복도를 걸어가고 있다. 전화벨 소리와 사람들이 웅성거리는 소리가 들린다. 1976년 보스턴 경찰서 사무실이다. 젊은 경관이 안내 데스크에서 잡지를 보고 있다. 선배 경관이 들어서자 젊은 경관이 뒤돌아본다.

후배 경관 : 어땠어요?

선배 경관 : 애 엄마는 악을 쓰고 삼촌은 잔뜩 열 받았어.

후배 경관 : 미혼모예요?

선배 경관 : 이혼했는데 애만 넷이야. (담배를 꺼내 물며) 그래서 신부님이 도와줬나 봐.

후배 경관 : (의심스럽다는 듯) 도와줘요?

선배 경관은 담배에 불을 붙인다. 이때, 경찰서 문이 열리고 버크가 들어온다.

선배 경관 : 버크 씨, 그 가족은 지금 안에서 주교님과 얘기 중이에요.

- **bawl**
  소리치다, 크게 울다
  cry out loudly
- **pissed off**
  열 받다, 짜증 나다
- **dubiously**
  의심스럽게, 미심쩍게
  doubtfully
- **help out**
  도와주다, 거들다
  help someone out; help out with something
- **bishop**
  주교, (체스의) 비숍

BURKE : (urgently) And Father?

OLDER COP : We put him in the break room.

BURKE : Any press?

OLDER COP : Some guy from the Citizen but we sent him away. None of the big papers.

BURKE : Let's keep it that way.

Burke walks toward holding.

YOUNG COP : Who's that?

OLDER COP : Assistant DA.

YOUNG COP : It's gonna be hard to keep the papers away from the arraignment.

OLDER COP : (sneering) What arraignment?

The older cop leaves. Young cop looks at him curiously. Father Geoghan sits alone in a side room.

OLDER COP : (O.S.) You can tell Father Geoghan I won't be much longer.

INT. POLICE STATION, INTERVIEW ROOM - LATER

A bishop talks in hushed tones with Sheila while her two kids color.

BISHOP : Sheila, you know what good work the church does in the community. I give you my personal guarantee that I'm going to take Father out of the parish and this will never happen again.

버크 : (다급하게) 신부님은요?

선배 경관 : 휴게실로 모셨어요.

버크 : 기자들도 왔나요?

선배 경관 : 시티즌 지의 기자들이 왔었는데 돌려보냈어요. 주요 언론사에선 안 왔고요.

버크 : 계속 그렇게 막아줘요.

버크가 유치장 쪽으로 간다.

후배 경관 : 누구예요?

선배 경관 : 지방 검사야.

후배 경관 : 신부님이 기소되고 나면 언론을 따돌리기 힘들 텐데요.

선배 경관 : (비웃으며) 기소는 무슨 기소.

선배 경관이 나간다. 후배 경관은 어리둥절한 표정으로 그를 바라본다. 옆 방에는 게이건 신부가 홀로 앉아있다.

선배 경관 : (목소리) 게이건 신부님께 조금만 더 기다리시라고 해.

내부. 경찰서, 면회실 – 잠시 후

쉴라의 두 자녀가 색칠 놀이를 하는 동안 주교가 쉴라에게 조용히 이야기하고 있다.

주교 : 쉴라, 성당이 지역사회에 좋은 일을 많이 하는 거 알잖아요. 게이건 신부는 우리 교구에서 내보낼 거고 다시는 이런 일 없을 거예요.

- **break room**
  휴게실
  break time, coffee break
- **assistant DA**
  지방검사
  assistant district attorney
  • district attorney (D.A.)는 검사장
- **arraignment**
  기소사실인부절차: 피고인에게 공소장을 읽어주고 유죄 여부를 묻는 영미법상의 형사소송 절차
- **hushed**
  조용한, 소리를 낮춘
  quiet, subdued, muted
- **parish**
  교구, 교구 주민들

Let's keep it that way.
방금 언급된 그런 상태 'that way'를 계속 유지하자고 제안하는 말입니다. 여기서는 문맥상 기자들이 알지 못하게 계속 막아달라는 뜻이죠. 또한 that way는 아래 예문에서와 같이 '그런 식으로'라는 뜻도 됩니다.
Don't act that way. 그렇게 행동하지 마.
It doesn't have to be that way. 꼭 그럴 필요는 없어.

Zoom In

Let's keep it that way.
계속 그렇게 막아줘요.

Sheila is lost for word. Burke enters, sits. The bishop turns to him.

BISHOP : We'll just be another moment, Paul.

BURKE : Of course, Father.

Burke eyes the kids, not paying attention to anything but coloring. Bishop turns back to Sheila.

BISHOP : Now Sheila, I'm going to give you my personal card...

EXT. POLICE STATION - LATER

The young cop stands outside smoking. The bishop and the priest rush out of the police station. The young cop watches them getting into a town car and driving off.

CUT TO TITLE SCREEN: Spotlight

INT. BOSTON GLOBE, NEWSROOM - DAY, 2001

A large newsroom. Reporters and editors gathered. Deputy managing editor Ben Bradelee, Jr stands in front with an older reporter, Stewart.

BEN : Losing a good reporter is always tough, but losing one of our best-- ah, well, to put it as eloquently as I can, it's a real kick in the ass.

A few polite chuckles from those in the crowd.

BEN : But, Robby here has known Stewart longer than most of you have been alive, so, I'll hand it off to him. Robby.

주교의 말에 쉴라는 할 말을 잃는다. 이때, 버크가 들어와서 앉는다. 주교가 그를 돌아본다.

주교 : 오래 걸리진 않을 거네.

버크 : 네, 주교님.

버크는 색칠에만 열중하고 있는 아이들을 바라본다. 주교가 다시 쉴라에게로 몸을 돌린다.

주교 : 쉴라, 내 개인 명함을 줄 테니까….

외부. 경찰서 – 얼마 후

젊은 경관이 밖에서 담배를 피우고 있다. 주교와 신부가 서둘러 경찰서를 빠져나온다. 젊은 경관은 그들이 고급 차를 타고 멀어져 가는 걸 바라본다.

메인 자막 : 스포트라이트

내부. 보스턴 글로브, 편집국 – 낮, 2001년

넓은 편집국 사무실에 기자와 편집부장들이 모여있다. 부국장인 벤 브래들리 주니어가 좀 더 나이가 지긋한 베테랑 기자 스튜어트와 함께 사람들 앞에 서 있다.

벤 : 좋은 기자를 잃는 건 언제나 가슴 아프지. 더군다나 최고의 기자 중 한 명을 떠나보내는 건 최대한 실감 나게 표현하자면 흠씬 두들겨 맞는 기분이야.

기자들 몇 명이 예의상 웃어준다.

벤 : 하지만 이쯤에서 여러분 대다수가 산 날보다 스튜어트를 더 오래 알아 온 로비에게 발언권을 넘기겠네.

- **personal card**
  명함
  business card
- **town car**
  고급 차, 타운 카: 유리로 운전석과 객석을 칸막이한 문이 4개인 자동차
- **rush out**
  뛰어나가다, 급히 나가다
  to exit in a hurry
- **newsroom**
  (신문사) 편집국, (방송사) 보도국
- **reporter**
  기자, 취재 기자
- **editor**
  (신문사) 부장, 데스크
- **eloquently**
  생생하게, 감동적으로, 웅변적으로, 유창하게

Sheila is lost for word.

lost for words는 할 말을 잃었다, 할 말이 생각나지 않는다는 뜻으로 주로 충격을 받거나 갑자기 기쁜 일이 생겨 놀랐을 때 쓰는 말입니다. do not know what to say라고도 합니다.

- I'm getting the award? Oh, I don't know what to say. 제가 그 상을 받는다고요? 무슨 말을 해야 할지 모르겠네요.

Zoom In

Sheila is lost for word.

쉴라는 할 말을 잃었다.

ROBBY : Oh, well, thanks Ben. I think. (laughter) Although I take issue with your reference to my seniority, (laughter) I will say that Stewart's departure is especially painful for me. Because for what, Stewart? Twenty years now? (putting his arm around Stewart's shoulder) Stewart's been more than willing to part with his money at the poker table.

More laughter.

ROBBY : And I've got a kid in college.

STEWART : Yeah, but I'm keep playing.

ROBBY : Oh, problem solved. Godspeed then.

Everyone's laughing now. Robby connects in a warm, easy way.

ROBBY : Now Stewart, I find the timing of your departure...disconcerting. The corner office sits empty a new editor arrives on Monday so I'm sorry buddy, but, I gotta ask ya... (teasing) what the hell do you know?

The room hoots and laughs. Stewart covers his mouth. Speak no evil. More laughter.

INT. GLOBE, HALLWAY - LATER

Sacha and Matt walk down a hall, both carrying cake. They go into a stairwell and down a set of stairs, both carrying cake. They emerge on the floor below, Sacha eating her cake.

로비　　　: 오, 감사합니다, 부국장님. 이렇게 말해야겠죠? (웃음소리) 제 연배를 언급하신 부분에 이의가 있기는 하지만요. (웃음소리) 스튜어트가 퇴직하는 건 저한테 특별히 더 속상한 일이에요. 스튜어트, 벌써 한 20년 됐죠? (스튜어트와 어깨동무를 하며) 그동안 포커 게임에서 내게 기꺼이 돈을 잃어준 게 말이에요.

더 큰 웃음소리가 들린다.

로비　　　: 우리 애가 이제 대학생인데.

스튜어트　: 포커는 계속 같이할 걸세.

로비　　　: 그럼 다 해결됐네요. 행운을 빌게요.

이제 모두가 웃고 있다. 로비는 쉽고 편안하게 사람들과 소통할 줄 안다.

로비　　　: 스튜어트, 그런데 퇴직하는 시기가 어쩐지…, 마음에 걸리네요. 편집국장 자리가 비어있고 월요일에 새 국장이 오는데 하필 지금 떠나다니, 숨기지 말고 말해봐요… (짓궂은 표정으로) 대체 뭘 알고 있는 거죠?

편집국 안은 한바탕 웃음바다가 된다. 스튜어트가 손으로 입을 막는다. 절대 말 못한다는 듯이. 더 큰 폭소가 터져 나온다.

내부. 보스턴 글로브, 복도 – 얼마 후

사샤와 매트가 케이크 접시를 들고 복도를 따라 걸어간다. 두 사람은 곧 계단 가에 이르러 긴 계단을 내려간다. 아래층에 다다르자 사샤가 케이크를 한 입 먹는다.

- **issue**
  이의, 논쟁
  take issue with someone
- **be willing to**
  기꺼이 ~하다
  be happy to do something if it is needed
- **godspeed**
  (고어) 축복, 기원
  wish a godspeed 축복하다
  Godspeed you! 축복합니다!
- **disconcerting**
  불안하다, 마음에 걸리다
  something makes you feel anxious, confused, or embarrassed.
- **hoot**
  크게 웃다, 소리치다
  make a hoot

What the hell do you know?

what the hell은 의문문의 제일 앞에 들어가서 도대체~라는 뜻으로 쓰입니다. 그냥 What do you know?라고 물을 때보다 좀 더 강한 어감이죠. 비슷한 표현으로 what on earth, what in the world 등도 있습니다.

Zoom In

What the hell do you know?

대체 뭘 알고 있는 거죠?

MATT : How's the cake?

SACHA : (taking a bite) It's really good. Are you saving yours?

MATT : Nah, it's for Mike. I can never eat at those things. They kind of depress me.

SACHA : I know.

INT. GLOBE, SPOTLIGHT OFFICE - CONTINUOUS

Cramped office. Small windows. Mike Rezendes sits at his unholy mess of a desk, talking on the phone.

SACHA : Did you see the numbers from Washington?

MATT : Yeah. Very interesting.

SACHA : I think so too.

MIKE : (into phone) I'm not asking if the PDs lying, I know they're lying.

Matt sets the cake on the stacks of files on Mike's desk.

MIKE : All I'm asking is who's behind it? (listens) Okay, I get it. (leaning back) You don't want to talk. No Dan, I'm not mad, I'm hungry. (looking at the cake) I've been talking here so long I didn't eat lunch. So I'm going to get something to eat and that'll give you an hour to decide whether you want to be on the right side of this or read about it like everybody else. Bye, Dan.

매트 : 케이크는 어때?

사샤 : (케이크를 먹으며) 진짜 맛있어. 아껴뒀다가 먹게?

매트 : 아니, 마이크 주려고. 난 이런 거 못 먹잖아. 먹으면 우울해지거든.

사샤 : 알아.

내부. 보스턴 글로브, 스포트라이트 팀 사무실 - 계속

비좁은 사무실. 작은 창문들. 마이크 레젠데스가 끔찍하게 어지러진 책상 앞에 앉아 통화하고 있다.

사샤 : 정부에서 보내준 수치 봤어?

매트 : 응, 아주 흥미롭던데.

사샤 : 내 생각도 그래.

마이크 : (전화에다) 경찰 발표가 가짜라는 건 말 안 해도 이미 알아요.

매트가 가져온 케이크를 마이크 책상의 서류 더미 위에 올려놓는다.

마이크 : 그 배후가 누군지 말해달라는 거죠. (잠시 듣다가) 네, 알았어요. (의자를 뒤로 젖히며) 밝히고 싶지 않군요. 아니요, 댄, 화난 게 아니라 배가 고파서 그래요. (케이크를 바라보며) 아까부터 전화를 붙들고 있느라 점심도 못 먹었다고요. 난 뭐라도 먹으러 갈 테니 한 시간 동안 잘 생각해서 결정해요. 올바른 편에 서든지 남들처럼 나중에 신문 기사로 확인하든지요. 그럼 끊어요.

- **cramped**
  비좁은, 갑갑한
- **unholy**
  부정한, 불경스러운; 〈구어〉 지독한, 끔찍한
  impious, blasphemous; awful, dreadful
- **PD**
  (약어) 경찰서
  police department; NYPD, LAPD
- **stack**
  무더기, 많음, 굴뚝
  pile, heap

All I'm asking is who's behind it.

All I'm asking is는 다른 건 차치하더라도 ~만은 가르쳐달라 혹은 해달라는 간곡한 표현입니다. All I'm saying~ 으로도 쓸 수 있죠. 여기서 behind는 뒤에 숨은 배후라는 뜻으로 behind the plan, behind the scene 등으로 쓰입니다.

Zoom In

All I'm asking is who's behind it.

그 배후가 누군지만 말해줘요.

Mike hangs up the phone, Sacha turns to him.

SACHA : You think Cahill has something?

MIKE : Maybe. I just don't think the story's for us.

MATT : Ben likes it.

MIKE : Yeah, it's not bad, it's just not Spotlight.

Robby enters with a file under his arm.

ROBBY : What's just not Spotlight?

SACHA : The PD numbers.

MIKE : (eating cake) The numbers story. It feels thin.

Robby turns back and watches Mike cramming his mouth with the cake.

ROBBY : Oh, you got Cahill to talk?

MIKE : No. But I will.

ROBBY : Good. Then we'll know if it's thin.

Robby goes into his office.

MIKE : (eating cake) How'd it go upstairs?

MATT : Ah, okay. Robby gave a good speech.

MIKE : Sure he did.

마이크가 전화를 끊자 사샤가 돌아본다.

사샤 : 케이힐이 뭔가를 아는 것 같아?

마이크 : 아마도. 하지만 우리 기삿감은 아닌 것 같아.

매트 : 부국장님은 좋아하던데.

마이크 : 그래, 나쁘진 않은데 우리 팀과는 안 맞아.

로비가 서류를 옆구리에 끼고 들어온다.

로비 : 뭐가 우리 팀과 안 맞아?

사샤 : 경찰이 준 수치요.

마이크 : (케이크를 먹으며) 그 수치 말이에요. 그걸로는 약해요.

로비가 돌아서서 케이크를 입에 넣는 마이크를 바라본다.

로비 : 케이힐한테 증언은 받아냈어?

마이크 : 곧 받아낼 거예요.

로비 : 좋아. 듣고 나면 판단이 서겠지.

로비가 자기 사무실로 들어간다.

마이크 : (케이크를 먹으며) 위층 분위기는 어땠어?

매트 : 좋았어. 팀장님이 멋진 송별사를 했지.

마이크 : 그러셨겠지.

- **thin**
  약하다, 부족하다
- **cram**
  게걸스럽게 먹다, 마구 집어넣다, 가득 채우다
  gorge, gobble, stuff, fill
- **upstairs**
  위층, 2층; 위층(2층)에서, 높은 지위로

How'd it go upstairs?

How did it go?를 줄인 말인데요. 특정한 상황이 어땠는지, 잘 진행됐는지 물어볼 때 사용됩니다. How was it? 혹은 Was it alright?과 같은 의미죠. 이 문장에서는 위층 편집국에서 진행된 고별식이 어땠는지 묻는 겁니다.

- How did the meeting go? 회의는 어땠어?
- How did your vacation go? 휴가 어땠어?

Zoom In

How'd it go upstairs?

위층 분위기는 어땠어?

SACHA : I heard Lubin and Connor are going to the Times.

MATT : Come on, really?

MIKE : Yeah, I heard that.

Matt looks at Mike, taking off his glasses.

MATT : They're leeching us.

MIKE : Well, at least they're sending us a guy from Miami to run things. That should help.

MATT : Has Baron even spent time in Boston?

MIKE : I don't think he's ever been here before. Maybe we should buy him a map.

SACHA : I have a friend down in Miami said he cut 15% of the staff.

MATT : Great...

Mike rolls his chair back, calls out to Robby in his office.

MIKE : Hey, Robbie. new boss coming in to make some cuts?

ROBBY : (staring at the monitor) I have no idea.

MIKE : Aren't you sitting down with him?

ROBBY : Yes I am.

MIKE : So is it about Spotlight?

사샤 : 루빈이랑 코너가 뉴욕 타임스로 옮겨갈 거래.

매트 : 에이, 정말이야?

마이크 : 응, 나도 들었어.

매트는 안경을 벗으며 마이크를 바라본다.

매트 : 우리를 쪽쪽 빨아먹는군.

마이크 : 그래도 마이애미에서 국장을 보내준다잖아. 그럼 도움이 되겠지.

매트 : 새 국장은 보스턴에 와본 적이나 있대?

마이크 : 아마 초행일 것 같은데. 지도라도 하나 사드려야겠어.

사샤 : 마이애미에 있는 친구 얘기로는 거기서 직원을 15%나 자른 사람이래.

매트 : 망했네.

마이크가 의자를 젖히며 로비의 사무실을 향해 말한다.

마이크 : 팀장님. 새 국장이 우릴 감원하러 오는 거예요?

로비 : (모니터를 들여다보며) 나도 몰라.

마이크 : 곧 만나시기로 했죠?

로비 : 그래.

마이크 : 스포트라이트 때문이에요?

- **The Times**

여기선 NY Times (뉴욕 타임스)를 의미 (보스턴 글로브는 1993년에 뉴욕 타임스 사에 합병되어 계열사가 되었다가 2013년에 보스턴 레드삭스 구단주인 존 헨리에게 매각됨. 영화의 배경인 2001년 당시에는 뉴욕 타임스의 계열사인 상태)

- **leech**

(사람이나 재산을) 고갈시키다, 빨아먹다

- **cut**

자르다, 줄이다, 삭감하다, 편집하다, 삭제하다
- salary cut 연봉 삭감
- price cut 가격 인하

Aren't you sitting down with him?

sit down with는 누군가와 공식적인 약속을 잡고 만나는 것을 의미합니다. 같이 앉아서 얘기를 나눈다는 뜻이죠. 중요한 일을 상의하는 회의나 자연스럽게 대화하는 저녁 식사 자리를 이렇게 표현합니다. 로비가 신임 국장인 마티와 둘이 따로 만날 약속이 되어 있기에 마이크가 물어보는 겁니다.

Zoom In

Aren't you sitting down with him?

그 사람을 만나시기로 했죠?

ROBBY : I don't know Mike, (turning his eyes to Mike) but I do know that Ben needs an answer on the crime numbers story.

MIKE : I'm telling you, I really don't think that story's for us.

INT. FOUR SEASONS HOTEL, RESTAURANT - LATER

The restaurant is full of people having dinner and chatting. Marty sits at a table reading something seriously with his left hand on forehead. Robby arrives, finds Marty and extends his hand.

ROBBY : Mr. Baron. (to hand)Walter Robinson. Robby.

Marty rises and shakes hand with Robby.

MARTY : Thanks for taking the time out of your weekend.

ROBBY : My pleasure.

MARTY : Appreciate it.

ROBBY : (to sit) What are you reading?

MARTY : 'The Curse of the Bambino.'

ROBBY : Ah, yeah, it's a great book. The Globe has season tickets at Fenway once you're settled in. By the way…

로비 : 그건 모르겠지만, (마이크에게로 시선을 옮기며) 부국장님이 범죄율 관련 내용을 기다리고 계시는 건 알아.

마이크 : 말씀드렸잖아요. 우리가 쓸만한 기사가 아니에요.

내부. 포시즌 호텔, 식당 - 얼마 후

식당 안은 저마다 식사를 즐기며 대화를 나누는 사람들로 가득 차있다. 한 테이블에 앉아 왼손을 이마에 얹은 채 뭔가를 심각하게 읽고 있는 마티의 모습이 보인다. 로비가 식당으로 들어와 마티를 발견하고는 먼저 인사를 한다.

로비 : 국장님. (손을 내밀며) 월터 로빈슨입니다. 로비라고 부르세요.

마티가 자리에서 일어나 로비와 악수를 한다.

마티 : 주말에 시간 내줘서 고마워요.

로비 : 별말씀을요.

마티 : 고마워요

로비 : (자리에 앉으며) 무슨 책을 읽고 계세요?

마티 : '밤비노의 저주'예요.

로비 : 아, 좋은 책이죠. 회사에 레드삭스 시즌 티켓이 있으니 대충 정리되고 나면 가보세요. 곁들여서 말하면….

- **The Curse of the Bambino**

  밤비노의 저주: 보스턴 레드삭스가 1920년에 홈런왕 베이브 루스 (애칭 '밤비노')를 뉴욕 양키스로 트레이드한 후 한 번도 우승하지 못해 생긴 말. 2004년에 월드시리즈에서 우승하면서 86년 만에 저주가 풀림.

- **Fenway**

  Fenway Park. 펜웨이 파크. 보스턴 레드삭스의 홈구장. 1912년에 개장해 100년이 넘게 사용되고 있는 메이저리그 역사의 산실.

- **settle in**

  (새로운 환경에) 적응하다. 정착하다. 안정되다
  become accustomed to one's new surroundings; to get used to

Thanks for taking the time out of your weekend.

무엇을 해줘서 고맙다는 표현은 Thanks for ~로 합니다. 이 문장에서 좀 더 격식을 차리려면 Thank you for ~ 혹은 I appreciate you taking the time out of your weekend.라고 하면 됩니다.

- Thanks for sharing. 나눠줘서 고마워요.
- Thanks for your help. 도와줘서 고마워요.

Zoom In

Thanks for taking the time out of your weekend.

주말에 시간 내줘서 고마워요.

MARTY : Thank you. To be honest, I'm not much of a baseball fan. I'm just trying to get a feel for the city.

ROBBY : Ah, yeah…

It seems a little awkward. They both feel ill at ease. Marty changes the subject.

MARTY : So you're originally from Boston?

ROBBY : I am. Born and raised, yeah. A lot of the newsroom is from here. It really feels like a local paper in that way.

MARTY : And did that change at all after the paper was sold to the Times?

ROBBY : (hesitating) No. No, I don't think that had a big impact.

MARTY : Good.

Marty takes a deep breath and grabs his note. He starts asking question while making notes as if he's a reporter.

MARTY : (sighs) And you're an editor for the Spotlight team?

ROBBY : (shifting in his seat) I'd prefer to think of myself as player coach. But, yes. Are you familiar with Spotlight?

MARTY : No, not particularly.

마티 : 고마워요. 음… 실은 야구를 그렇게까지 좋아하진 않아요. 보스턴의 분위기나 익혀두려는 거죠.

로비 : 그러시군요.

어쩐지 겸연쩍은 상황이다. 두 사람 사이에 어색한 분위기가 흐른다. 마티가 화제를 돌린다.

마티 : 보스턴 출신인가요?

로비 : 네, 여기 토박이예요. 편집국 직원의 상당수가 보스턴 출신이죠. 그런 면에서는 지역 신문 같은 느낌도 있어요.

마티 : 뉴욕 타임스에 매각되고 나서 달라지지는 않았고요?

로비 : (머뭇거리며) 아니요. 그 일로 큰 영향은 없었어요.

마티 : 다행이네요.

마티가 크게 심호흡을 하더니 수첩을 집어 든다. 그리고 메모를 하며 기자처럼 질문하기 시작한다.

마티 : (숨을 들이쉬며) 그리고… 당신이 스포트라이트 팀의 팀장이라고요?

로비 : (자세를 고쳐 앉으며) 저 자신은 선수 겸 감독이라고 생각하지만, 직함은 그게 맞습니다. 스포트라이트 팀을 잘 아시나요?

마티 : 아니요, 그렇지는 않아요.

- **originally from**
  ~ 출신이다. ~ 태생이다
- **born and raised**
  태어나서 자란. 토박이
  born and bred
- **player coach**
  선수 겸 감독. 플레잉 코치

To be honest, I'm not much of a baseball fan.

not much of는 대단한 ~는 아니다, 그렇게 ~하지는 않다는 표현입니다. 무엇으로 정의되기엔 정도가 약하다는 뜻이죠. 여기선 야구 팬이라고 하기에는 부족하다, 즉 그렇게 좋아하지는 않는다는 말입니다.

• He's not much of a talker.
그는 말이 별로 없다.

Zoom In

To be honest, I'm not much of a baseball fan.

실은 야구를 그렇게까지 좋아하진 않아요.

ROBBY : Well, we are a four person investigative team. We report to Ben Bradlee Jr., and we keep our work confidential.

MARTY : (nodding) What are you working on now?

ROBBY : We just put out a piece on a shoddy construction outfit and right now we're really just (looking at Marty's pen) trolling around for our next story.

Marty keeps making note passionately and it clearly bothers Robby.

MARTY : How long does that typically take?

ROBBY : (breathing in) Hard to say. A couple months.

MARTY : Couple months?

ROBBY : Yeah, we don't like to rush it. Once we settle on a project, we can spend a year or more investigating it.

Marty makes a note of this.

ROBBY : Is that a concern?

MARTY : Not necessarily. (putting down the pen) But from what I understand readership is down, Internet is cutting into the classified business and... I think I'm gonna need to take a hard look at things.

ROBBY : So, (seriously) do you anticipate more cuts?

로비　: 네 명으로 구성된 탐사보도 팀이에요. 보고는 부국장님께 하고, 취재 내용은 비밀로 하죠.

마티　: (고개를 끄덕이며) 지금은 뭘 취재 중이죠?

로비　: 얼마 전에 부실 건설사를 고발하는 기사가 나갔고, 현재는 다음 기삿거리를 (마티의 펜을 바라보며) 광범위하게 살펴보고 있습니다.

로비는 자신과의 대화를 수첩에 열심히 적는 마티의 모습이 신경 쓰인다.

마티　: 그런 작업은 보통 얼마나 걸리나요?

로비　: (숨을 들이쉬며) 정해져 있진 않지만…. 두어 달 정도요.

마티　: 두어 달이요?

로비　: 네, 서두르지 않는 편이죠. 프로젝트를 정하고 나면 일 년 넘게 조사만 하기도 해요.

마티가 이 말을 수첩에 적는다.

로비　: 기간이 문제가 되나요?

마티　: 그렇진 않아요. (펜을 내려놓으며) 하지만 신문 구독률은 떨어지는데 지역 광고 사업까지 인터넷에 빼앗기고 있잖아요. 그러니… 여러 가지를 따져볼 필요가 있죠.

로비　: 그래서…. (진지하게) 인원을 더 감축하실 건가요?

- **investigative**
  조사하는, 탐사하는
  - investigative journalism 탐사보도
  - investigative reporter 탐사 전문 기자
- **confidential**
  비밀의, 은밀한 (주로 공식적인 업무나 군사 관련 상황에서)
  private, classified
- **shoddy**
  부정직한, 겉만 번지르르한
- **troll**
  ~을 찾으려고 어슬렁거리다다, 얻으려고 애쓰다
  move around, search in
- **readership**
  독자 수, 독자층
- **classified**
  (신문의) 광고란
  classified ad

What are you working on now?

work on은 작업하다, ~을 위해 애쓰고 있다는 뜻입니다.
- I'm working on it. 그 일을 하고 있다.
- I'm working on him. 그에게 공을 들이고 있다.

Zoom In

What are you working on now?

지금은 뭘 취재 중이죠?

MARTY : I think it's safe to assume so, but, uh.... what I'm more focused on right now is finding a way to-- to make this paper essential to its readers.

ROBBY : (confidently) I like to think it already is.

MARTY : (nodding) Fair enough. I just think that we can do better.

Finding Robby's pride and self-respect in his work, Marty smiles for the first time.

EXT. BOSTON GLOBE - DAY

Wide shot of peaceful city of Boston. A cab pulls over in front of the Globe. Marty gets out of the cab and walks inside.

INT. GLOBE, NEWSROOM - DAY

Unlike outside, everyone's busy in the newsroom. Ben strides across the room. Robby falls in.

ROBBY : Mr. Bradlee.

BEN : Hey. (walking side by side) Saw the PD numbers. Looks interesting.

ROBBY : Yeah, there's something there.

BEN : How long do you need?

ROBBY : Another week.

BEN : Where are you going?

ROBBY : To the 10:30.

마티 : 아마도 그렇게 되겠지만… 당장은 보스턴 글로브를 독자들에게… 필요한 신문으로 만드는 데 주력하려고요.

로비 : (자신 있게) 전 이미 그렇다고 보는데요.

마티 : (고개를 끄덕이며) 맞아요. 하지만 더 나아질 수도 있죠.

자기 일에 자부심과 자신감에 가득 찬 로비의 모습에 마티는 처음으로 미소를 짓는다.

외부. 보스턴 글로브 – 낮

보스턴 시내는 한가로운 모습이다. 신문사 입구에 택시 한 대가 서고, 마티가 그 안에서 내려 건물로 들어간다.

내부. 보스턴 글로브, 편집국 – 낮

신문사 밖의 여유로운 모습과는 달리 편집국 안에서는 모든 게 바쁘게 돌아가고 있다. 벤이 편집국을 가로질러 와서 로비와 마주친다.

로비 : 부국장님.

벤 : 그래. (나란히 걸어가며) 범죄율 수치 받았어. 구미가 당기던데.

로비 : 네, 뭔가 있긴 있나 봐요.

벤 : 얼마나 더 걸리겠나?

로비 : 음… 일주일 정도요.

벤 : 어디 가는 거야?

로비 : (10시 30분) 편집 회의요.

- **assume**
  사실로 추정하다, 가정하다, 떠맡다, ~인 체하다
  consider, guess, accept
- **10:30**
  여기서는 10시 30분에 열리는 아침 편집 회의를 의미
  editorial meeting

Fair enough.
상대가 한 말이나 행동을 인정한다는 뜻으로 가볍게 던지는 말입니다. 비슷한 표현으로는 All right, That's reasonable, I agree 등이 있습니다.

Zoom In

Fair enough.

맞아요.

BEN : (chuckles) Since when?

ROBBY : Technically, I am an editor.

BEN : Technically. Your sit down with Baron go that well?

ROBBY : I couldn't get a read on him.

BEN : That's a first.

ROBBY : How about you?

BEN : Well, he's a barrel of laughs.

Robby laughs.

INT. GLOBE, LARGE CONFERENCE ROOM - LATER

Editors around a horseshoe table, side seats filled. It's quiet, nervous eyes on Marty, who reads some note.

HELEN : Morning everyone. Let's get started. Do you want to say something, Marty?

MARTY : Uh, sure. Hello. As most of you know by now, my name is Marty Baron, I'm delighted to be here.

Everyone stares at him in tense silence.

MARTY : If you could tell me your name as we go around, that would be helpful. Thank you.

Marty starts to take note out of habit.

HELEN : Okay. Peter?

벤 : (웃으며) 언제부터?

로비 : 엄밀히 말하면 저도 부장이잖아요.

벤 : 그건 그렇지. 국장이랑은 얘기 잘했어?

로비 : 영 속을 모르겠던데요.

벤 : 그런 말은 처음 듣네.

로비 : 부국장님은 어떠셨는데요?

벤 : 아주 유쾌한 사람이던데.

로비가 웃는다.

내부. 보스턴 글로브, 대회의실 – 얼마 후

편집부장들이 말발굽 모양 테이블 양옆에 빙 둘러앉아 있다. 조용한 가운데 수첩을 읽고 있는 마티를 모두 긴장한 눈길로 바라본다.

헬렌 : 좋은 아침이에요. 회의를 시작하죠. 국장님, 한 말씀 하시겠어요?

마티 : 그러죠. 안녕하세요. 음… 지금쯤이면 다들 알겠지만 내 이름은 마티 배런이에요. 이렇게 만나서 반가워요.

다들 굳은 표정으로 마티를 조용히 바라보고 있다.

마티 : 음… 돌아가면서 이름을 말해주면 큰 도움이 되겠어요. 그럼 부탁해요.

마티는 습관적으로 수첩에 무언가를 적기 시작한다.

헬렌 : 그렇게 하죠. 피터?

- **technically**
  엄밀히 말하면, 원칙적으로
- **barrel of laughs**
  아주 재미있는 사람이나 사물
- **horseshoe table**
  말발굽 모양으로 굽은 테이블
- **out of habit**
  습관적으로
  because of habit, from force of habit

Let's get started.
무언가를 시작하자고 편하게 던지는 말로 자주 사용됩니다. 식사, 회의, 작업, 게임 등 함께하는 일의 개시를 제안하는 표현입니다. Let's start 혹은 Let's get it started로도 쓸 수 있습니다.

Zoom In

Let's get started.

시작하죠.

CANELLOS : Peter Canellos, Metro. I've got a major Big Dig closure.

INT. GLOBE, NEWSROOM - LATER

Mike enters and looks around the newsroom. He walks up to Kurkjian.

MIKE : Hey Steve.

KURKJIAN : Mike.

Mike bends to look down at Kurkjian's monitor.

MIKE : Crappy game last night, huh.

KURKJIAN : Yeah, they can't hit worth a nickel.

Mike looks toward the conference room of editors.

MIKE : Hey listen, what's Eileen McNamara doing in the 10:30?

KURKJIAN : (dubiously) Do you need something, Mike?

MIKE : No, just curious.

KURKJIAN : Go be curious somewhere else. (annoyed) I got work to do, huh.

MIKE : Okay, Steve. See you.

KURKJIAN : Yeah.

INT. GLOBE, LARGE CONFERENCE ROOM - LATER

The meeting is wrapping up. But you can still feel the tension in the room.

카넬로스 : 사회부의 피터 카넬로스입니다. '빅딕'의 터널 폐쇄에 관한 특종이 있어요.

내부. 보스턴 글로브, 편집국 - 얼마 후

마크가 주위를 두리번거리며 편집국으로 들어온다. 그리고 커크지안에게 다가간다.

마이크 : 어이, 스티브.

커크지안 : 마이크.

마크가 몸을 숙여 커크지안의 모니터를 들여다본다.

마이크 : 이봐. 어제 경기는 형편없었지?

커크지안 : 제대로 된 안타 하나 안 나왔어.

마이크가 편집부장들이 모여있는 회의실을 쳐다본다.

마이크 : 그런데 에일린 맥나마라가 왜 편집 회의에 들어가 있어?

커크지안 : (의구심을 품으며) 마이크, 왜 그러는데?

마이크 : 아니, 그냥 궁금해서.

커크지안 : 다른 데 가서 물어봐. (귀찮아하며) 난 일 하느라 바빠.

마이크 : 알았어. 또 보자고.

커크지안 : 그래.

내부. 보스턴 글로브, 대회의실 - 얼마 후

회의가 마무리되어 간다. 하지만 회의실 안은 여전히 긴장감이 감돈다.

- **Metro**
  Metropolitan의 약어
  (신문에서 지역 소식을 다루는 사회란)
- **Big Dig**
  빅딕 프로젝트 (보스턴 지역의 교통난을 해소하기 위해 대규모 지하도로를 건설한 프로젝트)
- **closure**
  폐쇄, 종료, 울타리
- **crappy**
  형편없는, 엉터리의
  very poor quality
- **nickel**
  5센트짜리 동전 (주로 쓸모없는 것을 표현하는 관용어에 사용됨)
  nickel and dime worthless, useless
- **wrap up**
  마무리 짓다
  bring something to an end

No, just curious.

I was just curious에서 I was를 생략한 표현입니다. 비슷한 뜻으로 Just asking이라고 할 수도 있습니다. 특별한 의도가 있는 게 아니라 그냥 궁금해서 물어봤다는 거죠.

Zoom In

No, just curious.

아니, 그냥 궁금해서.

SPORTS EDITOR : And it looks like Pedro's gonna be out until September 1st. Jimmy says he'll be back this year, but the doc didn't seem so sure.

BEN : When's the Pat's opener?

This witty remark makes everyone relaxed. Everyone laughs except for Marty.

MARTY : (deadpan) Is that everyone?

HELEN : Yes, that's it.

MARTY : Okay. Good. Thank you. Did everyone read Eileen McNamara's column this weekend?

As Marty brings up Eileen McNamara's column, everyone gets nervous again.

HELEN : That's the Geoghan case?

MARTY : Yeah, what's the folo on that?

BEN : (sarcastically) It's a column, what kind of folo were you thinking?

MARTY : Well, apparently this priest molested kids in six different parishes over the last thirty years and the attorney for the victims, Mr. uh... (looking down the note)

Eileen McNamara, who was sitting behind, cuts in.

스포츠부장 : 페드로가 9월 1일 전에는 출전 못 할 것 같아요. 감독 말로는 올해 안에 복귀한다는데 의사는 확답을 못 하더라고요.

벤 : 페트리어츠의 개막전은 언제지?

벤의 재치있는 농담에 회의실의 긴장감이 풀린다. 마티만 빼고 모두가 웃는다.

마티 : (무표정으로) 소개 다 끝났나요?

헬렌 : 네, 그렇습니다.

마티 : 그럼 좋아요. 수고했어요. 음… 주말판에 실린 에일린 맥나마라의 칼럼은 다들 읽어봤나요?

마티가 '에일린 맥나마라의 칼럼'에 대해 언급하자 모두가 다시 긴장한다.

헬렌 : 게이건 신부 사건이요?

마티 : 그래요. 준비 중인 후속 기사는 없나요?

벤 : (빈정대듯) 그냥 칼럼인데 무슨 후속 기사가 있겠어요.

마티 : 이 신부는 지난 30년간 여섯 개 교구를 옮겨 다니며 아이들을 성추행했고, 피해자 측 변호사 얘기로는…. (수첩을 내려다본다)

뒤편에 앉아있던 에일린 맥나마라가 끼어든다.

- **Pedro**
  페드로 마르티네즈. 보스턴 레드삭스에서 뛴 (1998~2004년) 도미니카공화국 출신의 투수.
- **Jimmy**
  지미 윌리엄스. 보스턴 레드삭스 감독 (1997~2001년)
- **Pat**
  New England Patriots
  뉴잉글랜드 패트리어츠 (보스턴을 연고지로 하는 NFL 미식축구팀)
- **opener**
  개막전, 첫 시합
- **deadpan**
  무표정한
- **folo**
  후속 기사, 보충 기사
  follow-up
- **molest**
  성추행하다, 괴롭히다
  attack sexually

And it looks like Pedro's gonna be out until September 1st.

여기서 out은 선수가 부상 등으로 출전을 못 하는 상태를 가리킵니다. 운동선수들에게 불가피하게 일어나는 일이죠. 이번 시즌 내에 돌아오기 힘든 상태로 판정된다면 out for season이라고 합니다.

- He is out for the rest of the season with shoulder injury. 그는 어깨 부상으로 남은 시즌은 출전이 힘들어.

Zoom In

And it looks like Pedro's gonna be out until September 1st.

페드로가 9월 1일 전에는 출전 못 할 것 같아요.

EILEEN : Garabedian.

MARTY : Thanks Eileen.

MARTY : Mr. Garabedian says Cardinal Law found out about it fifteen years ago and did nothing.

CANELLOS : Yeah, I think that attorney's a bit of a crank. And the church dismissed the claim.

EILEEN : (refuting) He said, she said.

MARTY : Whether Mr. Garabedian is a crank or not he says he has documents that prove the cardinal knew.

BEN : As I understand it, those documents are under seal.

MARTY : Okay, but the fact remains, a Boston priest abused eighty kids, we have a lawyer who says he can prove Law knew about it and we've written all of uh… two stories in the last six months.

Robby is all attention. It definitely aroused his interest.

MARTY : This strikes me as an essential story to a local paper. I think at the very least, we have to go through those documents.

CANELLOS : (anxiously) How would you like to do that?

MARTY : I don't know what the laws are here, but in Florida we would go to court.

BEN : You want to sue the church?

에일린 : 개러비디언 씨예요.

마티 : 고마워요. 개러비디언 변호사 말에 따르면 버나드 로 추기경은 이 사실을 15년 전에 인지하고도 아무 조처를 하지 않았어요.

카넬로스 : 그 변호사가 약간 괴짜 같아요. 교회에서는 그 주장을 반박했고요.

에일린 : (반박하며) 그건 서로 의견이 엇갈려요.

마티 : 변호사가 괴짜건 아니건 간에, 추기경이 알고 있었다는 걸 증명할 문서를 갖고 있다잖아요.

벤 : 제가 알기로 그건 비공개 문서예요.

마티 : 그렇다 해도 보스턴에서 신부가 80명의 아동을 성추행한 건 엄연한 사실이고, 추기경이 이를 묵인했다는 걸 증명할 수 있다는 변호사까지 있는데, 우리가 그동안 기사화한 건… 6개월 간 단 두 개였어요.

로비가 이 말을 경청하고 있다. 관심이 가는 게 보인다.

마티 : 지역신문에 이보다 더 중요한 기사가 어디 있겠어요. 최소한 그 문서들을 살펴보기라도 해야죠.

카넬로스 : (걱정스럽게) 그걸 어떻게 열람하시려고요?

마티 : 아… 여기 법은 어떤지 모르겠지만, 플로리다에선 법원에 가면 됐어요.

벤 : (걱정스럽게) 교회에 소송을 거시려고요?

- **crank**
  〈구어〉 괴짜
  a person who has strange or unusual idea; freak, eccentric, oddball, weirdo
- **cardinal**
  추기경
- **under seal**
  비공개인, 봉인된
- **go through**
  검토하다, 살펴보다

I think at the very least, we have to go through those documents.

at the very least는 다른 건 몰라도 최소한이라는 뜻으로 at least의 강조형입니다. in any case, in any event 등으로 대체할 수도 있습니다.

Zoom In

I think at the very least, we have to go through those documents.

최소한 그 문서들을 살펴보기라도 해야죠.

MARTY : Technically we wouldn't sue the church. We'd file a motion to lift the seal on those documents.

BEN : (concerned) The church will read that as us suing them. So will everybody else.

MARTY : (indifferently) Good to know.

INT. GLOBE, BEN'S OFFICE - LATER

Ben and Robby walk into Ben's office. They are exhausted from the meeting.

ROBBY : Gutsy call for the first day.

BEN : That's one word for it.

ROBBY : (sitting on a couch) How do you think that's gonna play down front?

BEN : (sitting on his seat) I think Gilman's gonna shit a brick.

Knock. Knock. Mike's at the door.

MIKE : Hey.

BEN : Door.

Mike shuts the door and asks.

MIKE : How'd it go?

ROBBY : Well, Baron wants to sue for the sealed docs in the Geoghan case.

MIKE : Wants to sue the church? Hey, that's great.

마티 : 소송을 거는 건 아니에요. 그 문서에 대한 정보 공개를 청구하자는 거죠.

벤 : (불안해하며) 교회에서는 소송으로 받아들일 거예요. 외부에서도 그렇게 볼 거고요.

마티 : (담담하게) 알려줘서 고맙군요.

내부. 보스턴 글로브, 부국장실 - 얼마 후

벤과 로비가 부국장실로 들어온다. 편집회의를 마치고 지친 모습이다.

로비 : 부임 첫날부터 배짱 있게 나오네요.

벤 : 좋게 말하면 그렇지.

로비 : (소파에 앉으며) 간부들이 들으면 어떻게 나올까요?

벤 : (의자에 앉으며) 사장은 아마 펄펄 뛸 거야.

노크 소리가 들리고 마이크가 들어온다.

마이크 : 안녕하세요.

벤 : 문 닫아.

마이크가 문을 닫으며 묻는다.

마이크 : 어떻게 됐어요?

로비 : 국장이 게이건 신부 사건의 비공개 자료를 열람 신청하고 싶대.

마이크 : 교회에 소송을 건다고요? 그거 멋진데요.

- **motion**
  법률 신청, 발의
- **gutsy**
  배짱 있는, 대담한
  very tough or brave
- **shit a brick**
  〈구어〉 펄펄 뛰다, 놀라 자빠지다
  be extremely angry; be very frightened or worried

Good to know.
말 그대로 알게 돼서 기쁘거나 다행이라는 뜻이지만 여기서는 마티의 무덤덤한 말투와 합쳐지니 반어법에 더 가까워졌습니다. 알려줘서 고맙지만 난 상관 안 한다는 냉소적인 의미로 쓰였죠.

Zoom In

Good to know.

알려줘서 고맙군요.

BEN : (grunts) We covered Geoghan when the story broke three years ago. Baron was still in Miami.

ROBBY : I think he might have been at the Times then, actually.

BEN : He wasn't here.

MIKE : (to Robby) So do you think that suit has a chance?

ROBBY : (furrowing his brow) Depends on the judge.

BEN : (throwing down his glasses at the desk carelessly) And what parish he belongs to.

Ben's phone rings. He picks it up.

BEN : Bradlee. Yeah. Okay.

Ben hangs up the phone.

BEN : (to Robby) Baron wants to talk to us.

ROBBY : (surprised) Us?

INT. GLOBE, MARTY'S OFFICE - MOMENTS LATER

Marty finishes a call as Ben and Robby arrive.

MARTY : Okay, Joe. Thank you. Yes. Okay, thanks.

Marty Hangs up the phone and addresses Ben and Robby.

MARTY : (standing at the desk) I've set up a meeting for tomorrow with outside counsel.

벤 : (못마땅해하며) 3년 전 사건이 터졌을 때 이미 다룬 내용이야. 국장은 마이애미에 있던 때지.

로비 : 그때는 뉴욕 타임스에 있었을 거예요.

벤 : 아무튼 여기엔 없었어.

마이크 : (로비를 보며) 이 소송에 승산이 있을까요?

로비 : (얼굴을 살짝 찡그리며) 판사가 누구냐에 달렸지.

벤 : (안경을 책상 위에 아무렇게나 던지며) 어떤 교구 소속인지도 중요해.

전화벨이 울리자 벤이 전화를 받는다.

벤 : 부국장입니다. 네. 알겠습니다.

벤이 전화를 끊는다.

벤 : (로비에게) 국장이 우리를 보자는군.

로비 : (놀라며) 저도요?

내부. 보스턴 글로브, 국장실 - 잠시 후

벤과 로비가 국장실로 걸어오고, 마티는 통화를 마무리 짓고 있다.

마티 : 그래요, 조. 고마워요. 네, 고마워요.

마티가 전화를 끊고 벤과 로비에게 말을 건다.

마티 : (책상 앞에 서서) 내일 사외 변호사와 만나기로 했어요.

- **cover**

보도하다, 취재하다
report
• coverage 보도, 취재 범위
• cover story 표지 기사

- **furrow**

(미간을) 찡그리다

Depends on the judge.

depends on은 ~에 달려있다는 뜻으로 누군가 혹은 무언가에 의해 운명이 결정된다는 의미입니다. 이 문장은 It depends on the judge에서 주어인 it이 생략된 형태입니다. depends가 들어가는 또 다른 자주 사용되는 표현으로는 It depends가 있습니다. 상대방의 물음에 Yes나 No처럼 딱 떨어지는 대답을 하기 어려울 때 상황에 따라 다르다고 여지를 두는 표현이죠.

• What time do you wake up in the morning? 아침에 몇 시에 일어나?
• It depends. 그건 상황에 따라 달라.

Zoom In

Depends on the judge.

판사가 누구냐에 달렸지.

As Marty has a seat, Ben and Robby also sit down.

BEN : Joe Albano?

MARTY : Yeah.

BEN : Who's the judge in this case?

MARTY : Um... (turning over a note) Constance Sweeney.

BEN : Tough.

MARTY : Why's that?

BEN : Good Catholic girl.

Marty starts to bring up the real reason he called them.

MARTY : (taking a deep breath) So, um... judging from what I've read it doesn't seem like we've done a very thorough investigation into the Geoghan case. Is that right?

BEN : No, it's not. We looked hard at Geoghan. David Armstrong from Metro, Michael Paulson for Religion.

MARTY : Okay, but, just so I understand, beyond our daily coverage, we haven't-- we haven't committed any long term investigative resources to the question of whether or not Cardinal Law knew about this?

BEN : (displeased) No, we haven't.

Marty turns to Robby, head of the Spotlight. He is eager to conduct an investigative report on this case.

마티가 자리에 앉자 벤과 로비도 따라 앉는다.

벤 : 조 알바노요?

마티 : 그래요.

벤 : 담당 판사는 누구죠?

마티 : 음…. (수첩을 들춰보며) 콘스탄스 스위니요.

벤 : 만만치 않겠네요.

마티 : 왜죠?

벤 : 독실한 가톨릭 신자거든요.

마티가 두 사람을 부른 진짜 이유를 슬슬 꺼낸다.

마티 : (숨을 들이마시며) 음… 그런데 기사를 살펴보니까 우리가 게이건 사건을 철저히 조사하지는 않은 것 같더군요. 맞나요?

벤 : 그렇지 않습니다. 집중취재를 했어요. 사회부의 데이비드 암스트롱과 종교부의 마이클 폴슨이 기사를 썼죠.

마티 : 네, 하지만… 데일리 기사 외에는 없던데요. 장기 취재를 통해 추기경도 그 사실을 알았는지 파헤치지는 않았잖아요.

벤 : (못마땅해하며) 그렇긴 하죠.

이 사건을 탐사 보도하고 싶은 마티는 스포트라이트 팀 팀장인 로비 쪽으로 몸을 틀며 물어본다.

- **judging from**
  보아하니, ~으로 미루어 보아
  (이 표현 뒤에 왜 그렇게 생각하는지 이유를 설명)
  judging from my experience; judging from the fact
- **look hard at**
  자세히 조사하다
  examine something very carefully
- **daily coverage**
  데일리 기사, 일상적인 기사
  look hard at
  • examine something very carefully
  자세히 조사하다

Tough.
That would be tough를 줄인 말입니다. tough는 어렵다, 곤란하다는 뜻이므로 판사가 그 사람이면 우호적인 판결을 받기는 힘들겠다는 의미가 들어있습니다.

Zoom In

Tough.

만만치 않겠네요.

MARTY : And that's the kind of thing your team would do?

ROBBY : Spotlight? Well, yeah. But we're still prospecting the Boston PD story I told you about.

MARTY : Could you set that aside?

ROBBY : (glancing at Ben) We could.

BEN : Marty, in past Spotlight's had success in large part because... they pick their own projects.

MARTY : (pauses, then begs a favor of Robby) Would you consider picking this one?

INT. GLOBE, SPOTLIGHT OFFICE - LATER

Mike, Sacha, Matt all working busily. Mike is looking through a file cabinet, Matt is in deep thought in his seat, and Sacha is on a call.

SACHA : (into phone) I don't know if he's writing about you, but I will let him know you called. Okay, Bye.

Sacha hangs up as Robby enters. Robby looks somewhat determined.

ROBBY : Hey.

MIKE : (closing the cabinet) Hey, how'd it go?

ROBBY : Okay. (sitting on the desk) Baron wants us to scrub the Geoghan case.

마티 : 그런 건 그쪽 팀에서 맡고 있죠?

로비 : 스포트라이트요? 그렇죠. 하지만 말씀드렸다시피 저희는 지금 경찰 쪽을 조사 중이라서요.

마티 : 그건 잠시 보류할 수 없을까요?

로비 : (부국장을 보며) 가능은 합니다.

벤 : 스포트라이트가 여태 대박을 터뜨린 건… 프로젝트를 자율적으로 선택해온 덕분이에요.

마티 : (잠시 말이 없다가 로비에게 부탁하는 말투로) 이 주제를 선택할지 고민해주겠어요?

내부. 보스턴 글로브, 스포트라이트 팀 사무실 – 얼마 후

마이크와 사샤, 매트가 바쁘게 일하고 있다. 마이크는 일어서서 서류함을 뒤지고, 매트는 자리에 앉아 무언가에 골몰해 있다. 사샤는 통화 중이다.

사샤 : (전화에다) 그 기사를 작성 중인지는 모르겠지만 들어오면 연락하셨다고 전해드리죠. 알겠습니다.

사샤가 전화를 끊고 로비가 들어온다. 로비의 모습이 어딘지 모르게 단호해 보인다.

로비 : 주목해 봐.

마이크 : (서류함을 닫으며) 그래서 어떻게 됐어요?

로비 : 그래… (책상에 걸터앉으며) 국장이 우리한테 게이건 사건을 파헤쳐보라는군.

- **prospect**
  조사하다, 찾다, 발굴하다
- **determined**
  단호한, 결심한
- **scrub**
  북북 문지르다, 씻다, 불순물을 제거하다

Could you set that aside?
set aside는 제쳐놓다, 중지하다는 뜻입니다. 여기서는 that, 즉 로비가 말한 경찰 관련 내용을 보류하자는 표현으로 쓰였죠. 또한 문장을 Could you~로 시작하면 정중하게 의사를 묻는 의문문이 됩니다.

Zoom In

Could you set that aside?
그건 보류할 수 없을까요?

They are all surprised and exchange a look.

MIKE : (sitting on a nearest desk) That's great.

MATT : Didn't we cover Geoghan?

ROBBY : Yeah, there's a lawyer alleging Cardinal Law knew about it.

SACHA : Mitch Garabedian, right?

ROBBY : Yeah.

SACHA : I covered him at the courthouse.

ROBBY : Can you get to him?

SACHA : I only interviewed him once. He's kind of a character.

MIKE : (eagerly) I like characters. I'll take him.

ROBBY : (standing up) Good. You take him.

As the project is set up, Robby assigns each of them different tasks. It brings life into the team.

ROBBY : Also, we should be talking to the lawyer who repped the victims in the Porter case. Eric MacLeish.

MATT : That guy was always on TV.

SACHA : (to Mike) The Porter case? Remind me.

이 말에 팀원들은 놀라며 서로를 바라본다.

마이크 : (가까운 책상에 걸터앉으며) 잘됐네요.

매트 : 그건 예전에 기사화했잖아요.

로비 : 추기경도 그 사실을 알았다고 주장하는 변호사가 있어.

사샤 : 아, 미첼 개러비디언이죠?

로비 : 맞아.

사샤 : 법원에서 인터뷰한 적 있어요.

로비 : 그럼 가서 만나볼래?

사샤 : 딱 한 번 본 건데 성격이 보통이 아니에요.

마이크 : (적극적으로) 전 그런 사람들 좋아해요. 제가 맡을게요.

로비 : (일어나며) 좋아. 그럼 마이크가 해.

새로운 프로젝트가 정해지자 로비는 팀원들에게 각자 할 일을 정해준다. 스포트라이트 팀이 활기를 띠기 시작한다.

로비 : 그리고 포터 사건 때 피해자들을 대리한 변호사도 만나봐야 해. 에릭 맥클레쉬라는 친구야.

매트 : (뭔가를 메모하며) 하, TV에 자주 나오는 변호사죠?

사샤 : (마이크에게) 어, 포터 사건이 뭐야? 설명해줘.

- **allege**
  주장하다, 혐의를 제기하다
  to say that someone has done something illegal or wrong without giving proof
- **character**
  〈구어〉 괴짜, 기인
- **rep**
  대표하다, 대변하다 〈epresent의 약어〉
  act or speak officially for

Remind me.

remind가 생각나게 한다는 뜻이므로, 내가 기억이 나도록 일깨워달라는 표현입니다. Can you remind me?라고도 할 수 있죠. 여기서는 사샤가 포터 사건이 뭐였는지 기억이 안 나자 마이크에게 설명해달라고 부탁하고 있습니다.

- Remind me to call home.
  집에 전화하라고 말해줘

Zoom In

Remind me.

설명해줘

MIKE : Yeah, Father Porter, similar story. Molested dozens of kids in Fall River about ten years ago.

MATT : (to Robby) So, we're dropping the Boston PD?

MIKE : I vote yes.

ROBBY : (cutting in) No, no. We should just set it aside for now.

Since it is an unusual project, Robby as a leader gives the team a caution .

ROBBY : Listen, I don't need to tell you guys this, we need to be more discreet than usual. Alright? Everybody's going to be interested in this, not just the Herald. We can't let Cardinal Law get wind of this until we know what we have.

MATT : (skeptically) Good luck with that.

마이크 : 아, 포터 신부도 얘기는 비슷해. 10년 전쯤 폴리버에서 십여 명의 애들을 추행했어.

매트 : (로비에게) 그럼 경찰 취재는 관두는 거예요?

마이크 : 난 찬성이야.

로비 : (마이크의 말을 막으며) 아니야. 당분간 미뤄두는 거야.

사건이 사건인 만큼 로비가 팀장으로서 염려되는 마음에 주의 사항을 말한다.

로비 : 잘 들어. 굳이 강조 안 해도 알겠지만 다들 평소보다 더 신중을 기해야 해. 알았지? 보스턴 헤럴드뿐만 아니라 모두의 관심이 쏟아질 거야. 취재가 어느 정도 구체화하기 전에는 추기경이 눈치 못 채게 해야 해.

매트 : (어림없다는 듯) 그게 가능할지 모르겠네요.

- **drop**
  손을 떼다, 포기하다
- **discreet**
  신중한, 조심스러운
- **get wind of**
  낌새를 채다
  catch wind of, find out about, become aware of; begin to suspect that something is happening; to learn about something secret
- **Good luck**
  행운을 빌어
  (Good luck with ~ 뒤에 상황에 맞는 단어를 넣어 다양하게 쓸 수 있습니다. Good luck with your test와 같이 말입니다. 하지만 위의 문장에서는 또 반어법으로 사용되고 있습니다. 어떻게든 추기경의 귀에 들어갈 가능성이 크기 때문에 그렇지 않으려면 행운이 필요할 테니까요.)

Chapter 2

우려하는 주위의 시선

Worried Eyes of Friends and Family

시간 00:14:31~00:31:24

EXT. SACH'S GRANDMOTHER'S HOUSE, SOUTHIE - NIGHT

It is a quiet residential street overlooking the harbor. Sacha and Hansi get out of their car, cross the street under an umbrella.

HANSI : (PRE-LAP) So when do you leave, Nana?

INT. SACHA'S GRANDMOTHER'S HOUSE, DINING ROOM - NIGHT

Sacha, her grandmother and her husband Hansi are sitting at the table after dinner. It's a simple and cozy dining room.

NANA : The bus is picking us up in the church parking lot at nine o'clock. We have forty people going.

SACHA : (to Nana) And is Father Dominic going?

NANA : No, he says he's unlucky. But luck has nothing to do with it.

SACHA : (to Hansi) You know, last time Nana won a hundred and sixty dollars.

HANSI : Wow!

외부. 사샤의 할머니 댁, 사우스 보스턴 - 밤

항구가 내려다보이는 조용한 주택가는 평화로워 보인다. 차에서 내린 사샤가 남편 한시와 우산을 쓰고 길을 건넌다.

한시 : (목소리) 그래서 언제 출발하신다고요?

내부. 사샤의 할머니 댁, 식당 - 밤

저녁 식사를 마친 사샤가 할머니와 남편과 함께 식탁에서 앉아있다. 소박하지만 아늑한 식사 공간이다.

할머니 : 성당 주차장에서 아침 9시에 버스를 탈 거야. 40명이 같이 가거든.

사샤 : (할머니에게) 도미니크 신부님도 가세요?

할머니 : 아니, 자기는 그런 운이 없다고 하시더라. 하지만 그건 운과 상관없어.

사샤 : (한시에게) 할머니는 지난번에 가서 160달러를 따셨어.

한시 : 우와!

- **Southie**
  〈속어〉 보스턴 남부 (보스턴에서 아일랜드계가 큰 인구를 차지하는 남부 지역)
  South Boston
- **nana**
  할머니 (주로 아이들이 부르는 애칭)
  nanny, grandma, granny
- **cozy**
  아늑한, 편안한, 화기애애한

INT. SACHA'S GRANDMOTHER'S HOUSE, KITCHEN - NIGHT

Hansi and Sacha wash dishes. They talk quietly.

HANSI : You gonna tell her?

SACHA : (putting away the dishes) We don't even know if there's a story yet.

HANSI : Well, "Globe sues church"? It's gonna be a story.

Hansi leaves. Sasha continues rinsing and contemplates herself.

INT. GLOBE - NEWSROOM - DAY

Next morning, Spotlight team's investigation has started. Matt heads through the newsroom and down a stairwell.

INT. GLOBE, LARGE PUBLISHER'S FOYER - DAY

This upscale business side of the building is a sharp contrast to the newsroom. Marty heads up a large stairwell.

INT. BOSTON GLOBE LIBRARY - CONTINUOUS

Matt descends the staircase and arrives at the front desk. Lisa is sitting at a computer.

MATT : Hey Lisa. Could you pull all the relevant clips on that for me?

Matt hands over a slip of paper.

LISA : Yeah.

내부. 사샤의 할머니 댁, 부엌 – 밤

한시와 사샤가 설거지를 하며 낮은 목소리로 대화를 나눈다.

한시 : 할머니께 말씀 드릴거야?

사샤 : (접시를 옮기며) 기삿거리가 될지 아직은 몰라.

한시 : 신문사가 교회에 소송을 거는 것보다 더 큰 기삿감이 어디 있어.

한시가 자리를 뜨고 사샤는 접시를 헹구며 혼자 생각에 잠긴다.

내부. 보스턴 글로브, 편집국 – 낮

다음 날, 본격적인 자료 조사가 시작됐다. 매트가 편집국 복도를 지나 계단을 내려간다.

내부. 보스턴 글로브, 넓은 사장실 앞 복도– 낮

편집국과는 완전히 다른 분위기의 고급스러운 경영부 복도. 마티가 웅장한 계단을 올라간다.

내부. 보스턴 글로브 서고 – 계속

매트가 계단을 내려와서 서고의 안내 데스크로 간다. 서고 직원인 리사가 컴퓨터를 하며 앉아있다.

매트 : 리사. 이것과 관련된 자료를 전부 다 찾아줄래요?

매트가 종이 한 장을 건넨다.

리사 : 알았어요.

- **rinse**
  헹구다, 씻어내다
- **upscale**
  평균 이상의, 고급스러운
- **sharp contrast to**
  극명한 대조를 이루는
  very different from; stark contrast with/to marked contrast with/to
- **descend**
  내려오다
  to go or come down
- **relevant**
  관련 있는, 적절한
  connected with what is happening or being discussed
- **a slip of paper**
  작은 종이 한 조각
  a small sheet of paper
  - a voting slip 투표지
  - a receipt slip 영수증

You gonna tell her?

Are you going to tell her?를 축약한 말입니다. 두 사람이 가까운 사이라 이렇게 최대한 짧은 표현이 가능한 거죠. tell에는 모르는 소식을 알려준다는 뜻이 있기에 이 일을 할머니께 알릴 예정이냐고 묻고 있는 겁니다. 과거형이라면 Have you told her?가 되겠죠.

Zoom In

You gonna tell her?

할머니께 말씀드릴 거야?

Lisa glances at the paper.

LISA : (surprised) Is this for Spotlight?

MATT : Just drop them off when they're ready? Thanks.

Matt rushes out. Since their work is confidential, he cannot disclose it to other workers.

INT. GLOBE, LARGE PUBLISHER'S FOYER - DAY

Marty heads down the hall and stops. He is lost in his own building. An employee happens to walk past. Marty asks him.

MARTY : Excuse me, do you know where the publishers office is?

INT. GLOBE, PUBLISHER'S OFFICE - DAY

Marty is sitting on a couch in large, plush office opposite Richard Gilman.

GILMAN : (into phone) Will do.

Gilman finishes up a call and approaches Marty.

GILMAN : How are you Marty? Settling in?

MARTY : Yeah, I think so.

GILMAN : (sitting) Good. What can I do for you?

MARTY : Um… I'd like to challenge the protective order in the Geoghan case.

리사가 건네받은 종이를 본다.

리사 : (놀라며) 스포트라이트 팀 거예요?

매트 : 다 찾으면 우리 사무실로 갖다 줘요. 고마워요.

매트는 서둘러 자리를 뜬다. 스포트라이트 팀의 취재 내용은 비밀이기에 다른 동료들에게도 말할 수 없다.

내부. 보스턴 글로브, 넓은 사장실 앞 복도 – 낮

마티가 복도에 들어섰다가 멈춰 선다. 자기 회사 건물에서 길을 잃은 것이다. 다행히 마침 지나가던 직원이 있어 길을 물어본다.

마티 : 실례지만 사장실이 어딘지 아세요?

내부. 보스턴 글로브, 사장실 – 낮

넓고 호화로운 사장실에서 마티는 리처드 길먼 사장의 맞은편 소파에 앉아있다.

길먼 : (전화에다) 그렇게 하죠.

사장이 전화를 끊고 소파에 앉아있는 마티 쪽으로 다가온다.

길먼 : 어떤가, 국장? 적응은 잘 돼 가나?

마티 : 네, 그럭저럭이요.

길먼 : (의자에 앉으며) 좋아. 무슨 일로 찾아왔지?

마티 : 음….게이건 신부 사건에 대한 가처분 명령에 이의를 제기하고 싶습니다.

- **disclose**
  공개하다, 누설하다
  to make something known publicly, or to; show something that was hidden; reveal, leak, uncover
- **publisher**
  발행자, 출판자, 신문사 사주
- **plush**
  호화로운
  expensive, comfortable, and of high quality
- **opposite**
  마주보고, 맞은편의
  being in a position on the other side; facing
- **protective order**
  (법원의) 금지 명령
  restraining order

Will do

I will do it을 줄인 가벼운 구어체 표현입니다. 누군가가 요청한 사항을 받아들이겠다고 대답할 때 쓰입니다.

- Could you meet me at the coffee shop in an hour? 1시간 뒤에 커피숍에서 만날래?
- Will do. 그래

Zoom In

Will do

그래.

The conflicting interests between the publisher and the editor-in-chief create some tension in the room.

GILMAN : (nervously) You want to sue the Catholic Church?

MARTY : Um… We're just filing a motion, but… yes.

GILMAN : You think it's that important?

MARTY : Yes. I do.

GILMAN : Because… obviously the Church will fight us very hard on this. Which won't go unnoticed by our subscriber base. 53% of them are catholic.

MARTY : Humm… (nodding) I think they'll be interested.

Gilman considers for a moment.

GILMAN : Okay.

Marty gives a quick smile and stands to leave.

GILMAN : (turning back to Marty) Marty. Lake Street will probably contact you about a face to face with the Cardinal. It's customary.

MARTY : Yeah. They already have. It's set up for next week.

GILMAN : I wouldn't mention this.

서로 이해관계가 다른 사장과 편집국장 간에 팽팽한 긴장감이 생긴다.

길먼 : (긴장하며) 가톨릭 교회를 고발하겠다는 건가?

마티 : 아… 정보 열람을 신청하려는 거지만… 그게 그거겠죠.

길먼 : 그렇게까지 중요한 일인가?

마티 : 그렇습니다.

길먼 : 교회는 분명 아주 거세게 저항해올 거야. 우리 구독자의 53%나 되는 가톨릭 신자들도 이를 간과하지는 않을 거고.

마티 : 흐음… (고개를 끄덕이며) 독자들도 알고 싶을 겁니다.

사장이 잠시 고민하며 뜸을 들인다.

길먼 : 알았네.

마티가 미소를 한 번 보이고는 그만 나가려고 일어선다.

길먼 : (나가는 마티를 돌아보며) 마티. 대교구에서 추기경이 접견을 원한다며 자네한테 연락해올 거야. 그게 관례거든.

마티 : 네, 벌써 연락받았습니다. 다음 주로 약속을 잡았죠.

길먼 : 이 얘기는 하지 말게.

- **subscriber**
  구독자, 가입자
- **Lake Street**
  레이크 가, 보스턴 대교구(건물이 레이크 가에 위치해 있기에 대교구를 가리키는 대명사로 쓰임)
- **customary**
  관례에 따른, 관행의, 습관적인
  traditional, usual

You think it's that important?

Do you think it's that important?에서 Do를 생략한 형태입니다. 여기서 that은 '그 정도로', '그만큼'이라는 뜻으로 뒤의 important를 강조하는 부사로 쓰였습니다.

- I was that stupid. 내가 그렇게 멍청한 짓을 했다니까.
- It's not that important. 그렇게 중요하지는 않아.

Zoom In

You think it's that important?

그렇게까지 중요한 일인가?

INT. MITCHELL GARABEDIAN'S OFFICE - DAY

Mike steps off an elevator and into a dump of an office. He eyes a small reception area covered with file boxes. There's no one at all.

MIKE : (looking around) Hello? (walking along the hall) Hello?

RECEPTIONIST : (poking her head out of a cubicle) Can I help you?

MIKE : Oh, hi. I'm Mike Rezendes from the Boston Globe. I'm here to see Mitchell Garabedian.

RECEPTIONIST : He's on a call. Please have a seat.

MIKE : Okay.

The receptionist returns to her call.

RECEPTIONIST : (into phone) All right, I'm listening. Go ahead.

Mike steps back and takes a seat, chewing a gum.

GARABEDIAN : (exasperated) Bill. Where the hell are those papers? I asked you to put 'em on my desk!

Mike hears yelling coming from behind a closed door. He turns back, surprised.

INT. ONE INTERNATIONAL PLACE, LOBBY - DAY

Robby and Sacha stride across an enormous, marble and stone lobby, a stark contrast to Garabedian's office.

내부. 미첼 개러비디언의 사무실 – 낮

마크가 엘리베이터에서 내려 지저분한 사무실에 발을 디딘다. 좁은 리셉션 공간에는 서류 상자만 어수선하게 쌓여있고 사람은 아무도 안 보인다.

마이크 : (두리번거리며) 저기요. (안으로 걸어 들어가며) 누구 없어요?

비서 : (칸막이 안에 있다가 고개를 내밀며) 무슨 일로 오셨죠?

마이크 : 아, 안녕하세요. 보스턴 글로브의 마이크 레젠데스 기자입니다. 개러비디언 변호사님을 만나러 왔는데요.

비서 : 지금 통화 중이세요. 잠시만 앉아 계세요.

마이크 : 알겠습니다.

비서가 다시 통화를 시작한다.

비서 : (전화에다) 네, 듣고 있습니다. 말씀하세요.

마이크가 껌을 씹으며 뒤로 물러나 의자에 앉는다.

비서 : (전화에 대고) 네.

개러비디언 : (잔뜩 화가 나서) 빌! 그 서류들은 어디 처박아뒀어? 내 책상에 두라고 했잖아!

자신의 뒤편에 있는 닫힌 방안에서 고함소리가 나자 마이크가 놀라서 뒤를 돌아본다.

내부. 원 인터내셔널 플레이스 건물, 로비 – 낮

대리석과 석제로 장식된 으리으리한 로비 안으로 로비와 사샤가 성큼성큼 들어간다. 개러비디언의 변호사 사무실과 극명한 대비를 이루는 곳이다.

- **dump**
  지저분한 곳, 쓰레기장
- **poke out** (of something)
  쑥 내밀다
  stick out of, extend out of
- **stride**
  성큼성큼 걷다
  march, step

Can I help you?
손님을 맞이할 때 쓰는 말로, 상점이나 식당에 들어가면 점원이 제일 처음 꺼내는 말입니다. 비슷한 표현도 많이 있습니다. How can I help you? What can I do for you? May I help you?도 모두 같은 상황에서 쓰이지만, can보다는 may가 좀 더 정중한 표현입니다.

Zoom In

Can I help you?

무슨 일로 오셨죠?

INT. GREENBERG TRAURIG, CONFERENCE ROOM - DAY

Eric Macleish walks into the posh room, greeting Robby and Sacha.

ERIC MACLEISH : The famous Walter Robinson in my conference room.

Eric extends his hand and shakes with Robby.

ROBBY : Good to see you again, Eric. Sacha Pfeiffer, Eric MacLeish (Sacha and Eric shake hands).

ERIC & SACHA : Nice to meet you.

They sit at the table.

ERIC : You don't play golf do you?

SACHA : (caught off guard) Ah, no.

ERIC : Good. Your colleague here took some money off me at a charity event last year.

ROBBY : (leaning back) It was a very lucky putt. I actually had my eyes closed by the way.

ERIC : (laughs) So how can I help you guys?

ROBBY : Ah, you're familiar with the Geoghan case?

ERIC : Sure. Eighty plaintiffs. All of them individual cases. Garabedian must be swimming.

내부. 그린버그 트라우리그 로펌, 회의실 - 낮

에릭 맥클레쉬가 고급스러운 회의실 안으로 들어와 로비와 사샤를 반긴다.

에릭 맥클레쉬: 대기자 월터 로빈슨 씨가 저희 회의실에 오시다니 영광이네요.

에릭이 손을 내밀어 로비와 악수한다.

로비 : 다시 만나서 반가워요. 이쪽은 사샤 파이퍼 기자예요. 서로 인사해요.(사샤와 에릭이 악수한다.)

에릭 & 사샤 : 반갑습니다.

인사를 마친 세 사람은 자리에 앉는다.

에릭 : 사샤 기자님은 골프 안 치시죠?

사샤 : (뜻밖의 말에 잠시 할 말을 잃고) 아, 아니요.

에릭 : 잘됐네요. 제가 작년 자선 골프대회에서 로비 기자님께 돈을 잃었거든요.

로비 : (몸을 뒤로 젖히며) 퍼팅 운이 좋았어요. 눈도 감았는데 말이에요.

에릭 : (웃으며) 오늘은 무슨 일로 오셨죠?

로비 : 아… 게이건 신부 사건을 잘 아시나요?

에릭 : 그럼요. 고소인만 80명이었는데 전부 각자 소송을 냈죠. 개러비디언 변호사도 골치깨나 썩을 거예요.

- **posh**
  호화로운, 고급스러운
- **colleague**
  동료, 허를 찌르다, 깜짝 놀라게 하다
  coworker, teammate, partner; catch off guard
- **plaintiffs**
  원고, 고소인
  the party who initiates a lawsuit by filing a complaint.

Garabedian must be swimming.

swim은 일반적으로 '수영하다'로 많이 사용되지만, 현기증이 나다, 머리가 어지럽다는 뜻도 있습니다. 물에 떠 있으면 가만히 있지 못하듯이 사물이 빙빙 도는 듯한 어지러운 기운이 든다는 거죠. 위 문장에서는 개러비디언이 80명의 소송을 일일이 처리하느라 머리가 아플 거라는 의미로 쓰였습니다.

- The drink made my head swim. 그 술을 마시고 머리가 어지러워졌다.

Zoom In

Garabedian must be swimming.

개러비디언도 골치깨나 썩을 거예요.

ROBBY : Well. And the allegations against Cardinal Law?

ERIC : (breathing in) Yeah, it's tricky.

Eric considers the question for a moment.

ERIC : Um… this is what you need to understand. These are shitty cases. The statute of limitations is only three years and most of these victims don't come forward until long after that.

SACHA : (taking a note) Why is that?

ERIC : Well, they're kids, you know. Guilt, shame. And most of these kids come from tough neighborhoods. Nobody wants to admit this kind of thing. So… You're screwed on the time limit. And, ah… even if you argue your way around that the charitable immunity statute caps damages at twenty grand.

SACHA : (surprised) Twenty grand for molesting a child?

ERIC : (nodding) That is the way the system is set up. Yes. The Church is tough. So, your best shot is to try these cases in the press like I did on Porter. But most of the victims, they don't want to have anything to do with TV. And, uh… Mitch isn't exactly a people person.

ROBBY : Yeah, and if Garabedian can't get his victim's to go before the press then he--

로비 : 그럼 로 추기경의 혐의도 아시겠네요?

에릭 : (숨을 들이마시며) 그게 좀 애매해요.

에릭이 질문에 어떻게 답할지 잠시 생각한다.

에릭 : 아… 일단 염두에 두실 게 있어요. 이런 건 아주 곤란한 사건이에요. 음… 공소 시효가 고작 3년밖에 안 되고, 대다수 피해자는 시간이 한참 지난 후에도 나서기를 꺼리니까요.

사샤 : (메모를 하며) 그건 왜죠?

에릭 : 애들이니까요. 죄책감이나 창피함 때문이겠죠. 또 대부분은 불우한 환경에 있는 애들이라 피해 사실을 인정하기 싫어하죠. 그러다 보면 시효가 만료돼버려요. 그리고… 힘들게 그 문제를 해결한다 해도 자선단체 면책법에 따라 손해 배상금이 최대 2만 달러로 제한돼 있고요.

사샤 : (놀라며) 아동 성추행이 2만 달러라고요?

에릭 : (고개를 끄덕이며) 제도가 그렇게 만들어져 있어요. 교회는 만만치 않은 상대죠. 그러니 제가 포터 사건 때 했던 것처럼 언론의 심판을 받게 하는 게 제일 나은 방법이에요. 하지만 피해자들은 대부분 TV에 얼굴이 비치는 걸 꺼리죠. 게다가 개러비디언 변호사도 서글서글한 성격은 아니고요.

로비 : 변호사가 피해자들을 언론에 노출하지 않는 이상은 힘들죠.

- **allegation**
  혐의, 주장 (증거가 없더라도)
  make allegations against / about
  - someone ~의 혐의를 주장하다
  - deny allegations 혐의를 부정하다
- **tricky**
  애매하다, 복잡하다
  difficult to deal with and needs careful attention or skill
- **statute of limitations**
  공소시효
- **grand**
  〈속어〉 1,000달러
- **people person**
  사교적인 사람
  someone who enjoys being with other people and easily becomes friends with them

Yeah, it's tricky.

trick에는 책략, 묘기이라는 뜻이 있죠. 그래서 tricky는 그만큼 신중을 요하고, 까다롭고, 애매하다는 의미가 됩니다. It's complicated나 It's sensitive 등과도 바꿔 쓸 수 있습니다.

- That's a tricky question. 그건 까다로운 질문이야.
- tricky situation 곤란한 상황

Zoom In

Yeah, it's tricky.

그게 좀 애매해요.

ERIC : That's right. He has a long road ahead of him. My guess is he doesn't have anything on Law.

SACHA : (surprised again) What? You think he's bluffing or...?

ERIC : I think he's grandstanding to cut a better deal.

ROBBY : (confused) Seems a bit reckless.

ERIC : Have you met Mitch Garabedian?

INT. GARABEDIAN'S OFFICE - LATER

Mike is still waiting. He hears more yelling behind the door.

GARABEDIAN : (offended) I asked you to write up that motion, Bill. I didn't ask you to file it.

Suddenly the door opens. A short man exits the conference room. Mike gestures "Is this him". The receptionist shakes her head "No". The receptionist walks off screen with a printed paper.

RECEPTIONIST : (O.S) Hey Bill, here's the case files from yesterday.

Mike watches her go and approaches the conference room without a sound. He opens the door.

INT. GARABEDIAN'S OFFICE, CONFERENCE ROOM - CONTINUOUS

Mitchell Garabedian sits at a table buried in paperwork. There are bunch of papers piled up all around the room.

에릭 : 맞아요. 개러비디언도 막막하겠죠. 아마 추기경을 고소할 증거도 없을 거예요.

사샤 : (또 놀라며) 그럼 엄포를 놓는 거로 생각하세요?

에릭 : 협상에 유리한 조건을 끌어내려고 허풍 떠는 거겠죠

로비 : (이해가 안 간다는 듯) 조금 무모한 짓 같은데요.

에릭 : 미친 개러비디언을 만나보셨어요?

내부. 개러비디언 사무실 – 얼마 후

마이크는 아직 대기실에 앉아있다. 방안에서 계속 고함 소리가 들린다.

개러비디언 : (화를 내며) 내가 신청서를 작성해두라고 했지 누가 제출까지 하랬어.

갑자기 문이 열리더니 키 작은 남자가 회의실에서 나온다. 마이크가 '이 사람이에요?'라는 손짓을 한다. 비서는 고개를 가로저으며 '아니요'라고 알려준다. 비서가 인쇄한 서류를 들고 화면 밖으로 사라진다.

비서 : (목소리) 빌, 어제 사건 파일 가져가세요.

비서가 가는 걸 보고 있던 마이크가 슬그머니 회의실 앞으로 가서 문을 연다.

내부. 개러비디언 사무실, 회의실 – 계속

미첼 개러비디언은 서류 더미에 파묻힌 책상 앞에 앉아있다. 방안 가득 서류가 잔뜩 쌓여있다.

- **bluffing**
  허세를 부려 속이는, 엄포를 놓는
- **grandstand**
  관중들의 눈길을 끌려고 허세를 부린다.
- **reckless**
  무모한, 부주의한
  doing something dangerous and not worrying about the risks and the possible results

He has a long road ahead of him.

have a long road ahead of는 앞길이 길게 펼쳐져 있으니 '막막하다, 할 일이 산더미다'라는 의미입니다. 비슷한 표현으로는 He has a long way to go가 있습니다.

Zoom In

He has a long road ahead of him.

개러비디언도 막막하겠죠.

MIKE : Hi.

GARABEDIAN : (surprised) Who are you?

MIKE : I'm Mike Rezendes from the Boston Globe. (closing the door) I had an appointment with you about an hour ago.

GARABEDIAN : (turning his eyes back to the paper) I can't talk to you. I'm very busy. (calling out to the receptionist) Sharon?!

MIKE : No, no. She went out for coffee. She said she'd be right back. I'm following up on an article.

GARABEDIAN : The one in the Phoenix?

MIKE : No. In the Globe.

GARABEDIAN : Did you see the one in the Phoenix?

MIKE : No, I didn't.

GARABEDIAN : I thought it was very good. I have a copy here somewhere.

He starts to dig through the heap of papers.

MIKE : That's all right. I'll track it down. (sitting) I'm actually following up on a column that Eileen McNamara wrote about your suit.

GARABEDIAN : (still looking for the newspaper) Suits. There are eighty-four of them. It's not a class action. You should get your facts straight.

MIKE : (pulling out a note and pen) No, you're right. I should.

마이크　　: 안녕하세요.

개러비디언 : (놀라서) 누구시죠?

마이크　　: 보스턴 글로브의 마이크 레젠데스 기자입니다. (문을 닫으며) 한 시간째 밖에서 기다렸는데요.

개러비디언 : (다시 서류를 보며) 지금은 얘기 못 해요. 너무 바빠요. (비서를 소리쳐 부르며) 섀런!

마이크　　: 비서분은 커피를 사러 나갔어요. 금방 돌아온다고 하던데요. 전 추가 취재를 하러 나왔습니다.

개러비디언 : 피닉스 지에서요?

마이크　　: 아니요. 보스턴 글로브요.

개러비디언 : 피닉스에 실린 기사는 봤어요?

마이크　　: 아니요. 못 봤습니다.

개러비디언 : 아주 괜찮은 기사였어요. 신문이 여기 어디 있을 텐데.

개러비디언이 서류 더미를 뒤지기 시작한다.

마이크　　: 괜찮습니다. 제가 찾아보죠. (의자에 앉으며) 전 에일린 맥나마라가 변호사님의 소송에 관해 쓴 칼럼 때문에 왔습니다.

개러비디언 : (계속 신문을 찾으며) 소송들이죠. 전부 84개나 되니까요. 집단 소송이 아니에요. 사실을 정확히 말씀하셔야죠.

마이크　　: (수첩과 볼펜을 꺼내며) 옳은 말씀입니다. 제가 잘못했네요.

- **go out for**
  ~하러 나가다
  - go out for a walk 산책하러 나가다
- **suit**
  소송, 탄원
  lawsuit
  - file(make) a suit against someone ~을 상대로 소송을 제기하다
- **class action**
  집단 소송

You should get your facts straight.

straight는 '직진하는, 일직선의' 등의 뜻도 있지만, 그렇기에 다른 데로 치우치지 않고 사실만을 다룬다는 의미도 됩니다. 우리나라에서도 신문 기사 중 객관적인 사실만으로 작성하는 기사를 '스트레이트 기사'라고 하죠. 영어로는 straight news입니다. 그래서 get the facts straight는 사실관계를 정확히 한다는 표현입니다.

Zoom In

You should get your facts straight.

사실을 정확히 말씀하셔야죠.

Garabedian tosses the Boston Phoenix article to Mike. Mike opens his notebook to start questioning.

MIKE : So I'm trying to get some background information on…

GARABEDIAN : (strictly) You're not recording this are you?

MIKE : (showing empty hands) No, I wouldn't do that without asking.

GARABEDIAN : (brusquely) I can't show you the Church's documents if that's what you're after. They're under seal.

MIKE : Yeah, I know that.

GARABEDIAN : Did you know that they tried to bring me up before the Massachusetts Board of Bar Overseers three times? They're watching me very closely.

MIKE : (surprised) The Church?

GARABEDIAN : Yeah. The Church. Yeah. They'd like to get me disbarred. In fact, (pauses, pointing to the notebook) put that away. Put it away.

MIKE : (stops writing) Sure.

Mike puts away his notepad.

GARABEDIAN : I don't want you recording this in any way, shape, or form. Not on paper. Not on tape. Nothing. In fact, I probably shouldn't even be speaking to you. So…

개러비디언이 피닉스 지 기사를 마이크에게 던져준다. 마이크는 취재를 하기 위해 수첩을 펼친다.

마이크 : 그 배후 사정을 좀 듣고 싶어서….

개러비디언 : (단호하게) 지금 녹음하는 거 아니죠?

마이크 : (빈손이라는 걸 보이며) 아니요, 사전 동의 없이는 녹음 안 합니다.

개러비디언 : (무뚝뚝하게) 교회를 상대로 낸 고소장 때문에 온 거면 보여줄 수 없어요. 그건 비공개 문서예요.

마이크 : 네, 알고 있습니다.

개러비디언 : 그쪽에서 날 세 번이나 매사추세츠 변호사 조사위원회에 회부하려 한 거 알아요? 날 주의 깊게 감시하고 있죠.

마이크 : (놀라며) 교회에서요?

개러비디언 : 그래요. 교회에서요. 내 자격을 박탈하려는 거죠. 사실…. (말을 멈추고 수첩을 가리키며) 그거 치워요. 치우라고요.

마이크 : (필기를 멈추며) 알겠습니다.

마이크가 수첩을 접어 치운다.

개러비디언 : 어떤 형태나 수단으로도 내 말을 기록하지 마요. 종이도 안 되고 테이프도 안 돼요. 절대로요. 사실 지금도 당신이랑 이런 말을 하면 안 되는데….

- **brusquely**
  무뚝뚝하게, 퉁명스럽게
- **bring someone up**
  (법원에) 호출하다, 고발하다
- **disbar**
  변호사 자격을 박탈하다
  - the bar 변호사업
  - the bar examination 변호사 시험
- **in any shape or form**
  어떠한 형태로든
  in any way, shape, or form; in any way at all

They are watching me very closely.
watch closely는 관심이 있는 특정인이나 사안을 면밀히 지켜본다는 표현입니다. keep an eye on, keep track of도 같은 뜻으로 쓰입니다.

Zoom In

They are watching me very closely.

(그들은) 날 주의 깊게 감시하고 있어요.

MIKE : Look, Mr. Garabedian, I know there's things you can not tell me but, also know there's a story here. And I think it's an important story.

GARABEDIAN : (pushing the article towards Mike) I already talked to the Phoenix.

MIKE : Yeah, and there's a reason I didn't see it. Nobody reads the Phoenix anymore. They're broke. They don't have any power. The Globe does. If we cover this story, everybody will hear about it.

GARABEDIAN : (provocatively) The Church thinks in centuries, Mr. Rezendes. Do you think your paper has the resources to take that on?

MIKE : Yeah, I do. But if you don't mind me asking… Do you?

GARABEDIAN : (avoiding the question) I can't talk to you right now, Mr. Rezendes, I'm very, very busy.

Garabedian stands, walking Mike to the door.

GARABEDIAN : (calling out) Sharon?!

MIKE : Thank you.

Before Garabedian can push Mike out the door, Mike turns back and asks.

MIKE : Can I at least talk to some of your clients? The victims? I'd really like to do that.

마이크 : 저기요, 변호사님. 말씀 못 하시는 부분이 있는 건 알지만 이건 꼭 기사화돼야 할 일이에요. 중요한 이야기잖아요.

개러비디언 : (신문을 마이크 쪽으로 밀며) 피닉스 지에 다 말했어요.

마이크 : 네, 그러니까 제가 그걸 못 봤죠. 요즘 누가 피닉스 지를 봐요. 거긴 망했어요. 아무런 영향력도 없죠. 하지만 보스턴 글로브는 달라요. 우리가 이 얘기를 다루면 다들 주목할 겁니다.

개러비디언 : (도전하는 투로) 교회가 수백 년을 감춰온 일이에요. 당신네 신문사가 그걸 드러낼 역량이 되겠어요?

마이크 : 제 생각엔 그렇습니다. 하지만 감히 되묻고 싶네요. 변호사님도 그럴 역량이 있으신가요?

개러비디언 : (대답을 피하며) 지금은 말할 시간이 없어요, 레젠더스 씨, 너무 바쁘거든요.

개러비디언이 벌떡 일어나 마이크를 문밖으로 배웅한다.

개러비디언 : (밖에 대고 부르며) 섀런?!

마이크 : 감사합니다.

개러비디언이 문밖으로 완전히 밀어내기 전에 마이크가 뒤돌아서 묻는다.

마이크 : 그런데 의뢰인들과 얘기해볼 순 없을까요? 피해자들이요. 꼭 만나보고 싶은데요.

- **broke**
  파산한, 빈털터리의
  bankrupt
- **provocatively**
  도발적으로, 자극적으로

If you don't mind me asking, ~

상대방이 기분 나빠하거나 당황할 수 있는 질문을 할 때 이 구문을 앞에 붙이면 정중한 말투가 됩니다. 그 뒤에 본론에 해당하는 질문을 하면 되죠. If you don't mind~는 무언가 정중히 부탁할 때도 사용할 수 있습니다.

- If you don't mind, could you open the window? 괜찮으시면, 창문을 열어주실 수 있나요?
- No Problem 그렇게 하죠

Zoom In

If you don't mind me asking, ~

기분 나쁘시지 않다면 묻고 싶네요.

GARABEDIAN : (closing the door) Call me tomorrow, I gotta think about it.

MIKE : Thank you. Thanks.

GARABEDIAN : (annoyed) Yeah, yeah.

Garabedian shuts the door on Mike.

INT. GLOBE, LIBRARY - DAY

Workers pull up old microfilm stories, photos and articles. It's just an everyday life in the library.

Wanda enters the search terms.

"Eileen McNamara; A FAMILIAR PATTERN

We see Eileen McNamara's column on the computer.

"Cardinal Bernard Law has no comment..."

A microfilm article on another screen.

"Porter held in Minn. on Mass. charges."

A printer spits out another microfilm article.

"Porter faces Mass. court as '87 abuse claim arises"

A stack of articles and photographs are dropped into a folder.

INT. GLOBE, HALLWAY - LATER

The folder is now one of many on metal cart that Wanda wheels down the hall. The cart is full of folders with indexes such as 'Spotlight', 'Special,' 'Security,' and 'Science.'

개러비디언 : (문을 닫으며) 생각해 볼 테니 내일 다시 연락하세요.

마이크 : 감사합니다. 정말 감사해요.

개러비디언 : (귀찮다는 듯) 네.

개러비디언이 마이크를 내보내고 방문을 완전히 닫아버린다.

내부. 보스턴 글로브, 서고 – 낮

신문사 직원들이 서가 곳곳에서 오래된 신문 기사와 사진, 칼럼들을 꺼낸다. 서고에서는 늘 벌어지는 자연스러운 풍경이다. 완다가 컴퓨터에 검색어를 입력한다.

'에일린 맥나마라; 비슷한 패턴'

컴퓨터에 에일린 맥나마라의 칼럼이 뜬다.

'버나드 로 주교는 아무런 성명도 발표하지 않았으며…'

마이크로필름으로 된 기사가 또 다른 화면에 뜬다.

'보스턴에서의 혐의로 미네소타에서 구속된 포터 신부'

기사가 프린터에서 인쇄되어 나온다.

'87년도의 성추행 의혹이 드러나며 매사추세츠 법정에 선 포터 신부'

직원들이 찾아낸 기사와 사진 뭉치를 서류철에 묶는다.

내부. 보스턴 글로브, 복도 – 얼마 후

그 서류철은 이제 다른 서류철들과 함께 철제 카트에 실린다. 완다가 이 카트를 밀며 복도를 지나간다. 빽빽하게 꽂혀있는 각각의 서류철에는 '스포트라이트,' '특집', '안보', '과학' 등의 색인이 붙어있다.

- **charge**
  혐의, 비난
  • criminal charge 형사 고발
  • charge of murder 살해 혐의
- **spit out**
  뱉다, 발설하다
- **Mass.**
  메사추세츠 주
  Massachusetts의 약어

Call me tomorrow, I gotta think about it.

I gotta~는 문법적으로는 맞지 않는 구어체 표현입니다. 문법을 따진다면 I have got to~, I've got to~의 형식으로 써야 합니다. I have to와 같은 뜻으로 난 ~을 해야 한다는 표현이죠. 위 문장에서는 생각할 시간이 필요하니 내일 연락하라는 말로 쓰였습니다.

• I gotta go home now. 난 이제 집에 가봐야 해.
• I gotta say what's on my mind. 난 속에 있는 얘기를 해야만 해.

Zoom In

Call me tomorrow, I gotta think about it.

생각해볼 테니 내일 다시 연락하세요.

INT. GLOBE, SPOTLIGHT OFFICE - LATER

Wanda enters with the files.

WANDA : I got more clips from the library.

MATT : (absorbed in an article) Leave 'em right there.

WANDA : Are you guys doing a story on the Church?

MATT : (firmly) No, we are not doing a story on the Church.

Wanda unloads the folder beside matt's desk and leaves.

SACHA : (reading a few articles) Matt, you find anything on this guy Phil Saviano?

MATT : (picks up the folder and sits back) No. Who is he?

SACHA : He's part of a victims' organization. Kurkjian did a story on him right after the Porter case.

Robby is surprised and asks from inside his office.

ROBBY : There's a victims' organization?

SACHA : Yeah, it's called SNAP; it's Survivors Network of those Abused by Priests.

MATT : Crummy acronym.

SACHA : Yeah. (handing the article to Robby) You want me to track him down?

ROBBY : (putting on his glasses) Yeah. Bring him in. How much longer you need to get through the clips?

내부. 보스턴 글로브, 스포트라이트 팀 사무실 - 얼마 후

완다가 서류철을 들고 들어온다.

완다 : 서고에서 자료를 더 찾았어요.

매트 : (한 기사에 시선을 고정한 채) 거기 놔줘요.

완다 : 교회 이야기를 준비 중이에요?

매트 : (단호하게) 아니요, 교회 얘기는 안 써요.

완다가 매트의 책상 옆에 서류철만 놓고 사무실을 나간다.

사샤 : (기사 몇 개를 들고 읽으며) 매트, 필 사비아노라는 사람에 대해 뭔가 나온 거 있어?

매트 : (서류철을 집어 들고 다시 앉으며) 아니. 그게 누군데?

사샤 : 피해자 단체 관계자야. 포터 사건 직후에 커크지안이 인터뷰 기사를 썼어.

팀장실 안에 앉아있던 로비가 이 얘기를 듣고 놀라서 묻는다.

로비 : 피해자 단체도 있어?

사샤 : 네, '스냅'이라고 해요. 신부에게 추행당한 생존자 네트워크요.

매트 : 첫 글자를 억지로 끼워 맞췄군.

사샤 : 응. (로비에게 기사를 건네고) 이 사람을 찾아볼까요?

로비 : (안경을 쓰며) 그래. 데려와 봐. 자료는 얼마나 더 검토해야 하지?

- **unload**
  (짐을) 내리다, (총알 등을) 빼내다, 마음의 짐을 벗다
- **crummy**
  볼품없는, 값싼
  not of good quality; not pleasant
- **acronym**
  두문자어(머리글자를 따서 만든 준말)

You want me to track him down?

Do you want me to~에서 Do를 생략한 형태로, 상대방에게 ~을 해줄지 묻는 표현입니다. 어떤 행동으로 상대방을 도와주고 싶을 때 이렇게 물어보면 되죠.

- You want me to wash the dishes? 내가 설거지를 할까요?
- You want me to massage your back? 등을 마사지해줄까?

Zoom In

You want me to track him down?

이 사람을 찾아볼까요?

SACHA : I mean a few days. There's a lot. Lisa's still sending up more.

ROBBY : Okay.

MATT : (to Sacha and Robby) Hey guys. I think I got another priest.

Matt is holding an article.

"Boston Archdiocese Sued For Alleged Sex Abuse By Priest"

MATT : Liam Barrett. Molested some kids in Philly and was moved to Boston. Did the same thing and was moved again.

SACHA : Really? That sounds like Geoghan.

ROBBY : Is that one of our clips?

MATT : (handing the article to Robby) Yeah. Byline's Diego Ribadeneira, 1997.

MATT : Must've been back when he was working religion.

ROBBY : Was there any folo?

MATT : Not much. One short piece. The Church settled the case. (finds something from the article) Don't you know Jim Sullivan?

ROBBY : Yeah. Why?

MATT : Looks like the Church brought him in to help out.

사샤 : 며칠은 더 걸리겠어요. 양이 엄청난 데다가 리사가 계속해서 더 보내주고 있어요.

로비 : 알았어.

매트 : (사샤와 로비에게) 이것 좀 봐요. 다른 신부를 찾았어요.

매트의 손에 신문 기사가 하나 들려있다.

'소속 신부의 성추행 혐의로 고발당한 보스턴 대교구'

매트 : 리암 배럿 신부예요. 필라델피아에서 애들을 성추행하고 보스턴으로 전근 왔어요. 그리고 같은 짓을 반복하다가 또 전근을 갔죠.

사샤 : 정말? 게이건 신부랑 똑같은데.

로비 : 우리 신문사 기사야?

매트 : (로비에게 기사를 건네며) 네. 디에고 리바데네이라의 1997년 기사예요. 종교부에 있을 때 썼나 봐요.

로비 : 후속 기사도 있나?

매트 : 별로요. 단신만 하나 있어요. 교회에서 합의를 끌어냈대요. (기사에서 뭔가를 찾고) 짐 설리번 변호사랑 아는 사이시죠?

로비 : 그래. 왜?

매트 : 교회가 그 변호사의 도움을 받았나 봐요.

- **Philly**
  필라델피아 (미국 필라델피아 주에 있는 도시)를 부르는 애칭; Philadelphia
- **byline**
  기사 밑에 적힌 필자명
- **settle a case**
  합의를 보다
  ends a dispute before the end of a trial
  • settlement 합의, 조정, 합의금

Not much.

상대가 질문한 내용에 대해 그런 건 거의 없다는 부정적인 대답을 할 때 사용됩니다. Barely 혹은 Almost not과 같은 의미죠.

• What did she tell you? 그녀가 무슨 얘기를 해줬어?
• Not much. 별말 없었어.

Zoom In

Not much.

별로요.

Matt shows Robby the clip. Robby reads, surprised.

EXT. FENWAY PARK - NIGHT

Establishing shot. From up above, a game in progress.

INT. FENWAY PARK - NIGHT

Mike and Matt sit with Ben and Steve Kurkjian at the game. A called third strike and the crowd groans. Mike drinks a cup of beer.

BEN : Jesus… Has anybody but Manny gotten the ball out of the infield?

MATT : (scoring the game) Nope.

MIKE : Why do you even bother with that thing?

MATT : It distracts me from the game.

KURKJIAN : (holding up and empty beer cup) Know what else is good for that?

MATT : Oh yeah. Good idea. (standing up) My round. I'll be right back. (turning back to three of them) Anybody want any food?

MIKE : No.

KURKJIAN : I'm all set.

MIKE : Hey, a hot dog.

Matt walks down the stairs. It's a break time between innings. Everyone begins to talk freely.

BEN : (to Mike) So you guys making any progress?

매트가 로비에게 이 기사를 보여준다. 그걸 읽은 로비는 놀란 표정을 짓는다.

외부. 펜웨이 파크 – 밤

경기 중인 야구장을 위에서 내려본 전경이 펼쳐진다.

내부. 펜웨이 파크 – 밤

야구장 관중석에 매트와 스티브 커크지안, 마이크, 부국장이 나란히 앉아있다. 삼진 아웃이 선언되자 관중들이 앓는 소리를 내고, 마이크는 컵에 든 맥주를 마신다.

벤 : 맙소사… 매니의 안타 말고는 내야를 넘긴 공도 없었지?

매트 : (종이에 경기를 기록하며) 네.

마이크 : 그건 왜 자꾸 쓰는 거야?

매트 : 이런 거라도 하면서 신경을 분산시켜야지.

커크지안 : (빈 맥주 컵을 들어 보이며) 이럴 때 특효약이 뭔지 알아?

매트 : 그래, 좋은 생각이야. (자리에서 일어나며) 내 차례지? 금방 다녀올게. (세 사람을 돌아보며) 뭐 먹고 싶은 사람?

마이크 : 됐어.

커크지안 : 배 안 고파.

마이크 : 아니, 핫도그 하나 사줘.

매트가 계단을 내려간다. 이닝 교체 시간이라 관중들이 자유롭게 떠든다.

벤 : (마이크에게) 그래서 진전이 좀 있나?

- **groan**
  신음하다, 불평하다
- **infield**
  (야구 경기에서) 내야
  • infield hit 내야 안타
  • infielder 내야수
- **distract**
  주의를 빼앗다, 산만하게 하다; 위안을 주다
  to provide a pleasant diversion for; amuse; entertain
- **all set**
  준비되다, 괜찮다
  prepared, ready; okay, done

My round!
여기서 round는 한 그룹 내의 사람들에게 사는 술을 뜻합니다. 그러므로 'It's my round.'는 내가 모두에게 술을 사겠다는 표현이죠. 술뿐만이 아니라 식사나 영화 표 등을 사줄 때는 'It's my treat.' 혹은 'It's on me.' 라고 할 수도 있습니다.

Zoom In

My round!
내가 살 차례야!

MIKE : Absolutely. It's a good story.

BEN : Why? Because you're another lapsed Catholic pissed off at the Church?

MIKE : We've got a lot of good stuff.

BEN : Like what?

Mike glances over at Kurkjian.

KURKJIAN : (looking straight ahead) I'm just watching the game. Omerta.

MIKE : I got another priest, Liam Barrett.

KURKJIAN : We reported on him.

Mike wheels around quickly to face Kurkjian.

KURKJIAN : I'm just saying, we did.

MIKE : Okay, but this guy was shuffled around from parish to parish every few years... just like Geoghan and Porter. I think there's a pattern.

BEN : (bluntly) Sounds thin. What else you got?

MIKE : Sacha's got another guy from a victims' organization, Phil Saviano.

KURKJIAN : (sneering) From SNAP? (snorts) Oh boy... We reported on him too.

MIKE : I thought you were watching the game, Steve?

KURKJIAN : That guy's pretty banged up, Mike.

마이크 : 그럼요. 아주 좋은 기삿거리예요.

벤 : 왜? 자네도 성당에 실망해서 떠난 사람이라 공감이 가?

마이크 : 좋은 소재가 많이 나왔어요.

벤 : 예를 들면?

마이크가 커크지안을 흘낏 쳐다본다.

커크지안 : (정면에 시선을 고정한 채) 난 경기만 보고 있어. 입 다물고 있을게.

마이크 : 리암 배럿이라는 신부가 새로 나왔어요.

커크지안 : 그건 이미 다뤘어.

마이크가 고개를 휙 돌려 커크지안을 바라본다.

커크지안 : 그냥 그렇다고 말해주는 거야.

마이크 : 이 신부는 몇 년마다 교구를 옮겨 다니고 있어요. 게이건이나 포터 신부도 그랬죠. 일정한 패턴이 있는 것 같아요.

벤 : (퉁명스럽게) 그 정도론 약해. 다른 건 없나?

마이크 : 사샤가 피해자 단체 관계자인 필 사비아노를 찾았어요.

커크지안 : (기가 찬다는 듯이) '스냅' 말이야? (콧방귀를 뀌며) 저런… 그 사람도 전에 기사화했어.

마이크 : 경기 보는 거 아니었어, 스티브?

커크지안 : 그 사람 제정신 아니야.

- **lapsed**
  (신앙을) 버린, 떠난
  no longer active or practicing
- **omerta**
  외부에 발설하지 않는다는 약속(특히 범죄 조직에서)
- **shuffle around**
  이리저리 움직이다
  to move things or people into a different order of into different positions
- **banged up**
  〈구어〉 제정신이 아닌

Like what?
상대가 한 말에 대해 구체적인 예시를 들어달라고 요구하는 구어체 표현입니다. For example? 혹은 Such as? 등을 써도 같은 의미입니다.

Zoom In

Like what?

예를 들면?

BEN : We did a couple stories on him. That guy would not stop writing letters.

KURKJIAN : He wants a holy war.

MIKE : (to Ben) What? So he's not worth talking to?

BEN : Where are you on Garabedian?

MIKE : I'm working on it.

BEN : Robby said MacLeish thinks he's bluffing.

MIKE : I think there's something there, Ben.

BEN : Get me something solid or I'm taking you off it. I don't want us chasing our tails on this.

EXT. WOLLASTON GOLF CLUB, 8TH HOLE FAIRWAY - DAY

Robby and his old friend Jim Sullivan play golf with two others. Jim takes a swing and talks to his ball.

JIM : (chanting) Stay away from that trap.

ROBBY : You couldn't reach that trap in a million years, partner.

JIM : I've reached that trap before.

ROBBY : (laughs) Yeah? Now Paul, maybe.

Robby and Jim walk down the fairway. Robby checks the card.

JIM : How we doing?

ROBBY : We're good. We're two up in the front.

벤 : 인터뷰 기사를 몇 번 실어줬어. 그런데도 끊임없이 투서를 보내왔지.

커키지안 : 전쟁이라도 치르고 싶은가 봐.

마이크 : (부국장을 보며) 그래서 말해볼 가치도 없다는 건가요?

벤 : 개러비디언과는 어떻게 돼가고 있어?

마이크 : 노력 중이에요.

벤 : 맥클레쉬는 그 친구를 허풍쟁이라고 했다던데.

마이크 : 제가 볼 땐 뭔가가 있어요.

벤 : 확실한 걸 가져오지 않으면 취재를 중지시킬 거야. 가망 없는 일에 낭비할 시간이 없어.

외부. 월러스톤 골프 클럽, 8번 홀 페어웨이 – 낮

로비와 그의 오랜 친구 짐이 다른 두 사람과 함께 골프를 치고 있다. 짐이 스윙을 한 뒤 공에 대고 말한다.

짐 : (주문을 걸듯) 제발 벙커만 피해.

로비 : 자넨 백만 년이 걸려도 저 벙커까지 못 보낼걸.

짐 : 전에 저기까지 보낸 적 있어.

로비 : (웃으며) 그래? 이제 폴 차례 같은데.

로비가 짐과 페어웨이를 걸어 내려가며 채점표를 확인한다.

짐 : 지금 점수가 어때?

로비 : 괜찮아. 우리가 2타 차로 앞섰어.

- **holy war**
  성전 (성스러운 전쟁)
- **solid**
  확실한, 신뢰할 수 있는
  a solid evidence
- **chase one's tails**
  소득 없이 시간만 낭비하다
- **trap**
  〈구어〉 (골프에서) 벙커
  주로 sand trap이라고 함

I'm working on it.
아직 완수하지 못한 일에 대해 질문을 받았을 때 답하는 짧고 긍정적인 표현입니다. 비슷한 표현으로는 I'm taking care of it.이 있습니다. 최선을 다하고 있다는 걸 더 강조하고 싶다면 I'm working on it as hard as I can.이라고 하면 되죠.

Zoom In

I'm working on it.

노력 중이에요.

JIM : Good. How's that new editor working out?

ROBBY : Well, he doesn't like baseball. But he seems like a smart guy.

JIM : Yeah, I read an article about him. Said he's the first Jewish editor at the Globe.

ROBBY : Must have been a slow news day.

JIM : (chuckles calmly) He got a family, this guy?

ROBBY : No. He is not married.

JIM : Divorced?

ROBBY : I don't think so, no.

JIM : (sarcastically) So the new editor of the Globe is an unmarried man of the Jewish faith who hates baseball?

ROBBY : Yeah.

JIM : Should have given it to Ben. He's a Bradlee for crying-out-loud.

ROBBY : Didn't raise his hand fast enough I guess.

They reach a ball on the fairway.

ROBBY : Hey, by the way… I've been reading about this priest, Father Barrett. Said you were involved with that.

JIM : Barrett, yeah. Bad egg. Lake Street asked for help, I pitched in.

짐 : 다행이네. 신임 국장은 어때?

로비 : 글쎄, 야구를 안 좋아하더라고. 그래도 똑똑한 사람 같아.

짐 : 취임 소개 기사를 봤어. 보스턴 글로브 최초의 유대인 국장이라더군.

로비 : 요즘 기삿거리가 별로 없나 보네.

짐 : (가볍게 웃으며) 그 친구 가족은 있나?

로비 : 아니. 싱글이야.

짐 : 이혼했어?

로비 : 그건 아닌 것 같아.

짐 : (빈정거리며) 지금 보스턴 글로브의 신임 국장이 야구를 싫어하는 미혼의 유대인이라는 거야?

로비 : 그래.

짐 : 그 자리는 벤이 맡았어야 하는데. 누가 뭐래도 브래들리 가문이잖아.

로비 : 손드는 타이밍이 늦었나 보지.

두 사람이 페어웨이에 공이 떨어진 위치에 다다른다.

로비 : 그런데 말이야. 배럿이라는 신부에 대한 기사를 봤는데. 자네가 그 일에 연관됐다고 하더라고.

짐 : 아, 배럿 신부. 망나니짓을 했지. 대교구에서 부탁하길래 도와줬던 거야.

- **Jewish**
  유대인, 유대교의
- **for crying-out-loud**
  〈구어〉 제발, 맙소사 (놀라거나 짜증 날 때 내뱉는 감탄사)
- **bad egg**
  〈구어〉 불량, 망나니, 불량배 (약간 구식 표현)
  dishonest or ill-behaved person.
- **pitch in**
  협력하다, 거들다

Must have been a slow news day.

slow news day는 중요한 사건이나 사고가 없어서 신문이 사소한 내용만으로 채워지는 시기를 말합니다. 이 문장에서처럼 지면을 채우려고 뭐든 기사화하는 행위를 냉소적으로 비꼬는 말도 되죠.

Zoom In

Must have been a slow news day.

요즘 기삿거리가 별로 없나 보네.

ROBBY : Victims said Cardinal Law knew about Barrett when he came from Philly. Is that true?

JIM : You know I can't talk about the case, Robby.

ROBBY : Off the record?

JIM : Off the record I can't talk about it. (winks)

ROBBY : (wryly) Alright.

JIM : This related to the lawsuit?

ROBBY : (surprised) You know about that?

JIM : (laughs) Look, I don't know this guy Baron or what his agenda is. Frankly I don't care. I just don't want to see you taking a bullet for him. (looking down the ball) I think you're away.

EXT. MATT CARROLL'S HOUSE, WEST ROXBURY - SUNDAY MORNING

Matt, in coat and tie, shepherds his family out the door and into a minivan. His wife and daughter wear dresses, his sons are in blazers and khakis. They are clearly en route to church. Younger son plays ball in the street.

MATT'S WIFE : Put it over there.

MATT : Let's go. Let's go.

PRIEST : (V.O.) So the other day I was on the World Wide Web. Anything you want to know. It's right there.

로비 : 피해자들 말로는 배럿 신부가 필라델피아에서 전근 올 때 추기경도 그 추문을 알았다던데. 사실인가?

짐 : 사건 얘기는 못 하는 거 알잖아.

로비 : 오프더레코드로 말해 봐.

짐 : 오프더레코드도 안 돼. (눈을 찡긋한다)

로비 : (씁쓸하다는 듯) 알았어.

짐 : 그 소송 때문에 그러나?

로비 : (깜짝 놀라며) 자네도 알아?

짐 : (웃으면서) 이봐, 신임 국장이 어떤 인간이고 의도가 뭔지는 모르지만 난 신경 안 써. 그저 자네가 총알받이가 되는 게 싫은 것뿐이야. (공을 내려다보며) 자네 공이 제일 멀군.

외부. 매트 키릴의 집, 웨스트 록스베리 – 일요일 아침

셔츠에 넥타이를 맨 매트가 가족들을 데리고 집을 나와 미니밴에 태우려 한다. 아내와 딸은 드레스를 입었고 아들들은 블레이저에 면바지를 입었다. 교회에 가는 차림이 분명해 보인다. 작은아들이 길가에서 공을 찬다.

매트의 아내 : 공은 저리 치워.

매트 : 어서 가자.

신부 : (목소리) 제가 어제 인터넷이라는 데 접속해봤습니다. 궁금한 정보는 뭐든 다 검색되더군요.

- **off the record**
  오프더레코드(비보도, 보도하지 않는다는 조건으로 하는 비공식 발언)
  not for publication
- **en route to**
  ~ 가는 길에
  on the way to
- **World Wide Web**
  월드 와이드 웹 (WWW), 인터넷

I just don't want to see you taking a bullet for him.

take a bullet for someone은 말 그대로 대신 총알을 맞는 행위를 뜻합니다. 따라서 우리말 표현의 총알받이처럼 누군가를 대신해 곤란한 일을 당하는 희생양(scapegoat)이 된다는 뜻도 있습니다.

Zoom In

I just don't want to see you taking a bullet for him.

난 자네가 총알받이가 되는 게 싫을 뿐이야.

INT. CHURCH, SOUTHIE - DAY

Sacha and family attend Sunday mass. It is full, without an empty seat. A priest is giving an homily.

PRIEST : Now, I have to admit that as a priest, this makes me a little nervous. Should I be worried about job security?

Everyone bursts out laughing. Sacha watches her grandmother laugh with the congregation.

PRIEST : I don't think so.

INT. DINER, SOUTH BOSTON - DAY

Congregants mill outside the church. Marty, sits in a diner across the street, eating breakfast and reading.

PRIEST : (V.O.) You see, knowledge is one thing...

EXT. DINER, SOUTH BOSTON - DAY

Marty looks out the window towards the congregation.

PRIEST (V.O.) : but faith, faith is another.

EXT. OLD HARBOR, DORCHESTER - DAY

Mike, in running gear, runs along the water, breathing hard.

내부. 성당, 사우스 보스턴 – 낮

사샤가 가족들과 함께 주일 미사를 드리고 있다. 성당 안은 빈 자리가 없이 꽉 차 있다. 신부가 신도들 앞에서 설교를 이어간다.

신부 : 신부로서 조금 불안해졌다는 걸 인정하겠습니다. 하지만 제가 고용 안전을 걱정해야 할까요?

신도들이 농담에 반응해 웃는다. 사샤가 웃고 있는 자신의 할머니를 바라본다.

신부 : 그렇지는 않을 겁니다.

내부. 식당, 사우스 보스턴 – 낮

성당 앞에 신도들이 무리 지어 있다. 마티는 길 건너 식당에 앉아 아침을 먹으며 신문을 읽고 있다.

신부 : (목소리) 지식은 물론 중요한 거지만….

외부. 식당, 사우스 보스턴 – 낮

마티가 고개를 들고 창문 밖의 무리를 내다본다. 성당 종이 울린다.

신부 : (목소리) 믿음은 그와 별개입니다.

외부. 오래된 항구, 도체스터 – 낮

운동복 차림의 마이크가 거친 숨을 몰아쉬며 해변을 따라 달리고 있다.

- **homily**
  설교
  sermon
- **congregation**
  회중, 예배에 모인 신도들
- **gear**
  장비, 도구, 의류
  supplies, tools, or clothes needed for a special purpose

Knowledge is one thing, but faith is another.

A is one thing, B is another는 A와 B가 다르다, 즉 별개라는 뜻입니다. 그런데 이때 비교 대상인 두 가지 중 더 중요하거나 어려운 것이 B의 자리에 들어갑니다.

- Learning a theory was one thing, but practicing it was another. 이론을 배우는 건 그것을 실행하는 것과는 별개였다.

Zoom In

Knowledge is one thing, but faith is another.

지식과 믿음은 별개다.

INT. GLOBE, NEWSROOM - LATER

Mike walks through the mostly empty newsroom.

INT. GLOBE, SPOTLIGHT OFFICE - DAY

Mike walks in, sees Robby already here.

MIKE : (surprised) Hey.

ROBBY : Hey.

MIKE : (catching his breath) Shouldn't you be golfing or something?

Robby is looking over some articles in his office.

ROBBY : Golfing's not a verb. And I couldn't get a tee time.

MIKE : (wiping the sweat off with a towel) That what they call it? Tee time?

ROBBY : (turning his eyes to Mike briefly) They also call it a leisure activity. You oughta try it Mike.

MIKE : I do. I run.

ROBBY : Yeah, you run to work.

MIKE : (laughs lightly) So why are you here today?

ROBBY : Going over these clips of Saviano.

MIKE : Yep, Ben and Steve think it's a dead end. They gave me a bunch of crap about it at the game.

내부. 보스턴 글로브, 편집국 - 얼마 후

마이크가 거의 비어있다시피 한 편집국을 걸어서 지나간다.

내부. 보스턴 글로브, 스포트라이트 팀 사무실 - 낮

마이크가 사무실에 들어와 이미 와 있던 로비를 발견한다.

마이크 : (놀라서) 팀장님.

로비 : 자네도 왔나.

마이크 : (숨을 고르며) 웬일로 골프 쳐러 안 가셨어요?

로비는 팀장실에 앉아 신문을 훑어보고 있다.

로비 : 골프는 친다고 해야지. 티타임 예약을 못 했어.

마이크 : (수건으로 땀을 닦으며) 그렇게들 불러요? 티타임이요?

로비 : (잠시 마이크를 바라보며) 여가 선용이라고도 하지. 자네도 꼭 한번 해봐.

마이크 : 저도 운동해요. 달리기요.

로비 : 그건 출근하려고 뛰는 거잖아.

마이크 : (가볍게 웃으며) 팀장님은 오늘 왜 나오셨어요?

로비 : 사비아노에 관한 자료 좀 훑어보려고.

마이크 : 네, 부국장님과 스티브는 더 나올 게 없을 거래요. 야구장에서 둘이 절 기죽일 얘기만 잔뜩 해대더라고요.

- **tee time**
  골프 코스 예약 시간
  tee 티 (각 홀의 출발점, 공을 얹는 대)
- **dead end**
  막다른 곳, 가망이 없는 상황

You oughta try it.
oughta는 ought to를 발음 나는 대로 쓴 것으로, You ought to do something은 무언가를 해야 한다는 말입니다. must나 should와 같은 의미죠. 여기서는 마이크에게 운동을 권장하는 의미로 쓰였습니다.

Zoom In

You oughta try it.
자네도 꼭 한 번 해봐.

ROBBY : Yeah, Ben emailed me.

MIKE : He did?

ROBBY : Yeah. He said we should let it go.

Mark sits in a chair before Robby, surprised.

MIKE : What do you want to do?

ROBBY : I want to bring Saviano in.

MIKE : So, just ignore those guys?

ROBBY : (taking off his glasses) I think we've got to start ignoring everybody on this one.

MIKE : (giggles) I'm good with that. (scratching his head) Do you think Marty has any idea what's coming down the pike?

ROBBY : Nope. I don't think he cares either. (scratches his forehead)

MIKE : That's refreshing.

ROBBY : Yeah. Unless he's wrong.

Mike gives Robby a perplexed look and nods.

EXT. LAKE STREET - DAY

An Audi - A4 pulls up in a large parking lot. Marty gets out, looks up at the Cardinal's massive Lake street mansion.

CARDINAL LAW : I've always been fascinated with the newspaper business.

로비 : 알아, 부국장님이 나한테 이메일도 보냈어.

마이크 : 정말이요?

로비 : 그래. 그만 손을 떼라더군.

마크가 놀라워하며 로비 앞에 있는 의자에 앉는다.

마이크 : 팀장님 생각은 어떤데요?

로비 : 사비아노를 인터뷰하고 싶어.

마이크 : 만류하는 소리는 무시하고요?

로비 : (안경을 벗으며) 이제 이 일에 관해서 남들 말은 무시하는 게 좋겠어.

마이크 : (숨죽여 웃으며) 그건 제가 전문이죠. (머리를 긁적이며) 앞으로 어떤 사태가 벌어질지 국장님은 아실까요?

로비 : 아니. 하지만 개의치 않으실 거야. (이마를 긁는다.)

마이크 : 기운이 나네요.

로비 : 그래. 그게 옳은 길이길 바라야지.

마이크가 복잡한 표정으로 로비를 바라보며 고개를 끄덕인다.

외부. 대교구 - 낮

아우디 – A4 한 대가 넓은 주차장 안으로 들어와 선다. 차에서 내린 마티가 으리으리한 추기경 공관을 올려다본다.

추기경 : (목소리) 난 오래전부터 신문 업계에 매력을 느껴왔어요.

- **ignore**
  무시하다, 묵살하다, 간과하다
- **come down the pike**
  나타나다, 발생하다
  to happen or appear
- **refreshing**
  기운이 나게 하는, 상쾌한, 참신한
- **perplexed**
  복잡한, 당혹스러운
  puzzled, confused

He said you should let it go.
let go는 잡고 있던 무언가를 놓아준다는 것이므로 let something go는 '그만두다, 포기하다, 잊어버리다'라는 의미입니다. Let it go!라고 한다면 '그만 잊어버려'라는 뜻이 되죠. 만약 목적어가 사람이 되어 let someone go라고 하면 석방하다, 해고한다는 뜻이 됩니다.
• Let go of my hand. 내 손을 놔줘.

Zoom In

He said you should let it go.

(부국장이) 그만 손을 떼라더군.

INT. LAKE STREET, CARDINAL LAW'S PRIVATE STUDY - DAY

Cardinal Law wears a collar and sits across from Marty.

CARDINAL LAW : I used to sit in on the lectures with the Neiman fellows when I was at Harvard.

MARTY : I read that you were an editor once.

CARDINAL LAW : (chuckles) Ah, yes. Yeah, that was a very long time ago. The Mississippi Register. Small, diocesan newspaper. But for a 30-year-old pastor it was a big responsibility. Too much at times.

MARTY : (curiously) How so?

CARDINAL LAW : I was close with the Evers brothers. We took a stand on civil rights. Our readership was not pleased. They saw me as a meddling outsider.

MARTY : I can imagine.

CARDINAL LAW : Tough seat to sit in, especially in a small town. (pointing at Marty with his two hands closed tightly) I think you'll find that Boston's still a small town too, Marty, in many ways. But if I can be of any help, Marty, don't hesitate to ask. I find that the city flourishes... when its great institutions work together.

MARTY : Thank you. Personally I'm of the opinion that for a paper to best perform its function it really needs to stand alone.

내부. 대교구, 로 추기경의 개인 서재 - 낮

성직자복을 입은 버나드 로 주교가 마티를 마주 보고 앉아 있다.

추기경 : 하버드대에 다닐 땐 '니만 펠로우' 과정을 청강하기도 했죠.

마티 : 예전에 편집 국장 일도 해보셨다고 들었는데요.

추기경 : (재미있다는 듯) 아, 맞아요. 아주 오래된 얘기죠. '미시시피 레지스터'라고 작은 교구 소식지였어요. 그래도 서른 살 먹은 사제에게는 부담스러운 일이었죠. 가끔은 도를 지나칠 정도로요.

마티 : (의아해하며) 어떤 면에서요?

추기경 : 난 에버스 형제랑 친했어요. 함께 시민의 권리를 주창했죠. 그랬더니 독자들이 달가워하지 않더군요. 제삼자가 간섭한다고 생각한 거예요.

마티 : 상상이 가네요.

추기경 : 그렇게 작은 동네에선 특히나 견디기 힘든 자리였죠. (두 손을 맞잡은 채 마티를 가리키며) 지내다 보면 보스턴도 여러모로 작은 동네라는 걸 알게 될 거예요. 하지만 어떤 식으로든 내 도움이 필요하면 주저하지 말고 연락해요. 굵직한 기관들이 서로 협력하면 도시는 더 번성하더라고요.

마티 : 말씀 감사합니다. 하지만 전 개인적으로 신문이 제 기능을 다 하려면⋯ 반드시 독립적이어야 한다고 믿습니다.

- **sit in on**
  청강하다
  • sit in on a class
  • sit in on a meeting
- **Nieman fellow**
  미국 하버드 대학의 언론인 전문 연수 기관인 니만 재단의 연수생
- **diocesan**
  (가톨릭) 교구의
- **meddling**
  참견하는, 간섭하는

How so?
상대가 한 말에 대해 더 자세한 설명을 요구하는 말입니다. 어째서? 어떻게? 등의 의미로 사용됩니다. 비슷한 표현으로 How is it so? How come? How's that? 등을 쓸 수도 있습니다.

Zoom In

How so?

어떤 면에서요?

CARDINAL LAW : (embarrassed, but quickly recovered) Of course. (breathing in) But my offer still stands.

MARTY : (with a bitter smile) Thank you.

Maureen knocks at the door.

CARDINAL LAW : Come in.

Maureen carries a wrapped gift.

CARDINAL LAW : Ah… Thank you, Maureen.

Law hands the gift to Marty.

CARDINAL LAW : A little gift, Marty. (tapping it twice) Think of it a Cardinal's guide to the city of Boston.

INT. MARTY'S CAR (PARKED), OUTSIDE LAKE STREET - LATER

Marty unwraps the gift in his car. It is a thick book.

"Catholic Church Catechism"

Marty's stunned and his face darkened.

추기경 : (당황하지만 곧 평정을 찾으며) 그야 물론이죠. (숨을 들이마시고) 그래도 내 제안은 여전히 유효해요.

마티 : (쓴웃음을 지으며) 감사합니다.

비서인 모린이 노크를 한다.

추기경 : 들어와요.

모린이 포장된 선물을 들고 온다.

추기경 : (선물을 향해 손을 뻗으며) 아… 고마워요, 모린.

추기경이 마티에게 선물을 건넨다.

로 주교 : 작은 선물을 준비했어요. (선물을 두 번 톡톡 치며) 보스턴 생활의 지침이 될 추기경의 안내서라고 생각해요.

내부. 마티의 차 (주차된 상태), 대교구 밖 – 얼마 후

마티가 차 안에 앉아 선물을 풀어본다. 두꺼운 책이 나온다.

'가톨릭 교리 문답'

마티가 놀라서 표정이 굳어진다.

- **catechism**

  교리 문답서, 질문 공세

- **stunned**

  놀라서 멍하다

- **My offer still stands**

  여기서 stand는 제안이나 법령, 기록 등이 변하지 않고 그대로 있다, 즉 유효하다는 뜻입니다.
  - The world record still stands. 세계 신기록은 아직 그대로 유지되고 있다.
  - My invitation still stands. 내 초대는 아직 유효하다.

Chapter 3

피해자들의 진술

Statements of Survivors

시간 00:31:25~00:44:28

INT. GLOBE, LOBBY - DAY

Phil Saviano walks up to the front desk, carrying a box.

PHIL : I'm here to see Sacha Pfeiffer.

SECURITY : Your name?

PHIL : Phil Saviano.

SECURITY : Okay, just a minute.

The guard picks up the phone, calls upstairs.

INT. GLOBE, ROBBY'S OFFICE - DAY

The entire team sits in Robby's small sitting area facing Phil Saviano.

PHIL : So am I the first survivor you've talked to?

ROBBY : Yeah, Phil. You are.

Phil is apparently too nervous. He puts the box he brought with him on his lap and grabs it firmly with both hands.

내부. 보스턴 글로브, 로비 – 낮

필 사비아노가 안내 데스크로 다가간다. 손에는 상자를 하나 들고 있다.

필 : 사샤 파이퍼 기자를 만나러 왔는데요.

경비 : 성함이 어떻게 되시죠?

필 : 필 사비아노요.

경비 : 네, 잠시만 기다리세요.

경비가 수화기를 들고 번호를 누른다.

내부. 보스턴 글로브, 스포트라이트 팀장실 – 낮

팀장실 안의 좁은 응접 공간에서 팀 전체가 필 사비아노를 바라보며 앉아있다.

필 : 인터뷰를 하는 건 제가 처음인가요?

로비 : 네, 맞아요.

필은 긴장한 기색이 역력하다. 가져온 상자를 무릎에 올려놓고 두 손으로 꼭 붙잡고 있다.

- **walk up to**
  ~로 걸어서 다가가다
  approach
- **apparrently**
  명백히, 분명히, 외관상, 보아 하니
  evidently, seemingly, visibly

PHIL : Okay, well… First of all let me say thank you for having me in today. And I want you to know that you have the full cooperation of my organization, SNAP.

SACHA : How many members are in your organization, Phil?

PHIL : We had eleven at our last chapter meeting. (frowns and shakes his head) No, ten. Karen just moved.

ROBBY : (surprised) You had a woman in your group?

PHIL : (sharply) Of course there was a woman. They don't discriminate, not when it comes to abuse. And this has nothing to do with being gay. What this is, is priests using the collar to rape kids. Kids. Boys and girls.

Phil sets down the box. He opens it and holds out a photograph of him at eleven years old.

PHIL : I was eleven… and I was preyed upon by Father David Holley in Worcester. And I don't mean prayed for, I mean preyed upon. (looking around the room) Are any of you Catholic?

MATT : I was raised Catholic but now I go to my wife's Presbyterian church.

SACHA : (nodding at what Matt says) I'm lapsed. I go to church with my grandmother sometimes.

ROBBY : (to Phil) It's safe to say we were all raised Catholic, but now…

필 : 그렇군요. 그럼… 우선 이렇게 불러줘서 감사하다는 말을 하고 싶어요. 앞으로 뭐든 필요하신 게 있으면 저희 스냅에서 전적으로 도와드릴게요.

사샤 : 거기 소속 회원이 몇 명이죠?

필 : 지난 지부 회의 때는 11명이 왔어요. (눈을 찡그리고 고개를 흔들며) 아니, 10명이네요. 카렌이 이사를 갔거든요.

로비 : (놀라며) 여성 회원도 있었어요?

필 : (날카롭게) 당연히 여자도 있죠. 그 사람들은 성추행할 때 남녀 가리지 않아요. 동성애자만 당한 것도 아니에요. 사제의 권위를 이용해 아이들을 강간한 거죠. 남자든 여자든 무차별적으로요.

필이 조심스럽게 상자를 내려놓는다. 그리고 상자 뚜껑을 열어 자신의 11살 때 사진을 꺼내 든다.

필 : 전 11살이었어요. 우스터에서 데이비드 홀리 신부의 먹잇감이 됐죠. 기도를 해 주긴커녕 먹이로 삼았다고요. (팀원들을 둘러보며) 혹시 가톨릭 신자가 계신가요?

매트 : 아, 전 가톨릭 가정에서 자랐지만, 지금은 아내와 장로교회에 다녀요.

사샤 : (매트의 말에 고개를 끄덕인 후) 전 신앙을 포기했어요. 가끔 할머니를 따라 미사만 다니죠.

로비 : (필을 바라보며) 우린 다들 가톨릭 신자로 자랐지만, 지금은….

- **chapter**
  (단체의) 지부
  local branch of a society
- **discriminate**
  구분하다, 차별하다
- **collar**
  (옷의) 깃, 칼라
  clerical collar; 성직자의 신분을 나타내는 표시로 목에 두르는 희고 빳빳한 깃
- **prey upon**
  잡아먹다, 괴롭히다
  to hurt of deceive people who are weak and easy to deceive
- **Presbyterian**
  장로교
  • Methodist 감리교

First of all let me say thank you for having me in today.

have someone in은 누군가를 집이나 회사 등으로 초대한다, 혹은 와서 일하도록 안으로 들인다는 뜻입니다. 그러므로 Thank you for having me in today는 Thank you for inviting me today와 같은 의미입니다.

• We're having a few friends in for dinner. 우린 친구 몇 명을 저녁에 초대할 예정이다.

Zoom In

First of all let me say thank you for having me in today.

우선 이렇게 불러줘서 감사하다는 말을 하고 싶어요.

MIKE : Not so much.

Now, Phil starts to disclose what he's been through, still holding his childhood picture.

PHIL : Okay. Well, let me tell you, When you're a poor kid from a poor family, religion counts for a lot. And when a priest pays attention to you it's a big deal. He asks you to collect the hymnals or take out the trash, you feel special. It's like God asking for help.

Sacha and Matt make a note.

PHIL : So maybe it's a little weird when he tells you a dirty joke but now you got a secret together so you go along. Then he shows you a porno mag, and you go along. And you go along, and you go along until one day he asks you to jerk him off or give him a blow job. And so you go along with that too. Because you feel trapped. Because he has groomed you. How do you say no to God, right?

Phil puts down the picture he was holding and catches his breath.

PHIL : See, it is important to understand this is not just physical abuse, it's spiritual abuse too.

마이크 : 거기서 많이 멀어졌죠.

기자들의 이야기를 들은 필은 여전히 어린 시절의 사진을 든 채 자신의 과거를 털어놓는다.

필 : 알았어요. 저처럼 가난한 집안에서 자란 가난한 애들에게 종교는 아주 큰 부분을 차지해요. 신부님의 관심을 받는 건 엄청난 사건이죠. 성가집을 걷어오라고 하시거나 쓰레기통을 비워달라고 하시면 내가 특별해지는 것만 같아요. 하느님이 내게 도움을 청하는 거나 다름없거든요.

사샤와 매트가 수첩에 이 말을 받아 적는다.

필 : 처음 야한 농담을 하실 땐 조금 이상하지만, 그건 곧 둘만의 비밀이 되는 거니까 자연스럽게 넘어가요. 그러다가 성인 잡지를 보여주시면 같이 보는 거예요. 그렇게 계속 어울려 지내다가 어느 날 자위나 구강성교를 해달라고 하시죠. 그럼 그 말도 듣게 돼요. 이미 꾐에 넘어가서 덫에 걸린 거니까요. 하느님의 명령을 어떻게 거절하겠어요.

필이 계속 들고 있던 사진을 내려놓고 잠시 호흡을 가다듬는다.

필 : 그러니까… 이건 신체적 학대일 뿐 아니라 영적인 학대도 돼요.

- **count for**
  중요하다, 가치가 있다
- **big deal**
  대단한 것
  something really important
  • no big deal 대수롭지 않은 것
- **hymnal**
  성가집
  hymn book
  • hymn 성가, 찬송가
- **mag**
  잡지
  magazine의 줄임말
- **groom**
  (성관계를 목적으로, 특히 인터넷을 통해) 아이와 친해지다

And so you go along with that too.

go along with는 말 그대로 누군가와 함께 간다는 뜻이지만, 비유적인 표현으로는 의견에 동의한다, 동조한다는 뜻으로 쓰입니다. 이 문장에서는 상대가 제안한 것(that)을 받아들이게 된다는 의미입니다.

• I'll go along with your decision. 난 네 결정을 따를게.

Zoom In

And so you go along with that too.

그럼 그 말도 듣게 돼요.

PHIL : And when a priest does this to you, he robs you of your faith. So you reach for the bottle or the needle, or if those don't work you jump off a bridge. (pointing at the box with both hands) That's why we call ourselves survivors. (pulling a book from the box) Have you read Jason Berry's book? He wrote about the Gauthe case in Louisiana?

Phil holds up a book, Sacha tries to catch the spelling of the name.

SACHA : That's G-?

PHIL : G-A-U-T-H-E.

Phil holds out another book.

PHIL : Here. And talk to Richard Sipe. (hands it to Matt) He worked in one of the 'Church's treatment' centers, he's an ex-priest, (searching the box again) married a nun.

Phil holds out several slips of paper bound together.

PHIL : Here… this is his testimony from the Kos case

SACHA : (cutting in) Phil, what's a treatment center?

PHIL : It's where they send priests when they get caught. This is all right here in the box, I sent it all to you guys five years ago.

ROBBY : (surprised) To the Globe? Who did you send it to?

PHIL : (taking a deep breath) I don't wanna say who, but they

필 : 사제가 그런 짓을 하는 건 아이들의 믿음을 빼앗는 거예요. 당한 아이들은 술이나 마약에 손을 대고, 그걸로도 안 되면, 다리 위에서 뛰어내리게 되죠. (두 손으로 상자를 가리키며) 그래서 우린 스스로를 '생존자'라고 불러요. (책을 하나 꺼내 들며) 제이슨 베리의 책은 읽어보셨나요? 루이지애나에서 벌어진 고스 신부 사건을 기술한 책이죠.

필이 책을 들어 보여주고, 사샤는 방금 나온 이름의 철자를 물어본다.

사샤 : G 다음에 뭐죠?

필 : GAUTHE예요.

필이 또 다른 책을 꺼낸다.

필 : 리처드 사이프와도 얘기해보세요. (매트에게 건네주며) '가톨릭 치료' 센터에서 오래 일했죠. 예전엔 신부였고… (다시 상자를 뒤지며) 수녀와 결혼했어요.

필이 인쇄된 종이 묶음을 꺼내 보인다.

필 : 여기요. 이건 코스 사건의 진술서예요.

사샤 : (말을 끊으며) 필, 치료 센터라는 건 뭐죠?

필 : 추행으로 적발된 신부들을 보내는 곳이에요. 이 안에 자료가 다 있어요. 5년 전에 상자째로 보내드렸는데요.

- **rob (someone) of (something)**
  ~에게서 ~을 빼앗다, 박탈하다
- **needle**
  바늘, 주사; 〈속어〉 마약 주사, 마약
- **nun**
  수녀, 여승
- **testimony**
  증언, 증거
  affidavit, statement

Have you read Jason Berry's book?

Have you read~는 ~을 읽어보았는지 경험을 묻는 의문문인데요, 간단한 문장이지만 아래 예문들과 같이 좀 더 구체적인 뜻으로 확장시킬 수 있습니다.

- Have you ever read Aristotles? 아리스토텔레스를 읽어본 적은 있니?
- Have you read any good science book lately? 요즘 괜찮은 과학책 읽은 거 있니?
- How many times have you read the Harry Potter series? 해리포터 시리즈를 몇 번이나 읽었니?

Zoom In

Have you read Jason Berry's book?

제이슨 베리의 책은 읽어보셨나요?

said they weren't interested.

MATT : But Phil, we did run a couple of stories on you. I saw them in the clips.

PHIL : Yeah, but to be completely frank, it wasn't enough. (shaking his head) You guys gotta understand, (appealing) this is big. This is not just Boston, it's the whole country. It's the whole world. And it goes right up to the Vatican.

MIKE : (dubiously) Do you have any proof of that, Phil?

PHIL : No. Not yet but think about it, there are so many of them how else could they have hidden it for so long?

MIKE : So many what?

PHIL : (irritated) Priests! (shudders) Priests! I know of thirteen right here in Boston.

ROBBY : You know thirteen priests in Boston who have molested children?

PHIL : (offended) Yeah, why do you keep repeating everything I say?

ROBBY : (appeases) I just like to clarify things.

PHIL : Maybe you should have clarified it five years ago when I sent you all of this stuff. (pointing at the box) It's all right here.

로비 : (놀라며) 우리 신문사로요? 누구 앞으로 보내셨죠?

필 : (한숨을 크게 쉰 후) 누군지는 말하기 싫어요. 아무튼, 관심 없다더군요.

매트 : 하지만 기사가 몇 개 나갔잖아요. 저도 직접 봤는걸요.

필 : 그렇긴 하지만 솔직히 그것만으로는 부족해요. (고개를 흔든다) 잘 모르셔서 그래요. (호소하듯) 이게 얼마나 큰일인데요. 보스턴뿐만 아니라 미국 전역, 그리고 전 세계에 퍼져있죠. 교황청까지도 연관돼 있어요.

마이크 : (믿지 못하겠다는 듯) 그걸 증명할 자료가 있나요?

필 : 아니요. 아직 증거는 없지만, 생각을 해 보세요. 아니면 그 많은 것들을 어떻게 지금까지 숨겨왔겠어요.

마이크 : 뭐가 많다는 거죠?

필 : (답답하다는 듯) 신부들이요! (몸서리를 치며) 신부들이죠. 보스턴에만 내가 아는 한 13명이 있어요.

로비 : 아동 성추행을 한 보스턴 신부 13명을 아신다고요?

필 : (화가 나서) 네, 왜 자꾸 내가 한 말을 반복하죠?

로비 : (진정시키려는 듯) 전 그저 명확히 해두려는 거예요.

필 : 5년 전에 내가 이걸 보냈을 때 명확히 해두지 그랬어요. (두 손으로 상자를 가리키며) 이 안에 다 있는데 말이에요.

- **to be frank**
  솔직히 말하면
- **the Vatican**
  로마 교황청, 바티칸 궁전
  • Vatican City 바티칸시국
- **shudder**
  (추위나 공포 등으로) 몸서리를 치다, 떨다, 흔들리다
  shake, shiver

I just like to clarify things.

clarify는 모호한 면이 없이 분명하게 만든다는 뜻으로, make clear보다 좀 더 격식을 갖춘 표현입니다. 무엇을 정의하거나 명시한다는 의미의 define과도 일맥상통합니다.

• I want to clarify our relationship.
우리 관계를 확실히 해두고 싶어.
• Could you clarify your position?
당신 입장을 명확히 해주겠어요?

Zoom In

I just like to clarify things.

전 그저 명확히 해두려는 거예요.

Silence for a beat. Phil calms himself down. Everyone waits for him quietly.

PHIL : May I use your bathroom?

MATT : Yeah, sure Phil. (standing up) Come on.

Matt leads Phil out to the bathroom. The rest of them are in stunned silence.

SACHA : (rifles through the papers) Umm… (to Robby) Well, what do you think?

ROBBY : Well, guys he's got an agenda, that's for sure.

MIKE : You think?

SACHA : He's obviously been through a lot. But he's smart and if he's right about thirteen priests…

ROBBY : Yeah, and it might be a big "if" with this guy. Do a background check on him and follow up with some of the other survivors of his group.

SACHA : (nodding) Okay. (takes a note)

MIKE : (grabbing Sipe's book) I'll track down this ex-priest, Sipe.

ROBBY : Okay, but stay on Garabedian. That's more important.

MIKE : Garabedian, what a pain in the ass.

ROBBY : (sliding his chair back away toward his desk) You can be a pain in the ass, Mike.

EXT. STATE STREET, BOSTON - DAY

The State Street is crowded with people. While Garabedian walks across the crosswalk, Mike falls in with him accidently on purpose.

(순간 침묵이 흐른다. 흥분했던 필이 마음을 가다듬는다. 다들 조용히 기다려준다.)

필　　: 화장실 좀 다녀와도 될까요?

매트　: 네, 그럼요. (일어서며) 같이 가시죠.

매트가 필에게 화장실을 안내해주러 나간다. 남은 사람들은 충격에 얼떨떨해 있다.

사샤　: (잠시 서류를 뒤져보다가) 음… (로비에게) 어떻게 생각하세요?

로비　: 저 사람의 의도는 확실한 것 같아.

마이크　: 그래요?

사샤　: 힘든 일을 겪어온 게 분명해요. 하지만, 머리는 좋아요. 저 사람 말대로 13명의 신부가 있다면….

로비　: 그래, 하지만 의심해볼 필요는 있어. 일단 뒷조사를 해보고 그 생존자 모임의 다른 사람들도 만나 봐.

사샤　: (고개를 끄덕이며) 네. (메모를 한다.)

마이크　: (사이프의 책을 가져오며) 저는 전직 신부였다는 사이프를 찾아볼게요.

로비　: 그래, 하지만 개러비디언도 계속 취재해. 그쪽이 더 중요하니까.

마이크　: 아, 개러비디언은 진짜 머리 아파요.

로비　: (멀리 책상 쪽으로 의자를 옮기며) 자네도 남들 머리 아프게 잘하잖아.

외부. 스테이트 가, 보스턴 – 낮

스테이트 가는 수많은 사람으로 북적인다. 개러비디언이 횡단보도를 건널 때 마이크가 개러비디언에게 다가와 우연히 마주친 척한다.

- **rifle through**
  (짧은 시간 안에 서둘러서) 샅샅이 뒤지다
- **agenda**
  목적, 계획, 의제
- **have been through a lot**
  힘든 일을 많이 겪었다
  to have had a lot of problems or difficulties
- **background check**
  뒷조사, 신원 조사
- **pain in the ass**
  골칫거리
  very annoying thing or person
  headache
- **crosswalk**
  횡단보도

Okay, but stay on Garabedian.

stay on은 남들은 모두 떠난 뒤에도, 혹은 예정된 시간이 지나도 맡은 일을 계속하거나, 계속 남아있다는 뜻입니다. 여기서는 다른 사람을 조사하게 되더라도 개러비디언이 우선이니 그 취재를 그만두지 말고 계속하라는 의미로 쓰였죠.

- I'll be there soon. Stay on where you are. 내가 곧 갈 테니 거기 계속 있어.
- Stay on with me. 나랑 계속 같이 있어.

Zoom In

Okay, but stay on Garabedian.

그래, 하지만 개러비디언도 계속 취재해.

MIKE : Mitchell, what a surprise. How are you?

GARABEDIAN : (ignores and keeps walking) I'm fine Mr. Rezendes.

MIKE : (follows) Good. You know, I haven't heard back from you. I left you couple of messages.

GARABEDIAN : (keeps walking) I know. I've been very busy. I don't have time for calls

MIKE : Oh Jeez, I'm sure you don't. Listen, listen Mitch, (opening the door for Garabedian) let me talk to a couple of the victims. You could sit on the interview and if you're not happy you could kill it.

INT. GARABEDIAN'S BUILDING, LOBBY - CONTINUOUS

Mike follows Garabedian inside.

GARABEDIAN : I spoke to my clients and they don't want to be in the press. I'm sorry.

Garabedian presses the elevator button.

MIKE : I get that, but I don't need to name names.

The elevator door slides open.

GARABEDIAN : (gets in) I don't believe you Mr. Rezendes. I don't.

MIKE : (follows) I'm sure you don't.

INT. ELEVATOR

Mike follows Garabedian inside.

마이크 : 변호사님, 여기서 만나네요. 잘 지내셨어요?

개러비디언 : (무시하고 계속 걸으며) 네, 기자님.

마이크 : (따라가며) 그러시군요. 연락 기다렸어요. 메시지를 몇 번 남겼는데요.

개러비디언 : (계속 걸으며) 알아요. 너무 바빠서 전화할 시간이 없었네요.

마이크 : 맙소사. 그렇게 바쁘셨어요? 있잖아요. (건물 문을 열어주며) 피해자들과 얘기 좀 하게 해주세요. 참관하면서 인터뷰가 마음에 안 들면 중단시키셔도 돼요.

내부. 개러비디언의 사무실 건물, 로비 - 계속

마이크가 건물 안까지 개러비디언을 따라 들어온다.

개러비디언 : 의뢰인들한테 얘기해봤는데 신문에 실리기 싫다더군요. 죄송합니다.

개러비디언이 엘리베이터 버튼을 누른다.

마이크 : 그럼 이름은 안 밝힐 수도 있어요.

엘리베이터 문이 열린다.

개러비디언 : (엘리베이터를 타며) 전 당신 안 믿어요.

마이크 : (따라 들어가며) 그러시겠죠.

내부. 엘리베이터

마이크가 개러비디언을 따라 엘리베이터를 탄다.

- **press**
  출판물 (특히 신문), 기자단, 인쇄기
- **name**
  〈명사〉 이름, 〈동사〉 이름을 대다, 밝히다

If you're not happy you could kill it.

kill은 일차적으로 누군가의 목숨을 빼앗는다는 뜻이지만, 비유적으로 무언가를 끝장나게 하다, 중단시킨다는 의미도 됩니다.

- kill the engine 엔진을 끄다
- kill the bill 법안을 백지화시키다
- painkiller 진통제

Zoom In

If you're not happy you could kill it.

마음에 안 들면 중단시켜도 돼요.

MIKE : Listen, Mitchell

GARABEDIAN : (cutting in) Look Mr. Rezendes, please--

MIKE : I'm not writing a profile here. I'm working on something bigger.

GARABEDIAN : (indifferently) Bigger? I don't know what that means.

MIKE : I'm not supposed to tell you this, but I'm digging around for Spotlight.

Garabedian finally turns his eyes to Mike. It seems like he's changing his mind.

GARABEDIAN : Spotlight's on this?

MIKE : Yeah, we're looking into it, but you gotta help me. You gotta let me talk to some of these victims. Please. Please...

Garabedian contemplates.

MIKE : Please...

The elevator arrives at his floor and the door opens.

GARABEDIAN : (gets out) Come back tomorrow. 9:30am.

MIKE : Thank you.

EXT. CAFE FRANCESCA, SOUTH END - DAY

Sacha walks up to a small café.

마이크 : 제 얘기 좀 들어보세요.

개러비디언 : (말을 가로막으며) 제발 이러지 마세요.

마이크 : 피해자를 소개하려는 게 아니에요. 더 큰 걸 노리고 있다고요.

개러비디언 : (시큰둥하며) 더 큰 거라니 무슨 소린지 모르겠군요.

마이크 : 이건 비밀이긴 한데 스포트라이트 면에 실으려고 심층 취재 중이에요.

앞만 보고 있던 개러비디언이 마이크를 바라본다. 마음이 약간 돌아선 것 같다.

개러비디언 : 스포트라이트에서 다룬다고요?

마이크 : 네, 하지만 그러려면 저희를 도와주셔야 해요. 피해자들과 인터뷰를 하게 해주세요. 부탁드려요.

개러비디언이 고민한다.

마이크 : 제발요.

개러비디언의 사무실 층에 도착하고 엘리베이터 문이 열린다.

개러비디언 : (밖으로 나가며) 내일 아침 9시 반에 다시 오세요.

마이크 : 감사합니다.

외부. 카페 프란체스카, 사우스엔드 – 낮

사샤가 작은 카페를 향해 걸어간다.

- **dig around**
  조사하다
  try to find information about someone or something; investigate; look into
- **contemplate**
  신중히 생각하다, 심사숙고하다
  think profoundly and at length

I'm not supposed to tell you this, but~
be supposed to가 누군가에게 기대되는 의무를 뜻하는 말이므로, not supposed to~는 무언가를 해서는 안 된다는 뜻입니다. 그래서 I'm not supposed to tell you, but~은 '사실 이건 말해주면 안 되지만' 즉, 이건 비밀이긴 한데 너에게만 특별히 말해준다는 뉘앙스를 풍기는 말입니다.

Zoom In

I'm not supposed to tell you this, but~
이건 비밀이긴 한데…

INT. CAFE FRANCESCA, SOUTH END - DAY

Joe Crowley sits alone watching the door. He watches as Sacha enters and waves to her. He is extremely nervous. Sacha waves back and approaches him, smiling.

JOE : Ms. Pfeiffer?

SACHA : Joe?

Joe stands to greet Sacha but jolts his table, knocking over his coffee.

SACHA : Hi.

JOE : Oh, shoot.

SACHA : Oh, that's okay.

JOE : (sopping up spilt coffee) Sorry.

SACHA : Oh, no problem.

JOE : Please sit.

SACHA : Thank you.

JOE : (sitting) Is this table okay?

SACHA : (sitting along) This is perfect.

JOE : (straightens the messy table) I had a muffin while I was waiting. Two, actually. I eat when I'm nervous.

SACHA : (expressing sympathy) I do that too, actually. I hope I'm not late. (pointing at her wrist) Phil told me one o'clock.

JOE : No, you're fine. I got here early. About an hour...

내부. 카페 프란체스카, 사우스 엔드 - 낮

조 크롤리가 문을 바라보며 혼자 앉아있다가 사샤가 들어오는 걸 보고 손을 들어 맞이한다. 극도로 긴장한 상태다. 사샤도 손을 들어 답하고 웃으며 다가간다.

조 : 사샤 파이퍼 기자님?

사샤 : 조 크롤리 씨?

조가 사샤를 맞이하러 벌떡 일어서다가 테이블을 쳐서 커피를 쏟는다.

사샤 : 안녕하세요.

조 : 오, 이런.

사샤 : 괜찮아요.

조 : (쏟은 커피를 닦으며) 죄송해요.

사샤 : 신경 쓰지 마세요.

조 : 앉으시죠.

사샤 : 고마워요.

조 : (의자에 앉으며) 이 테이블 괜찮으세요?

사샤 : (따라 앉으며) 딱 좋은데요.

조 : (테이블을 정리하며) 기다리는 동안 머핀을 하나 먹었어요. 사실은 두 개요. 긴장되면 자꾸 먹히거든요.

사샤 : (심히 공감한다는 듯) 저도 그래요. 아, 제가 너무 늦은 건 아니죠? (손목을 가리키며) 필이 1시 약속이라고 했거든요.

조 : 늦으신 거 아니에요. 제가 일찍 왔어요. 한 시간 정도요.

- **jolt**
  (갑자기 세게) 흔들다, 덜컹거리게 하다
  bump
- **knock over**
  쳐서 넘어뜨리다, 뒤엎다
  to strike someone or something so forcefully as to cause a fall
- **sop up**
  빨아들이다, 닦아내다
  to absorb liquid into a piece of something solid; mob

Two, actually.

actually는 다음과 같은 여러 상황에 쓰일 수 있습니다.

- 실제로 일어난 일이라는 뜻
  haven't actually seen him. 그를 직접 본 적은 없어.
- (구어체에서) 그전에 나온 말을 정정하거나 변명할 때
  It was me, no actually it was my sister. 그건 나였어. 아니 사실은 내 동생이었어.
- 일반적인 예상과 달리 놀라운 얘기를 할 때 강조하는 말
  I don't believe it, but he actually asked me out. 믿기지 않지만 정말 그가 나한테 데이트 신청을 했어.

Zoom In

Two, actually.

사실은 두 개요.

Joe laughs bashfully and Sasha laughs too.

SACHA : (rummages in her bag) Would you mind if I took some notes? Would that be all right?

INT. GARABEDIAN'S OFFICE, CONFERENCE ROOM - DAY

Garabedian comes into the conference room and closes the door. Mike is in sit with 25 year old Patrick Mcsorley.

MIKE : You don't mind if I take some notes do you?

Garabedian searches through the bookshelves by the window, showing his back to them.

PATRICK : (scratches his arm) Are you going to use my name?

GARABEDIAN : (turning back) No.

MIKE : (unzips his bag) Not if you don't want me to. No.

PATRICK : I just had a kid. He's only one but I'm not sure I want him to know about this.

MIKE : (holding a pen and a note) Sure. I get that.

GARABEDIAN : You can stop this interview at any time, Patrick. All right?

PATRICK : Okay.

Garabedian pats Mike on the shoulder and sits next to him.

PATRICK : (taking a deep breath) Go ahead with your notes.

조가 멋쩍어서 웃고 사샤도 따라 웃는다.

사샤 : (가방을 뒤지며) 수첩에 받아 적어도 괜찮으시겠어요?

내부. 개러비디언의 사무실, 회의실 – 낮

개러비디언이 회의실로 들어와 문을 닫는다. 마이크가 25세 남성인 패트릭 맥솔리와 앉아있다.

마이크 : 메모를 해도 괜찮을까요?

개러비디언은 등을 돌린 채 창가 책꽂이에서 뭔가를 뒤진다.

패트릭 : (팔을 긁으며) 제 이름을 쓰실 건가요?

개러비디언 : (뒤돌아보며) 아니에요.

마이크 : (가방 지퍼를 열며) 원하지 않으시면 안 쓸게요.

패트릭 : 얼마 전에 아이가 태어났어요. 이제 겨우 1살이지만 아들이 알게 되면 어떨지 아직 모르겠어요.

마이크 : (손에 수첩과 펜을 들고) 네. 이해합니다.

개러비디언 : (패트릭에게) 인터뷰 중간에 언제든지 중단할 수 있어요. 알았죠?

패트릭 : 네.

개러비디언이 패트릭의 어깨를 다독여준 후 옆자리에 앉는다.

패트릭 : (숨을 크게 내쉬고) 수첩에 적으셔도 돼요.

- **bashfully**
  수줍게, 부끄러운 듯이
- **rummage**
  샅샅이 뒤지다
  search, explore, dig through
- **unzip**
  지퍼를 열다, (문제를) 해결하다

Go ahead with your notes.

Go ahead는 상대방에서 무언가를 허락해주는 말로 '그렇게 하세요', 즉 Please do it이라는 뜻입니다. 단독으로 쓰기도 하지만 go ahead with~ 또는 go ahead and do something 등의 형식으로도 사용합니다.

- go ahead with 진행하다, 추진하다
  We will go ahead with the party plan. 우리는 그 파티 계획을 그대로 추진할 거야.
- go ahead and do something 어서 ~해라
  Go ahead and finish you breakfast. 어서 아침 식사를 끝내.

Zoom In

Go ahead with your notes.

수첩에 적으셔도 돼요.

MIKE : Okay. So um... (pauses for a while) Where'd you live when-- when it first happened?

PATRICK : In the projects, over in Hyde Park.

MIKE : (jotting down) Over by the Stop & Shop?

PATRICK : (surprised) Yeah, you know it?

MIKE : Yeah, I drove a cab for a few years. Open early. Bad coffee, right?

PATRICK : Yeah. I guess...

Patrick and Garabedian share a look.

MIKE : How old were you when it happened?

PATRICK : I was twelve. Just after my dad killed himself.

MIKE : Ah, Jeez.

PATRICK : (a bit irritated) He was a real piece of shit. And my mom, she wasn't so stable either.

MIKE : How do you mean?

PATRICK : I mean she was nuts.

GARABEDIAN : (cutting in) She was a schizophrenic.

PATRICK : (to Garabedian) Same shit.

Garabedian nods.

MIKE : When did you first meet Geoghan?

PATRICK : (sighs) Well, my sister, she saw him over in the Dunkin' Donuts. Tells him about my old man passing and he rushed right over.

마이크 : 좋아요. 그럼… (한참 뜸을 들이다가) 그 일이 처음 일어났을 때 어디 살고 계셨죠?

패트릭 : 하이드 공원 근처의 공영 주택단지요.

마이크 : (메모를 하며) 그 앞에 '스톱 앤 숍'이 있죠?

패트릭 : (놀라며) 네. 거기를 아세요?

마이크 : 택시 운전을 몇 년 했거든요. 새벽부터 문을 열고 커피 맛은 형편없잖아요.

패트릭 : 아마 그럴 거예요.

패트릭과 개러비디언이 시선을 교환한다.

마이크 : 그때 나이가 몇 살이셨죠?

패트릭 : 12살이었어요. 아버지가 자살한 직후였죠.

마이크 : 아이고.

패트릭 : (약간 흥분하며) 아빠는 쓰레기였어요. 엄마도 제정신은 아니었죠.

마이크 : 무슨 뜻이죠?

패트릭 : 정신병자였다고요.

개러비디언 : (끼어들며) 조현증 [정신분열증] 환자셨어요.

패트릭 : (개러비디언을 보며) 그게 그거죠.

개러비디언이 고개를 끄덕인다.

마이크 : 게이건 신부는 언제 처음 만나셨나요?

패트릭 : (한숨을 쉬며) 제 여동생이 도넛 가게에서 신부님을 보고… 아빠가 돌아가셨다고 했더니 바로 달려오셨어요.

- **the projects**
  (저소득층을 위한) 공영 주택
- **jeez**
  〈속어〉 아이고, 저런 (가볍게 놀라거나 화가 났을 때)
- **piece of shit**
  〈속어〉 쓸모없는 것, 후진 것
  something or someone inferior or worthless
- **stable**
  안정적인, 견실한
  mentally healthy; sane
- **schizophrenic**
  조현병 환자, 조현병의
  • schizophrenia 조현병
  • delusion 망상, hallucination 환각
- **old man**
  〈구어〉 아버지, 남편, 남자 친구
- **pass**
  사망하다
  pass away; pass on

How do you mean?

상대가 한 말에 대해 더 자세한 설명을 부탁하는 말입니다. What do you mean?을 쓸 수도 있지만 그보다는 How do you mean이 좀 더 구체적인 정황을 묻는 표현입니다. 또한 What do you mean?은 상황에 따라 놀람이나 짜증을 나타내는 '그게 무슨 소리야?'라는 의미도 됩니다.

• What do you mean, it was my fault?
무슨 소리야. 그게 내 잘못이라고?

Zoom In

How do you mean?

무슨 뜻이죠?

INT. CAFE FRANCESCA, SOUTH END - DAY

Sacha and Joe are mid-interview.

JOE : ...and there was this nun, Sister Barbara, and she ran this group for kids from troubled families.

SACHA : (jotting down) Where was that?

JOE : Humm... St. Ambrose in Dorchester.

SACHA : Okay.

JOE : She's the one who introduced me to Father Shanley. He was a street priest. Long hair. Very hip. He invited me to his apartment in Back Bay.

SACHA : Where in Back Bay?

JOE : Beacon Street.

SACHA : Beacon. Okay.

JOE : Are you from here?

SACHA : Ah, no. I grew up in Ohio but my mother was from Southie.

JOE : Okay, so you get it. (chuckles) I'd never even seen Back Bay.

SACHA : So what happened on that first visit, Joe?

Joe continues his story, nervously.

JOE : Well, he was very nice at first, very funny, very casual. And I think he could tell I was gay so he showed me this mobile he had like over a baby's crib?

내부. 카페 프란체스카, 사우스엔드 – 낮

사샤와 조가 인터뷰를 하고 있다.

조 : 수녀님이 한 분 계셨어요. 바바라 수녀님이라고 역기능 가정 아이들을 위한 모임을 운영하셨죠.

사샤 : (메모를 하며) 네. 어디서요?

조 : 음…. 로체스터의 성암브로시우스 성당이요.

사샤 : 그렇군요.

조 : 그분이 샌리 신부님을 소개해주셨어요. 길거리에서 사역하는 분이라 머리도 길고 멋있으셨죠. 신부님이 백베이에 있는 아파트로 절 초대하셨어요.

사샤 : 백베이 어디쯤이었어요?

조 : 비컨 가요.

사샤 : 알았어요.

조 : 보스턴 출신이세요?

사샤 : 아. 아니요. 전 오하이오에서 자랐고 저희 엄마가 사우스 보스턴 출신이에요.

조 : 그래서 잘 아시는군요. (웃으며) 전 그때 처음 백베이를 구경했어요.

사샤 : 그래서 처음 간 날 무슨 일이 있었죠?

조가 긴장한 채 다시 과거 이야기를 이어간다.

조 : 처음엔 아주 친절하셨어요. 농담도 하고 편하게 대해주셨죠. 제가 동성애자인 걸 눈치채셨던 것 같아요. 아기 요람 위에 거는 모빌 같은 걸 보여주셨거든요.

- **troubled**
  문제가 많은, 힘든
- **jot down**
  메모하다
  write down; take a note
- **hip**
  멋있는, 히피의, 진보적인

Are you from here?
누군가의 출신이나 배경을 물을 때 이렇게 전치사 from이 사용됩니다. 현재 이곳에 살더라도 원래 태생은 어딘지 물을 때 originally from을 쓰기도 하죠. 여기서 Are you from here는 이 마을, 도시 혹은 국가에서 태어나 자랐는지 묻는 말입니다. 이곳의 지리와 풍습, 문화에 익숙한지, 그렇지 않다면 내가 더 설명해줄 필요가 있는지 알기 위해 이런 질문을 할 수 있죠.

Zoom In

Are you from here?
여기 출신이세요?

SACHA : Uh huh.

JOE : But with different words. Homosexual, transsexual, bisexual.

SACHA : Okay, and did you know you were gay at that time, Joe?

JOE : (laughs heartily) Yeah. But that wasn't information I was sharing with anybody. Not in Dorchester.

SACHA : (nods) Okay. (turning a note page) So, what happened after he showed you the mobile?

JOE : Well, I was a little freaked out. (smiles shamefully) I think he could tell… so he said, you know it'll help is if we play strip poker. Course I lost. And, uh, things went on from there…

SACHA : Can you tell me specifically what happened?

JOE : Specifically he-- he molested me.

Sacha nods as if she understands his complicated minds.

SACHA : (encourages) Joe, I think that the language is going to be so important here. We can't sanitize this. Just saying molest isn't enough. People need to know what actually happened.

A waitress comes over to the table and replaces their coffees.

사샤 : 네.

조 : 그런데 좀 다른 모빌이었어요. 동성애자, 성전환자, 양성애자 같은 거였죠.

사샤 : 그때 조는 자신이 동성애자인 걸 알았나요?

조 : (쾌활하게 웃으며) 네. 하지만 아무한테도 털어놓지는 않았어요. 도체스터에서는 어림없는 일이죠.

사샤 : (고개를 끄덕이고) 알았어요. (수첩을 한 장 넘기며) 그래서 모빌을 보여준 다음엔 어떻게 됐죠?

조 : 전 조금 흥분한 상태였어요. (무안한 듯 잠깐 웃는다.) 정체를 들킨 것 같았으니까요. 신부님은 스트립 포커를 치는 게 도움이 될 거라고 하셨어요. 물론 제가 졌어요. (고개를 숙이며) 그리고 그때부터 일이 시작됐죠.

사샤 : 구체적으로 어떤 일이 있었던 거죠?

조 : (머뭇거리다가) 구체적으로 말하자면… 저를 성추행했어요.

말하기 힘든 마음을 이해한다는 듯 사샤가 고개를 끄덕인다.

사샤 : (격려하며) 조, 이럴 땐 단어 선택이 굉장히 중요해요. 사실을 희석해서는 안 되니까요. 성추행이라는 말로는 부족해요. 정확히 어떤 일이 있었는지 세상에 알려야만 해요.

종업원이 와서 새로운 커피 두 잔을 테이블에 놓는다.

- **freak out**
  (마약 등으로 인해) 흥분하다, 자제력을 잃다
- **tell**
  (주로 can, be able to와 함께 쓰여서) 알아보다, 식별하다, 판단하다
- **sanitize**
  건전해 보이게 하다, 희석하다
  to change something in order to make it less strongly expressed

Can you tell me specifically what happened?

여기서 specifically는 두루뭉술하게 넘어가지 말고 구체적으로 말해달라는 뜻으로 쓰였습니다. exactly나 in detail과 동일한 의미죠. 영어는 한국어보다 구체적인 상황을 중요시하는 경향이 있습니다. 따라서 상대방의 진술을 듣고도 아직 의문점이 남을 때 더 깊이 파헤쳐 묻기 위해 이런 표현을 사용합니다.

Zoom In

Can you tell me specifically what happened?

구체적으로 어떤 일이 있었던 거죠?

JOE : We should probably get these to go.

SACHA : Right.

INT. GARABEDIAN'S OFFICE, CONFERENCE ROOM - DAY

Mike, Patrick and Garabedian are mid interview.

PATRICK : Geoghan shows up and my mom, you know she's-- she's thrilled. I mean... This was like God showing up, you know?

MIKE : (taking notes) Sure. (to Patrick) Right. So what happened then?

Patrick hesitates and looks toward Garabedian for a moment.

PATRICK : (to Mike) You really want to hear this shit?

MIKE : Yeah. Yeah, Patrick, I do.

Patrick looks down, struggles, then starts to talk.

PATRICK : He offers to take me to get ice cream. And, you know, he's a priest. I'm a kid, so I go.

MIKE : Sure.

PATRICK : So we're driving home and he... (struggling to speak) He starts patting my leg... You know, then... (taking a deep breath) his hand just slides right up and he grabs my dick. And I just froze up. I was fucking petrified, I couldn't move. I didn't know what to do. I was just a little kid.

조 : 이건 들고 나가는 게 좋겠네요.

사샤 : 좋아요.

내부. 개러비디언의 사무실, 회의실 – 낮

마이크와 패트릭, 개러비디언이 인터뷰를 하고 있다.

패트릭 : 게이건 신부님이 찾아오자 저희 엄마는… 감격해서 어쩔 줄 몰랐죠. 하느님이 나타나신 거나 마찬가지였던 거예요.

마이크 : (메모하며) 그랬겠죠. (패트릭을 보며) 그래서 어떻게 됐나요?

패트릭이 주저하며 잠시 개러비디언을 바라본다.

패트릭 : (마이크에게) 이 더러운 얘기를 진짜 듣고 싶어요?

마이크 : 네. 저는 듣고 싶어요.

패트릭이 눈을 내리깔고 고민하다가 말을 꺼낸다.

패트릭 : 저한테 같이 나가서 아이스크림을 사주겠다고 했어요. 그분은 신부님이고 전 꼬마였으니까 당연히 따라갔죠.

마이크 : 그랬겠죠.

패트릭 : 차로 집으로 돌아오는 길에… (말하기 괴로운 듯) 제 다리를 쓰다듬었어요… 그러고는… (숨을 크게 내쉬고) 손이 다리를 따라 점점 올라와서 제 거기를 잡았죠. 전 완전히 얼어붙었어요. 겁에 질려서 움직이지도 못했죠. 어떻게 해야 할지를 몰랐어요. 너무 어렸으니까요.

- **thrilled**
  황홀하다, 감격하다
  pleased, delighted
- **hesitate**
  망설이다, 주저하다, 잠시 멈춰 서다
- **struggle**
  분투하다, 버둥거리다, 힘겹게 나아가다
- **petrified**
  겁에 질리다
  terrified, frozen

We should probably get these to go.

여기서 to go는 안에서 먹지 않고 가지고 나간다는 뜻입니다. 패스트푸드점에서 음식을 시킬 때 점원이 묻는 'For here or to go? 여기서 드시나요, 아니면 포장해드릴까요?'와 같은 의미로 쓰였죠. 이 문장에서는 피해자 조 크롤리가 말하기 힘든 일을 고백해야 하니 리필 된 커피를 들고 나가서 얘기하자고 제안하고 있습니다.

Zoom In

We should probably get these to go.

이건 들고 나가는 게 좋겠네요.

MIKE : (nods) Yeah.

PATRICK : You know, I never even touched my ice cream. It just melted down my arm.

MIKE : (organizes his thoughts) Did you, um-- Did you see him again after that?

PATRICK : (noods and hesitates) ...Yeah.

GARABEDIAN : All right. That's good. Let's stop there for now.

Mike notices the heroin tracks on Patrick's arm. Patrick retracts his arm quickly.

MIKE : Sure.

EXT. TITUS SPARROW PARK, SOUTH END - DAY

Sacha and Crowley walk through Peter's Park.

JOE : He said it was a way to make me more comfortable with my body.

SACHA : So what happened after that?

JOE : Well, he took off his clothes and he said, (mimicking the priest) "I've been so depressed, but maybe you can cheer me up and give me a blow job." (snorts) Classy guy.

SACHA : And did you?

마이크 : (고개를 끄덕이며) 이해해요.

패트릭 : 아이스크림에는 입도 못 댔어요. 다 녹아서 팔 위로 흘러내렸죠.

마이크 : (잠시 생각을 정리한 후) 그럼…. 그 후로도 게이건 신부를 봤나요?

패트릭 : (고개를 끄덕이며 잠시 주저하다가) 네.

개러비디언 : (패트릭의 어깨를 다독여주며) 좋아요. 그 정도면 됐어요. 오늘은 여기까지만 합시다.

마이크가 패트릭의 팔에 마약을 주사한 자국이 나 있는 걸 알아챈다. 패트릭이 얼른 팔을 움츠린다.

마이크 : 그러죠.

외부. 티투스 스패로 공원, 사우스엔드 - 낮

사샤와 존이 나란히 피터스 공원을 걷고 있다.

조 : 그렇게 하면 제 몸이 더 편해질 거라고 했어요.

사샤 : 네… 그래서 어떻게 됐죠?

조 : 신부님이 옷을 벗더니 이러더군요. (신부를 흉내 내며) "내가 요즘 너무 우울한데 입으로 빨아서 기운을 불어넣어 줄래?" (콧방귀를 뀌며) 말도 참 세련되게 하죠.

사샤 : 그래서 했어요?

- **retract**
  움츠리다, 오므리다; 철회하다, 취소하다
  to pull something back (The cat retracted its claws.); to take back (He retracted his previous statement.)
- **mimic(mimicking)**
  흉내 내다
  imitate, copy; mimic someone's voice
- **depressed**
  우울한, 기운이 없는, 불황의
  • depression 우울증
  • the Great Depression 세계 대공황
- **classy**
  고급인, 세련된, 품위 있는, 매력적인
  stylish; sophisticated; elegant; attractive

I never even touched my ice cream.

never와 even이 만나면 '~ 조차 하지 못 했다, ~ 한 적도 없다'는 굉장히 한정적인 표현이 됩니다. 과거에 있던 일을 말하는 것이므로 뒤에는 당연히 과거형 동사가 따라옵니다.

• I've never even knew the church was there. 난 여태 그 교회가 거기 있는 줄도 몰랐어.
• She never even told me her name. 그녀는 내게 이름조차 가르쳐 주지 않았어요.

Zoom In

I never even touched my ice cream.

아이스크림에는 입도 못 댔어요.

JOE : Yeah. (inhaling) I know what you must be thinking, like why would I ever do that to some creepy guy who's thirty years older than me, but-- what we have to understand is that this is the first time in my life that someone told me that it's okay to be gay. (Sacha responds) And it was a priest.

SACHA : Right. So you had oral sex. Did you have intercourse?

JOE : (hesitating) Yes. Not then, but later. (sighs) It really messed me up. I'm sober now, but that-- that was the beginning of it all. (sobs) It's very confusing, you know, to be introduced to sex like that and then... and then to be attracted to men, it's...

Joe is unable to go on. He starts to cry.

JOE : I'm sorry. I knew I was gonna do this. (wiping away his tears) Oh, I'm sorry.

SACHA : Don't be sorry. It's okay, Joe. It's okay.

JOE : (points out) Of course there is a church right there. And a playground...

SACHA : Joe, did you ever try and tell anyone?

JOE : Like who? A priest?

조 : 네. (숨을 들이마시며) 어떻게 생각하실지 알아요. 나보다 서른 살도 더 먹은 징그러운 남자한테 왜 그런 짓을 했는지 의아하겠죠. 하지만 이걸 아셔야 해요. 살면서 처음으로 저한테 동성애자여도 괜찮다고 말해준 사람이었고…. (사샤가 호응해준다) 게다가 신부님이잖아요.

사샤 : 그럼 구강성교를 했고, 삽입도 했나요?

조 : (머뭇거리며) 네. 그땐 아니지만 나중에요. (한숨을 쉬며) 그리고 제 삶은 엉망진창이 됐어요. 지금은 많이 안정됐지만 그때부터 모든 게 시작됐죠. (약간 울먹이며) 그런 식으로 성에 입문하면 얼마나 혼란스러운지 몰라요…. 게다가 전 남자에게 끌리니까요.

조가 말을 잇지 못하고 멈춰 선다. 그리고 눈물을 터뜨린다.

조 : 죄송해요. 이렇게 울게 될 줄 알았어요. (눈물을 훔치며) 정말 죄송해요.

사샤 : 미안해하지 마요. 괜찮아요. 정말이에요.

조 : (손으로 가리키며) 저기도 성당이 하나 보이네요. 여긴 놀이터고요.

사샤 : 이걸 아무에게도 털어놓은 적 없어요?

조 : 누구한테 말해요? 신부님이요?

- **creepy**
  징그러운, 섬뜩한, 소름 끼치는, 기이한
- **first time in my life**
  생전 처음으로
- **mess someone up**
  ~를 엉망진창으로 만들다, ~에게 심각한 문제를 안겨주다
  to cause someone to suffer emotional or mental problems
- **sober**
  술 취하지 않은, 침착한, 냉정한, 수수한

I know what you must be thinking.

must be~는 상대방이 틀림없이 어떠할 거라고 추정하는 말입니다. 본문에서와 같이 I know what you must be thinking 뒤에는 주로 but~이 와서 하지만 그렇지 않다는 형식으로 쓰입니다.
- You must be kidding. 농담이시겠죠
- You must be my new teacher. 새로운 선생님이신가 보군요.

Zoom In

I know what you must be thinking.

어떻게 생각하실지 알아요.

INT. GARABEDIAN'S OFFICE, CONFERENCE ROOM - NIGHT

After the interview, Patrick stands and puts on his coat.

PATRICK : (to Garabedian) Can I use your phone?

GARABEDIAN : Yeah, sure. You know where it is.

Patrick turns to Mike.

PATRICK : You can use my name if you want.

MIKE : Thanks, Patrick.

PATRICK : Don't thank me, just get these assholes, will you?

Patrick leaves.

GARABEDIAN : He's one of the lucky ones. (casts a meaningful glance) He's still alive.

Mike closes the notepad with a perplexed look.

내부. 개러비디언의 사무실, 회의실 - 밤

인터뷰를 마친 패트릭이 일어나서 겉옷을 입는다.

패트릭 : (개러비디언에게) 사무실 전화 좀 써도 돼요?

개러비디언 : 당연하죠. 어디 있는지 알죠?

패트릭이 마이크를 돌아보며 말한다.

패트릭 : 제 이름을 쓰고 싶으면 쓰세요.

마이크 : 고마워요, 패트릭.

패트릭 : 나한테 고마워하지 말고 그 나쁜 놈들이나 꼭 잡아줘요.

패트릭이 문밖으로 나간다.

개러비디언 : 그래도 패트릭은 운이 좋았어요. (의미심장하게 바라보며) 아직 살아있잖아요.

마이크가 착잡한 표정을 지으며 수첩을 접는다.

- **coat**

코트, 외투, (정장의) 상의, 외피

- **If you want**

말 그대로 '원하신다면'이라는 뜻이므로, 상대의 부탁을 들어주는 답변으로 자주 쓰입니다.
여기서는 두 사람이 처음 인터뷰를 시작할 때, 'Are you going to use my name?'이라는 패트릭의 질문에 마이크가 'Not if you don't want me to.'라고 했던 것을 이제 와서 허락해주는 거죠.
• Can I turn on the radio? 라디오 틀어도 돼요?
• If you want. 그러세요.

- **cast**

~을 던지다, ~을 맡기다, 집어넣다

MOVIE TALK 1

모두를 놀라게 한 《스포트라이트》의 아카데미 최우수 작품상·각본상 수상

2016년 2월 28일 저녁, 제88회 미국 아카데미 시상식이 진행 중인 돌비 극장 안은 긴장감이 넘쳐 흘렀습니다. 시상자인 모건 프리먼이 마지막 수상 부문이자 시상식의 하이라이트인 작품상 발표를 위해 봉투를 여는 순간이었죠. 이때까지만 해도 대부분 사람들은 〈레버넌트: 죽음에서 돌아온 자 (이하 레버넌트)〉의 수상을 확신하고 있었습니다. 그도 그럴 것이 시상식에 앞서 저명한 통계 전문가와 전문 도박 사이트, 영화 비평가들이 〈레버넌트〉의 작품상 수상을 점쳤고, 이날 저녁 이미 남우주연상 (레오나르도 디카프리오)과 감독상 (알레한드로 곤잘레스 이냐리투)을 받은 〈레버넌트〉가 작품상까지 석권할 것이 당연해 보였습니다. 하지만 모건 프리먼의 입에서 나온 이름은 다름 아닌 《스포트라이트》였습니다. 5개 부문 후보로 올랐지만 겨우 각본상 하나만 가지고 돌아가는 줄만 알았던 이 영화가 마지막 순간 엄청난 쾌거를 이룬 거죠. 상을 받으러 나온 프로듀서 마이클 슈거 조차 전혀 예상 못 했다며 놀라움을 금치 못했습니다.

《스포트라이트》는 2015년 9월 베니스 국제영화제에서 첫선을 보인 이후로 큰 사회적 파문을 일으키며 크고 작은 상을 받았지만, 이는 주로 각본상에 치우쳐 있었습니다. 게다가 제작비도 겨우 2천만 달러로 1억3천5백만 달러 규모의 〈레버넌트〉나 이날 6관왕에 오른 〈매드맥스: 분노의 도로〉의 1억5천만 달러에 비하면 터무니없이 적은 액수였는데요. 주로 예술성 강한 대작들에 관심을 보여온 아카데미의 취향과는 다소 거리가 있는 영화라고 할 수 있었죠.

그렇다면 이 영화의 어떤 면이 아카데미 회원들의 표심을 샀던 걸까요?

우선 진지한 사회적 메시지를 담았다는 점이 가장 눈에 띕니다. 이 영화는 미국 일간지 보스턴 글로브의 탐사보도 팀이 가톨릭 사제들의 아동 성추행과 이를 은폐한 가톨릭 교회를 폭로한 실제 사건을 바탕으로 하고 있습니다. 또한, 아카데미 남녀주연상 후보가 없었기 때문에 제작진은 영화 홍보 캠페인 중에도 작품의 메시지만을 계속 강조했습니다. 사회 지도층에게 이 영화를 봐달라고 호소했고, 아동 성추행 문제를 알리는 각종 시위에 동참했죠. 또한, 성추행 사건을 조사하는 바티칸 위원회에서 영화를 상영하는 등 실제 사회에 영향을 주고 있다는 점을 보여줬습니다.

두 번째로 《스포트라이트》는 다른 후보작들에 비해 정서적인 울림이 큰 작품이었습니다. 비록 뛰어난 영상미나 첨단 기술이 사용되지는 않았지만, 그 어떤 영화보다 관객이 깊이 공감할 수 있는 내용이었죠. 게다가 정의가 승리한다는 승리의 쾌감까지 맛보게 해주었기에 더 많은 표를 끌어올 수 있었던 것으로 보입니다.

하지만 절대 감상적으로 흐르지 않는다는 점 역시 이 영화의 큰 강점입니다. 메시지 자체에 집중하기 위해 영상과 연기 등을 최대한 평범하게 유지한 거죠. 일반적인 할리우드 영화들과 달리 《스포트라이트》에는 알콩달콩한 로맨스나 숨 막히는 액션, 자극적인 묘사가 없습니다. 아동 성추행 사건을 다루면서도 잔혹한 신부와 피해자인 아이들의 모습을 극적으로 재연하지도 않습니다. 이 영화에 가장 많이 반복적으로 나오는 이미지는 기자들이 수첩에 무언가를 휘갈겨 쓰거나 자료를 찾는 모습입니다. 이 또한 클로즈업하기보다는 카메라가 멀찍이 떨어져 취재하는 기자들을 담담히 보여주죠. 이를 통해 관객은 거대한 권력 앞에서 고군분투하는 기자들의 노력을 더욱 생생히 느낄 수 있습니다.

마지막으로 배우들의 연기가 서로 조화를 이루며 영화의 묘미를 살린 점도 큰 점수를 얻었을 것입니다. 마이클 키튼, 마크 러팔로, 레이첼 맥아담스, 리스 슈라이버 등 연기파 배우들이 대거 출연했지만, 누구 하나 일부러 튀지 않았습니다. 카리스마 넘치는 연기가 아니라 한 명 한 명이 자신의 캐릭터를 완벽히 이해한 후 그것을 꾹꾹 눌러 소화했기에 그것이 합쳐졌을 때 내뿜는 시너지 효과가 더욱 강력하죠.

결과적으로 아카데미상 수상은 이 영화의 사회 참여적 의지에 더욱 큰 힘을 실어줬습니다. 프로듀서 마이클 슈거는 수상 후 기자회견에서 이 소식이 바티칸에까지 울려 퍼졌으면 좋겠다며 프란치스코 교황에게 "이제 아이들을 지키고 신앙을 회복해야 할 때"라는 메시지를 전했습니다. 마이크 레젠데스 기자 역을 연기한 배우 마크 러팔로도 시상식 당일 자신의 SNS에 "사제들에게 성추행을 당하고도 살아남은 생존자들의 편에 서겠습니다!"라는 글을 남겼죠.

이러한 노력의 결실로 작품상 수상이 결정된 몇 시간 후 현재 보스턴 교구를 맡고 있는 션 P. 오말리 추기경은 긴 성명을 발표했습니다. 그는 이 영화가 가톨릭 교회가 행한 잘못을 청산할 수 있도록 해준 중요한 영화라며, 이런 비극이 재발하지 않도록 여러 정책을 시행하고 있음을 알렸습니다.

바티칸 기관지 〈오세르바토레 로마노〉도 이 영화가 반 가톨릭적인 내용이 아니며, "교회가 이 사건의 중대성보다 교회의 이미지를 더 걱정했다는 것이 분명해졌다"는 내용의 칼럼을 게재했습니다. 또한 "이는 여전히 (사람들에게) 교회에 대한 믿음이 있고, 가톨릭 교회의 정화에 힘써온 교황에 대한 믿음이 있다는 의미"라며 희망적인 의견을 더했습니다.

또한, 이 영화의 아카데미상 수상은 전 세계 기자들에게 직업적 사명감을 환기해주었습니다. 디지털 시대에 경제적 위기를 맞으며 새롭고 빠른 것만 추구하던 언론사들이 끈기 있는 탐사 취재에 대해 다시 한 번 생각해볼 수 있는 계기가 된 것입니다.

마지막으로 작품상 수상 소식은 영화의 흥행에서도 큰 도움이 됐습니다. 사실 이 영화는 미국에서 청소년 관람 불가 등급을 받았고, 성추행 스캔들을 다룬 어두운 내용이기에 애초에 흥행은 기대할 수가 없었습니다. 하지만 수상 이후 상영관 수가 크게 늘었고, 해외 상영국 또한 추가되며 제작사의 기를 살려주었죠. 이로 인해 작지만 의미 있는 영화들이 더 많이 제작될 수 있는 토양을 만들어줬다고 할 수 있겠습니다.

Chapter 4

성추행의 패턴이 밝혀지다

Revealed Patterns of Sexual Abuse

시간 00:44:29~00:54:23

INT. SACHA'S GRANDMOTHER'S APARTMENT, KITCHEN - NIGHT

Sacha is looking through her notes. Her grandmother is at the stove boiling water. Sacha finds something in the notepad and grabs her cell phone abruptly. She presses the call button, rushing out of the kitchen. We hear a sound of water boiling.

SACHA'S GRANDMOTHER : Do you want a cup of tea, Sacha?

SACHA : (rushing out) I'm okay, Nana. Thanks.

SACHA'S GRANDMOTHER : Okay.

Sacha walks into the living room and sits on the couch. She's on her phone, still holding a pen and a note.

JOE : (o.s.) Hello.

SACHA : Hi Joe, it's Sacha Pfeiffer.

JOE : (o.s.) Hi Sacha. How are you?

SACHA : I'm good, thanks. (urgently) Listen Joe, I just wanted to follow up on one thing. You talked to Phil Saviano about all of this, right?

내부. 사샤 할머니의 집, 부엌 – 밤

사샤가 취재 수첩을 훑어보고 있다. 할머니는 가스레인지 앞에서 물을 끓이고 있다. 수첩에서 뭔가를 발견한 사샤가 급히 휴대폰을 꺼내 든다. 그리고 통화 버튼을 누르며 거실 쪽으로 나간다. 주전자 물이 끓는 소리가 들린다.

사샤의 할머니: 사샤, 차 한 잔 마실래?

사샤 : (바쁘게 걸어나가며) 전 괜찮아요, 할머니. 고마워요.

사샤의 할머니: 그래.

사샤가 조에게 전화를 걸며 소파로 가서 앉는다. 손에는 여전히 수첩과 펜이 들려있다.

조 : (목소리) 여보세요.

사샤 : 조, 저 사샤 파이퍼예요.

조 : (목소리) 기자님, 잘 들어가셨죠?

사샤 : 네, 고마워요. (다급하게) 한 가지 더 물어볼 게 생각나서 전화했어요. 필 사비아노한테는 겪은 일을 말씀하신 거죠?

- **look through**
  (정보를 얻기 위해 책이나 서류 등을) 훑어보다, 살펴보다, 검토하다
- **stove**
  가스레인지, 난로
  wood burning stove, coal stove
- **abruptly**
  갑자기, 돌연히, 불쑥; 퉁명스럽게
  suddenly, unexpectedly, hastily; quickly and without warning

JOE : (O.S.) Yeah, I did. I went to a couple of SNAP meetings.

SACHA : And did Phil ever suggest you do anything about it?

JOE : (O.S.) No. The meetings weren't really about that. I mean, a couple of them had gone to a lawyer but I didn't think it was worth it.

SACHA : Why not?

JOE : (O.S.) There were just so many forms to fill out. It was overwhelming, you know. And he said he could only get me a small settlement, so…

SACHA : (curiously) Who, who said that?

JOE : (O.S.) The lawyer told me that.

SACHA : (surprised) So you did go and see a lawyer?

JOE : (O.S.)Yeah, but I didn't end up using him, so I didn't think it was important. I'm sorry. I'm not trying to hide anything.

SACHA : No, I know Joe. Do remember his name? The lawyer? (makes a note)

JOE : (O.S.) No, but maybe Phil would know. The guy was on TV a lot during the Porter case. He was handsome.

SACHA : Was it Eric MacLeish?

조 : (목소리) 네, 그랬죠. '스냅' 모임에 몇 번 갔거든요

사샤 : 필이 어떻게 대처하라고 조언 안 해주던가요?

조 : (목소리) 아니요. 그런 성격의 모임이 아니었어요. 몇 명은 변호사를 만나러 가기도 했는데 전 그럴 필요성을 못 느꼈어요.

사샤 : 왜요?

조 : (목소리) 작성해야 할 서류가 너무 많았거든요. 저절로 주눅이 들더라고요. 게다가 받을 수 있는 합의금도 얼마 안 된다고 하기에….

사샤 : (의아해하며) 누가 그런 말을 했는데요?

조 : (목소리) 변호사가 말해줬어요.

사샤 : (놀라며) 그럼 조도 변호사를 보러 간 거예요?

조 : (목소리) 네, 하지만 선임하지는 않아서 중요하게 생각을 안 했어요. 죄송해요. 숨기려고 한 건 아니에요.

사샤 : 괜찮아요, 이해해요. 그 사람 이름 기억나요? 변호사요. (메모를 한다)

조 : (목소리) 아니요. 필은 아마 알 거예요. 포터 사건 때 TV에 많이 나왔는데, 잘생긴 남자였어요.

사샤 : 에릭 맥클레쉬예요?

- **a couple of**
  두 개의; 두서너 개의, 몇 개의
  • a couple of days 이틀 정도
  • a couple of students 학생 몇 명
- **overwhelming**
  압도적인, 대항할 수 없는, 거대한, 강력한
  so strong that you cannot think or behave normally
- **end up**
  결국 ~하게 되다, 결말을 짓다
  to finally be in a particular place or situation

I didn't think it was worth it.

worth는 '가치가 있다'는 뜻이므로 It's worth it이라고 하면 비록 금전적, 육체적, 정신적으로 큰 대가를 치르더라도 반드시 할 필요가 있는 일이라든지, 고생한 것보다 더 큰 혜택을 얻을 수 있는 일이라는 말입니다.

• Forget him. He's not worth it. 잊어버려. 그 남자는 그럴 가치가 없어.
• Taking the cooking class was expensive, but it was well worth it. 요리 강의가 비싸긴 했지만 그만큼 큰 도움이 됐어.

Zoom In

I didn't think it was worth it.

그럴 필요성을 못 느꼈어요.

JOE : (O.S.) Yeah, that's it. MacLeish. I thought he was very handsome.

INT. GLOBE, CANTEEN - LATER

Robby is getting a coffee and crackers. He tries to take out some money for it. Matt enters.

MATT : Hey.

ROBBY : Hey.

Matt heads for the pizza warmer as Robby pays.

MATT : I was just in the newsroom. Judge Sweeney set a date for the hearing. (opens the warmer)

ROBBY : Really? When?

MATT : Two weeks. In Springfield. (taking out a piece of pizza) Canellos started a pool. Ten bucks to get in.

ROBBY : Anyone picking the Globe?

Robby's phone rings.

MATT : He's only taking bets on how fast Sweeney rules against us.

Robby walks out, chuckling.

INT. GLOBE, CORRIDOR - CONTINUOUS

Robby answers his phone.

조 : (목소리) 네, 맥클레쉬 맞아요. 참 잘생겼다고 생각했었죠.

내부. 보스턴 글로브, 구내매점 - 얼마 후

로비가 커피와 과자를 집어 들고 주머니에서 돈을 꺼낸다. 그때, 매트가 들어온다.

매트 : 팀장님.

로비 : 그래.

로비는 음식값을 내고, 매트는 피자를 가지러 온장고로 걸어간다.

매트 : 조금 전에 편집국에서 들었는데, 스위니 판사가 심리일을 확정했대요. (온장고 문을 연다)

로비 : 그래? 언젠데?

매트 : 2주 후에 스프링필드에서 한대요. (피자를 한 조각 꺼내며) 피터 카넬로스가 전체 내기를 제안했어요. 10달러씩 걸고요.

로비 : 우리가 이기는 데 건 사람도 있어?

로비의 휴대폰이 울린다.

매트 : 우리가 얼마 만에 기각당할지 맞히는 내기예요.

로비가 피식 웃으며 복도로 나간다.

내부. 보스턴 글로브, 복도 - 계속

로비가 전화를 받는다.

- **canteen**
  구내 매점, 구내 식당, 물통
- **head for**
  ~를 향해 가다, 나아가다; ~할 운명이다
  go to, proceed, lead up to, travel toward, destined for
- **hearing**
  법정 심리, 청문회; 청력, 청취
  • congressional hearing 국회 청문회
  • preliminary hearing 예비 심문
- **pool**
  내기, 도박, 공동 출자, 기업 연합, 물웅덩이, 수영장
- **rule against**
  패소하다, 기각하다
  to deliver a judgment that is not favorable to someone or something

Anyone picking the Globe?

anyone은 주로 부정문이나 의문문에 쓰여서 '누구 혹은 아무'를 뜻하는 단어입니다. 위의 문장은 Is anyone ~ing? 에서 맨 앞의 동사 Is를 생략한 형태로, 여러 명 중에 ~을 하는 사람이 있는지 가볍게 묻는 말입니다. Is there anyone who~의 형태로도 쓸 수 있습니다.

• Anyone having problem with writing emails? 이메일 쓰는 데 문제 있는 사람?
• Anyone doing yoga? 요즘 요가를 하는 사람?
• Is there anyone who speaks Spanish? 스페인어 할 줄 아는 사람 있나요?

Zoom In

Anyone picking the Globe?

우리가 (글로브가) 이기는 데 건 사람도 있어?

ROBBY : Robby.

SACHA : (O.S.) Hi, it's me. Did you get my message?

ROBBY : I did. Looks like Father Shanley could be our fourth priest.

SACHA : (O.S.) Yeah, I think he is.

ROBBY : Did you follow up with MacLeish?

SACHA : (O.S.) I just talked to Phil. He said MacLeish dealt with a number of these cases.

INT. SACHA'S GRANDMOTHER'S APARTMENT, DINING ROOM - CONTINUOUS

Sacha is alone at the dining room table, talking on the phone.

ROBBY : (O.S.) Guess he forgot to mention that.

SACHA : Yeah. I'm going to go to the courthouse tomorrow. See if I can find any cases he settled against the church.

ROBBY : (O.S.) All right. Call me after you do. Good night.

SACHA : Okay, good night.

INT. GLOBE, BEN'S OFFICE - NIGHT

Ben packs up. A knock. He turns, finds Robby.

ROBBY : Hey. You wanted to, uh, chat?

BEN : Yeah, I'm late for a dinner. You want to walk me out?

로비 : 여보세요.

사샤 : (목소리) 팀장님, 저예요. 제 메시지 받으셨어요?

로비 : 그래. 샐리 신부를 4번째 가해자로 봐도 되겠군.

사샤 : (목소리) 네, 제 생각도 그래요.

로비 : 에릭 맥클레쉬 일은 알아 봤어?

사샤 : (목소리) 조금 전에 필한테 확인해봤는데 에릭이 이런 사건들을 여러 건 맡았대요.

내부. 사샤의 할머니 집, 식당 - 계속

사샤가 혼자 식탁 의자에 앉아 전화하고 있다.

로비 : (목소리) 우리 앞에선 그런 말을 쏙 뺐군.

사샤 : 네. 제가 내일 법원에 가볼게요. 에릭이 교회와 합의해서 중단한 소송이 있는지 찾아보려고요.

로비 : (목소리) 알았어. 확인해보고 연락 줘. 잘 자고.

사샤 : 네, 팀장님도요.

내부. 보스턴 글로브, 부국장실 - 밤

벤이 퇴근하려고 짐을 싼다. 노크 소리가 들려서 보니 로비가 서 있다.

로비 : 부국장님, 저 부르셨어요?

벤 : 그래, 저녁 약속에 늦었는데 같이 나가면서 얘기할까?

■ **deal with <과거형> dealt with**

다루다, 처리하다, 감당하다
manage, handle, cope with, take care of

■ **a number of**

많은, 다수의, 얼마간의
several, a few, various

■ **courthouse**

법원 청사, 법원
- courtroom 법정
- supreme court 대법원
- appellate court 항소법원

■ **walk someone out**

배웅하다, 같이 나가주다
to accompany someone out, walking

Guess he forgot to mention that.

mention은 무엇을 언급한다는 뜻이므로, He forgot to mention that만 하면 '그가 그 사실을 언급하는 걸 잊어버렸다'는 의미가 됩니다. 하지만 여기서는 문맥상 반어법으로 쓰여서 일부러 말하지 않았다는 걸 강조하고 있죠. 아래와 같이 과거형으로 I forgot to mention~이라는 표현이 자주 쓰입니다.

- There is one thing I forgot to mention. 내가 깜박하고 말 못한 게 있어.
- Oh, I almost forgot to mention. 어머, 하마터면 말 못하고 넘어갈 뻔했네.

Zoom In

Guess he forgot to mention that.

그런 말을 쏙 뺐군.

ROBBY : Sure.

Ben exits his office and turns the light off. Robby sees Marty in his office, working. Ben and Robby walk down the hall and talk.

ROBBY : Jeez. Does this guy ever go home?

BEN : Apparently not. I got guys who won't leave 'til he does. He's wearing out the goddamn newsroom.

Robby smiles.

BEN : Where are we on Geoghan?

ROBBY : Following up on more victims. Hey, I want to expand the investigation.

BEN : Why?

ROBBY : We got a fourth priest. There might be as many as thirteen.

BEN : (stopping) Thirteen?

ROBBY : Yeah.

BEN : Who's your source?

ROBBY : Phil Saviano.

BEN : Jesus Christ, Robby, I told Mike--

ROBBY : I know, I know... I think Saviano might be legit, Ben.

로비　　: 그러죠.

벤이 사무실을 나와 불을 끈다. 로비의 눈에 아직 일하고 있는 국장의 모습이 보인다. 벤과 로비가 복도를 걸어나가며 이야기를 나눈다.

로비　　: 맙소사. 저분은 집에도 안 들어가요?

벤　　: 그런가 봐. 눈치 보여서 퇴근 못 하는 친구들도 있어. 편집국 전체를 피곤하게 하는 거지.

로비가 웃는다.

벤　　: 게이건 사건 취재는 어디까지 됐어?

로비　　: 피해자들을 더 만나보는 중이에요. 그런데 조사 범위를 넓혀야 할 것 같아요.

벤　　: 왜?

로비　　: 4번째 신부가 나왔어요. 전부 찾으면 13명쯤 될지도 몰라요.

벤　　: (멈춰 서며) 13명?

로비　　: 네.

벤　　: 정보원이 누군데?

로비　　: 필 사비아노요.

벤　　: 미치겠군, 로비. 마이크한테도 말했지만….

로비　　: 왜 그러시는지 알아요. 하지만 전 그 사람 말이 사실 같아요.

- **wear out**
  지치다, 피곤하다; 닳다, 못쓰게 되다
  exhaust, burn out, weary; deteriorate
- **source**
  정보원, 출처, 재료, 근원
  - according to government sources 정부 소식통에 따르면
  - reveal the source 출처(정보원)를 밝히다
- **legit**
  〈속어〉 정직한, 합법적인
  not engaging in illegal activity or attempting to deceive; honest

I want to expand the investigation.

expand는 '크기나 양, 범위를 늘린다'는 뜻입니다. 따라서 이 문장은 현재 취재를 위해 조사하고 있는 대상의 범위를 넓히고 싶다는 말이죠.

- His business has been expanded rapidly. 그의 사업은 급속도로 확장됐다.
- The airport has to expand its facilities to accommodate the growing number of travelers.
  늘어나는 여행객 수를 감당하려면 공항 내의 시설을 확충해야만 한다.

Zoom In

I want to expand the investigation.

조사 범위를 넓혀야 할 것 같아요.

BEN : You wanna elaborate on that?

ROBBY : No. Not really. It just feels like this thing's stacking up. It's my gut.

Robby doesn't embellish. The case is turning. Ben takes a deep breath.

BEN : (sighs) Okay.

ROBBY : Okay. Good. Thank you.

Robby walks off. Ben watches him go, stunned.

INT. MIKE'S APARTMENT, EAST BOSTON - NIGHT

Mike opens the fridge when his phone rings. He grabs it.

MIKE : Hello?

SIPE : (o.s.) Mr. Rezendes?

MIKE : Yeah. Who's this?

SIPE : (o.s.) It's Richard Sipe.

MIKE : Oh, yeah. Hey Richard, how are you?

Mike sits at the desk, quickly taking a pen and a note.

SIPE : (o.s.) I'm good.

MIKE : Thanks for calling. Look, uh... Phil Saviano gave me your name. I was wondering if I could ask you a few questions?

SIPE : (o.s.) Of course. Yeah.

벤 : 자세히 얘기해보겠어?

로비 : 아니요. 아직은요. 하지만 판이 점점 커질 것 같아요. 제 직감이에요.

로비가 꾸며낸 이야기는 아니다. 취재가 전환점을 맞고 있다. 벤이 크게 한숨을 쉰다.

벤 : (한숨을 쉬며) 알았어.

로비 : 네, 그럼. 감사합니다.

로비가 자리를 뜬다. 벤은 멍하니 그 모습을 보며 서 있는다.

내부. 마이크의 집, 이스트 보스턴 – 밤

마이크가 냉장고 문을 열고 들여다보는데 전화벨이 울린다. 서둘러 전화를 받는다.

마이크 : 여보세요?

사이프 : (목소리) 마이크 레젠데스 기자님?

마이크 : 네. 누구시죠?

사이프 : (목소리) 리처드 사이프입니다.

마이크 : (반갑게) 아, 네. 리처드 씨, 안녕하세요.

마이크가 책상에 앉으며 얼른 펜과 노트를 준비한다.

사이프 : (목소리) 안녕하세요.

마이크 : 연락 주셔서 감사해요. 필 사비아노 씨께 소개를 받았습니다. 제가 몇 가지 여쭤봐도 될까요?

사이프 : (목소리) 물론이죠. 그러세요.

- **elaborate**
  자세히 말하다, 정교하게 다듬다, 정밀하게 구성하다; 정교한, 정성 들여 만든
  add detail on, flesh out; intricate, complicated
- **stack up**
  쌓이다, 줄지어 늘어서다
  add up, accumulate
- **gut**
  〈속어〉 직감, 배짱, 배, 근성, 핵심
  hunch; courage
- **embellish**
  꾸미다, 윤색하다, 장식하다
  adorn, exaggerate, decorate; to make something more beautiful or interesting by adding something to it

It's my gut.

gut은 기본적으로 '소화관, 내장'이라는 뜻이지만 속어로도 여러 가지 의미로 사용됩니다. 일단 이 문장에서는 속에서부터 느껴지는 강한 확신, 즉 직감을 의미합니다. I have a gut feeling. 또는 My gut tells me. 등으로도 쓸 수 있습니다. 또 하나 중요한 구어적인 의미는 배짱 혹은 용기가 있는데요. 다음 예문이 바로 그런 용례입니다.

- It takes guts to tell the truth. 진실을 말하려면 용기가 필요하다.

Zoom In

It's my gut.

제 직감이에요.

MIKE : Great. So Phil told me that you were working at one of the Church's treatment centers in Baltimore.

SIPE : (O.S.) Yes. The Seton Psychiatric Institute. It was run by the Daughters of Charity.

MIKE : And when was that, Richard?

SIPE : (O.S.) Well, I started my psychotherapy fellowship there in 1965 and I was there for five years, but I spent the next thirty studying abusive priest and their victims.

MIKE : Really? And that's been your sole focus?

SIPE : (O.S.) Look, Mike, the Church wants us to believe that it's just a few bad apples. But it's a much bigger problem than that.

MIKE : How much bigger, Richard?

SIPE : (O.S.) Well, based on the research, I would classify it as a recognizable psychiatric phenomenon.

Mike starts scribbling.

MIKE : That's big.

INT. GLOBE, CAFETERIA - LATE MORNING

The cafeteria is noisy with some employees having late breakfast. Eileen McNamara is alone at one of the tables, reading newspaper. Matt walks up to Eileen.

MATT : Hey Eileen!

마이크 : 감사합니다. 볼티모어에 있는 가톨릭 치료 센터에서 일하셨다고 들었는데요.

사이프 : (목소리) 네. 시튼 정신 연구소요. 애덕 자매회에서 운영하던 시설이죠.

마이크 : 그럼… 그게 언제였죠?

사이프 : (목소리) 1965년에 심리치료 연구원으로 들어가서 5년을 일했고, 그 후로 30년간 성추행 전력이 있는 신부들과 그 피해자들을 연구해왔어요.

마이크 : 정말요? 평생 그 일에 매달리신 거예요?

사이프 : (목소리) 기자님. 교회에서는 그저 몇 명의 일탈 행위로 보길 원하지만, 사실은 그보다 문제가 훨씬 심각해요.

마이크 : 얼마나 심각한 건가요?

사이프 : (목소리) 제가 연구한 바에 따르면 이건 인지 가능한 정신병리 현상이에요.

마이크가 이 말을 재빨리 휘갈겨 쓴다.

마이크 : 보통 일이 아니네요.

내부. 보스턴 글로브, 구내 식당 – 오전

늦은 아침을 먹는 직원들로 식당 안은 소란스럽다. 에일린 맥나마라는 그중 한 테이블에 혼자 앉아 신문을 읽고 있다. 매트가 에일린에게 다가간다.

매트 : 에일린!

- **Daughters of Charity**
  애덕 자매회(1633년 프랑스 파리에서 성 빈첸시오와 그의 협력자 성 루이즈 드 마빌락에 의해 창립된 가톨릭 봉사 단체)
- **psychotherapy**
  심리 치료, 심리 요법
  - psychology 심리학, 심리
  - psychiatrist 정신과 의사
- **abusive**
  학대하는, 폭력적인, 욕설을 하는
  offensive, insulting, violent, cruel
- **sole**
  유일한, 독점적인, 단독의
  one and only, exclusive, single
- **classify**
  분류하다, 등급을 나누다, 기밀 취급하다
  categorize, assort, grade, rank
- **recognizable**
  인식 가능한, 확인 가능한, 알아볼 수 있는
  able to be recognized or identified
- **phenomenon**
  현상, 사건, 비범한 사람
  - natural phenomenon 자연 현상
  - paranormal phenomenon 초자연적인 현상

It was run by the Daughter of Charity.

run에는 사업체 등을 운영한다는 manage의 뜻이 있습니다. Daughters of ~라는 이름의 단체들은 여성회 혹은 수녀회입니다. 수녀회의 경우는 Sisters of~라는 이름도 많습니다. sister가 가톨릭에서 수녀를 뜻하기 때문이죠.

Zoom In

It was run by the Daughter of Charity.

애덕 자매회에서 운영하던 시설이죠.

EILEEN : Hey, Matt!

MATT : If I wanted historyical data on a priest, parishes he's been assigned to, where would I find that?

EILEEN : The Geoghan case? It's all in the clips. (glancing at the newspaper again) Lisa has the source material.

MATT : Yeah, what if it was for another priest? One that hadn't been in the papers.

Kurkjian turns around from a nearby table.

EILEEN : (surprised) You're looking at another priest?

KURKJIAN : Who you looking at?

MATT : Any ideas?

EILEEN : Come on Matt, you're not going to tell me?

MATT : I gotta get to a meeting. Thanks Mac. Hey Steve.

Matt beats a hasty retreat.

INT. GLOBE, LIBRARY - LATER

Lisa Tuite, pulls the 2001 Catholic Church Directory off a reference shelf and hands it to Matt.

LISA : The Archdiocese puts out an annual directory, every priest and parish.

MATT : That's great. Do these go back any further than '98?

에일린 : 매트!

매트 : 어떤 신부가 그동안 배정받은 교구 목록을 보고 싶으면 어디로 가야 해?

에일린 : 게이건 신부 때문에? 그건 기사에 다 나와 있어. (다시 신문으로 눈을 돌리며) 리사한테 자료를 찾아달라고 해.

매트 : 게이건 말고 신문에 보도되지 않은 다른 신부라면?

근처 테이블에 있던 커크지안이 몸을 돌려 바라본다.

에일린 : (놀라며) 다른 신부도 조사하고 있어?

커크지안 : 누굴 조사하는데?

매트 : 질문에 답이나 해줘.

에일린 : 매트, 나한테도 말 안 해줄 거야?

매트 : 회의가 있어서 가봐야겠다. 고마워. (스티브에게) 스티브, 반가워.

매트가 황급히 식당을 빠져나간다.

내부. 보스턴 글로브, 서고 - 얼마 후

리사 튜트가 참고 문헌 서가에서 '2001 가톨릭 교회 인명부'를 꺼내 매트에게 건넨다.

리사 : 대교구에서 매년 모든 교구와 사제들의 이름이 들어간 인명부를 발행해요.

매트 : 그거 잘됐네요. 98년도 이전에 발행된 것도 있어요?

- **assign**
  할당하다, 배정하다, 선임하다, 파견하다, 배치하다, 양도하다
  appoint, designate, allocate, transfer
- **hasty retreat**
  황급한 철수
- **reference**
  참조, 언급, 추천서, 추천인, 참고 문헌
  • reference book 참고 도서
  • reference room 자료실
- **archdiocese**
  대교구(대주교가 관리하는 교구)
  • diocese 교구(주교가 관리)
- **directory**
  명단, 목록, 주소록, 인명록, 지도서, 기술서
  index, list, register, catalog, archive
  • telephone directory 전화번호부

Any ideas?

Do you have any ideas?를 줄인 표현으로, '내가 물어본 사항에 대해 어떻게 해결하면 좋을지 알고 있느냐'는 질문입니다. 앞서 매트가 신부의 전근 기록을 찾으려면 어디로 가야 하는지 물었는데 상대가 계속 다른 소리를 하자 대답을 촉구하고 있는 거죠.

• I haven't decided what to have for dinner. Any ideas? 저녁으로 뭘 먹을지 아직 결정을 못 했어. 좋은 생각 있어?

Zoom In

Any ideas?

(방법을) 알아?

LISA : Oh yeah. Going back to the 80's in the Mez. Beyond that you gotta go to BPL.

MATT : In the Mez, huh. Thanks, Lisa.

LISA : You bet.

INT. GLOBE, PRESSES - LATER

Robby and Mike walk down the stairs. Mike debriefs him, a little manic, not affected by what he's picked up.

MIKE : He said they all target the same kinda kid. Low income families, absentee fathers, broken homes...

They step into the press room. It's early. The presses are relatively quiet.

MIKE : So a guy like Geoghan goes after boys not because he prefers them, but because they have more shame. Less likely to talk. These guys are predators, Robby. I talked to Sipe. (watching his note) He said he's seen dozens of them in the sixties in Seton. He called it a "phenomenon".

ROBBY : Why didn't he go public?

MIKE : He did, but the Church made a huge effort to discredit him. Smear campaigns, public statements by prominent bishops. It's just like Saviano said. And Garabedian.

리사 : 그럼요. 80년대 기록은 지하 서고에 있고, 그 전 기록은 보스턴 공공도서관에 있어요.

매트 : 지하 서고에 있군요. 고마워요.

리사 : 그래요.

내부. 보스턴 글로브, 인쇄실 – 얼마 후

마이크와 로비와 계단을 내려간다. 마이크가 흥분한 채로 취재 내용을 보고한다. 주위 소음은 귀에 들리지도 않는다.

마이크 : 이런 신부들은 비슷한 종류의 아이들만 노린다는 거예요. 저소득층이고 아빠가 없거나 가정이 붕괴했고….

두 사람은 인쇄실 안으로 들어간다. 이른 시간이라 인쇄기 소리가 크게 거슬리지 않는다.

마이크 : 게이건 같은 신부들이 남자아이들을 추행하는 건 취향이라기보다는 그런 애들이 더 수치스러워하고 남들한테 얘기를 안 해서예요. 이 사람들은 먹이를 찾는 포식자예요. 사이프가 그러는데 (취재 노트를 보며) 60년대에 시튼에서 그런 신부들을 수십 명 봤대요. 일종의 '현상'이라고 표현하더라고요.

로비 : 그런데 왜 폭로하지 않았대?

마이크 : 폭로했어요. 그런데 교회에서 그의 평판을 떨어뜨리려고 온갖 방법을 동원했죠. 언론을 통해 인신공격했고, 이름 있는 주교들이 공개성명을 냈어요. 필 사비아노가 한 말과 정확히 일치해요. 개러비디언도 그렇고요.

- **debrief**
  (임무를 마친 후) 보고를 듣다
- **manic**
  정신없는, 미친, 조증의
  frantic, insane
- **absentee father**
  가족과 함께 살지 않는, 부재중인 아빠
- **less likely**
  ~할 가능성이 작다
- **predator**
  포식자, 약탈자
  • prey 먹이
- **dozens of**
  수십의, 많은
- **discredit**
  신용을 손상하다, 평판을 떨어뜨리다, 신빙성이 없게 만든다
- **smear**
  중상모략하다, 명예를 훼손하다, 문질러 지우다
  blacken, taint, tarnish
- **prominent**
  유명한, 현저한, 중요한, 돌출된

Why didn't he go public?
public은 '일반 사람들, 대중'을 뜻하는 말이죠. 그래서 go public은 '비밀 등을 공개한다'는 의미가 됩니다. 특히 언론에 알려서 폭로한다는 표현으로 자주 쓰이죠. 그밖에 회사에서 주식을 상장한다고 할 때도 go public이라고 합니다.

Zoom In

Why didn't he go public?

그런데 왜 폭로하지 않았대?

ROBBY : You getting anywhere with him?

Mike opens a door to adjoining corridor.

INT. GLOBE, BASEMENT CORRIDOR - CONTINUOUS

They walk into the corridor.

MIKE : More victims.

ROBBY : More victims. You can't empty his pockets?

MIKE : I'll get to him. I just need more time.

ROBBY : Come on Mike. You gotta get him.

MIKE : I'll get him, I'll get him.

Mike opens a door to the basement.

INT. GLOBE, BASEMENT - CONTINUOUS

A dank basement, low fluorescents and rows of old books on cheap tin bookshelves. Robby and Mike react to the smell. Matt is reading a book, leaning against a huge stack of books.

MIKE : (sniffing) Jesus. What the hell is that smell?

MATT : There's a dead rat in the corner.

ROBBY : What have you got?

MATT : Church directories. It's every priest in Massachusetts. What parish they're assigned to.

MIKE : Are these official?

Mike grabs another directory, flipping through.

로비 : 그 친구랑은 얘기가 잘 돼 가?

마이크가 다음 복도로 연결된 문을 연다.

내부. 보스턴 글로브, 지하 복도 - 계속

두 사람이 복도로 넘어간다.

마이크 : 피해자가 더 있어요.

로비 : 그 이상은 얘기를 못 끌어내겠어?

마이크 : 끌어낼 거예요. 시간을 조금 더 주세요.

로비 : 잘 좀 해 봐. 정보를 얻어내라고.

마이크 : 알았어요. 다시 만나볼께요.

마이크가 지하실로 향하는 문을 연다.

내부. 보스턴 글로브, 지하실 - 계속

눅눅한 지하실에는 희미한 형광등 불빛만 비치고 있다. 길게 늘어선 허름한 철재 책꽂이에는 오래된 책들이 가득하다. 로비와 마이크가 지하실 냄새에 기겁한다. 매트는 거대한 서가에 기대서서 책을 읽고 있다.

마이크 : (공기를 들이마시며) 으악. 이게 무슨 냄새야.

매트 : 저 구석에 쥐가 하나 죽어있어.

로비 : 뭘 찾은 거야?

매트 : 가톨릭 인명부예요. 매사추세츠 주의 사제들은 다 나와 있어요. 어떤 교구에 발령됐는지요.

마이크 : 공식 책자야?

마이크가 다른 인명부를 꺼내 책장을 넘겨본다.

- **get to**
  영향을 미치다
  influence, affect; make an impression
- **dank**
  눅눅한, 축축한
  damp, dampish, wettish; wet and cold in a way that is unpleasant
- **fluorescent**
  형광등, 형광성의, 화사한
  - fluorescent bulb 형광 전구
  - incandescent light 백열등
- **flip through**
  (책장을) 넘기다, 훑어보다
  turn over the pages; look through

What have you got?

여기서 have got은 have와 의미가 일맥상통합니다. 그래서 이 문장은 What do you have?로 바꿔 쓸 수도 있죠. 하지만 have got이 훨씬 덜 딱딱하고 친밀한 느낌을 줍니다. 아래의 문장들은 서로 뜻은 같지만 두 번째 문장들이 더 격식을 차리는 표현입니다.

- How many brothers and sisters have you got? 형제 자매가 몇이나 되죠?
- How many brothers and sisters do you have?
- I haven't got a car. 나는 차가 없어요.
- I don't have a car.

Zoom In

What have you got?

뭘 찾은 거야?

MATT : Yeah. I figured it would help us track down some of the priests that Phil Saviano mentioned. Maybe find more victims.

ROBBY : (squints) Can we turn on some more lights?

MATT : I couldn't find the switch. (grabs his glasses) You wanna borrow my glasses?

ROBBY : No, I'm good. I'm good.

MIKE : (off a directory) Look, 1983. John Geoghan, St. Brendan's parish, Dorchester. So we can find out where any priest is in any given year?

MATT : Yeah, I got him here at... (puzzled) Huh...

ROBBY : What?

MATT : 1980, the year Geoghan was pulled from JP. It said he's on sick leave.

MIKE : Come on. It really says that?

Matt shows Mike. Robby urgently searches the directories.

ROBBY : Where is 1991?

MATT : Here ya go.

Robby finds the 1991 Directory and opens it. He searches.

ROBBY : Let me see this. Barrett. Barrett. Liam. I can't read that. (hands it to Mike) Look for a Liam Barrett in there. 1991's the year they pulled him out of Charlestown.

매트 : 응. 이걸로 필 사비아노가 말한 신부들을 추적해볼 수 있을 것 같아. 그럼 피해자가 더 나올지도 몰라.

로비 : (눈을 가늘게 뜨며) 여기 불 좀 더 켤 수 없어?

매트 : 스위치가 어디 있는지 안 보여요. (안경을 만지며) 제 안경이라도 드릴까요?

로비 : 아니야, 됐어. 괜찮아.

마이크 : (인명부를 보며) 이건 1983년이야. 존 게이건, 도체스터의 성 브렌단 교구. 이것만 있으면 어떤 신부가 어느 해에 어디 있었는지 알 수 있겠네.

매트 : 맞아, 여기도 있는데… (당황하며) 흠….

로비 : 왜 그래?

매트 : 1980년은 게이건 신부가 자메이카 플레인에서 전출된 해인데, 사유가 병가라고 적혀있어요.

마이크 : 설마. 정말 그렇게 쓰여 있어?

매트가 마이크에게 인명부를 보여준다. 로비는 다급하게 다른 인명부를 찾는다.

로비 : 1991년은 어디 있지?

매트 : 여기요.

로비가 1991년도 인명부를 찾아 열어본다. 그리고 책장을 넘긴다.

로비 : 어디 보자. 배럿. 리암 배럿. 난 안 보여. (마이크에게 넘기며) 거기서 리암 배럿을 찾아봐. 그 해에 찰스타운에서 전출됐어.

- **figure**
  〈동사형〉 생각하다, 계산하다, 상상하다
  think, suppose, believe, guess, expect
- **squint**
  눈을 가늘게 뜨고 보다, 곁눈질로 보다, 사시 (사팔뜨기)이다
  look with eyes partly closed
  • a squint eyed man 사팔뜨기
- **given**
  정해진, 특정한, 지정된
  specified, particular, predetermined
- **pull from**
  물러나다, 떼어놓다, 벗어나다, 꺼내다
- **sick leave**
  병가
  • call in sick 전화로 병가를 내다
  • personal day (개인 사정으로 인한) 휴가

No. I'm good.

상대가 무언가를 제안할 때 그러지 않아도 된다, 현재 상황에 만족한다는 의미로 No, I'm good. 이 가장 많이 쓰입니다. 뜻은 I'm okay나 I'm fine과 같죠. 특히 음식에 대한 제안일 때는 I'm all set. 이라는 표현도 많이 사용합니다. 또한, 가장 흔한 인사말인 Hi, how are you? 에 대한 대답으로도 I'm good. 즉, 나무랄 데 없이 좋다는 말이 압도적으로 많이 쓰입니다. 이때는 간단히 Good. 이라고만 해도 됩니다.

• Would you like some more coffee? 커피 더 드시겠습니까?
• No, thanks. I'm good. / No, thanks. I'm all set. 아니요, 괜찮습니다.

Zoom In

No. I'm good.

아니야, 괜찮아.

MIKE : (reads) Barrett, Liam?

ROBBY : Yeah.

MIKE : "Sick leave". It's an official designation.

ROBBY : (pointing at the books) Let's get these upstairs.

Robby's cell rings. They start to collect the directories.

ROBBY : And Matt, check on those priests Saviano gave us.

ROBBY : (into the phone) Robby.

SACHA : (O.S.) Hey, I'm down at the courthouse.

ROBBY : Yeah.

INT. SUFFOLK COUNTY COURTHOUSE, RECORDS ROOM - DAY

Sacha is at the front desk, speaking into the phone.

SACHA : (into phone) Something's not right here.

A court clerk approaches her.

COURT CLERK : Nothing on Shanley either, Sacha.

SACHA : Okay, thanks. (into phone)Yeah, we need to go talk to MacLeish again.

ROBBY : (O.S.) Really, why?

SACHA : There's nothing here. There aren't any records.

Sacha packs and hurries out.

마이크 : (기록을 읽는다) 리암 배럿이요?

로비 : 그래.

마이크 : 병가예요. 그게 공식 명칭인 거예요.

로비 : (서가를 가리키며) 전부 위층으로 가져가자.

로비의 휴대폰이 울린다. 매트와 마이크가 인명부들을 다 꺼내기 시작한다.

로비 : 매트, 필 사비아노가 말한 신부들을 다 찾아.

로비 : (전화를 받으며) 여보세요.

사샤 : (목소리) 저 지금 법원인데요.

로비 : 그래.

내부. 서퍽 카운티 법원, 기록실 – 낮

사샤가 기록실 카운터에 서서 전화를 하고 있다.

사샤 : (전화에다) 뭔가가 이상해요.

법원 직원이 다가와서 말한다.

법원 직원 : 기자님, 섀리라는 이름도 없어요.

사샤 : 네, 고마워요. (전화에 대고) 에릭 맥클레쉬한테 다시 가봐야겠어요.

로비 : (목소리) 왜 그러는데?

사샤 : 허탕만 쳤어요. 여긴 아무 기록이 없어요.

사샤가 가방을 싸서 서둘러 나간다.

- **designation**
  지명, 임명, 지정, 명칭, 직함
  appellation, denomination, title
- **clerk**
  사무원, 점원, 서기
  register, secretary, archivist, bookkeeper
- **hurry out**
  서둘러 나가다

Something's not right here.
여기서 right은 '상태가 좋은, 정상적인(normal)'의 의미로, not right은 '무언가가 잘못되었다, 이상하다'는 뜻이 됩니다. 의심스러운 정황이나 징후가 발견됐을 때 쓰는 표현이죠.
- This number doesn't look right to me. 이 숫자는 잘못된 것 같아요.
- I don't feel right today. 오늘 몸이 좋지 않아.

Zoom In

Something's not right here.
뭔가가 이상해요.

INT. GREENBERG TRAURIG, OUTSIDE CONFERENCE ROOM - DAY

Eric walks toward the conference room.

INT. GREENBERG TRAURIG, CONFERENCE ROOM - DAY

Robby and Sacha have been waiting. Eric enters.

ERIC : Thanks for waiting. So sorry. Got stuck on a call.

ROBBY : Not a problem. How are you?

ERIC : (sits) Good.

ROBBY : Thanks for meeting us.

ERIC : You bet. What's up guys?

SACHA : Mr. Macleish, are you familiar with a priest named Paul Shanley.

Eric is surprised, but tries to feign cool.

ERIC : Yes, I am familiar with him.

SACHA : (nods) And have you settled cases against Father Shanley?

ERIC : As I'm sure you can understand, I can't discuss that with you.

ROBBY : (makes a note) How about Father Ronald Paquin?

ERIC : (bursts out with nervous laughter) Well, I can't discuss that with you either. Come on, guys.

내부. 그린버그 트라우리그 로펌, 회의실 밖 - 낮

에릭이 회의실로 향하고 있다.

내부. 그린버그 트라우리그 로펌, 회의실 - 낮

로비와 사샤가 앉아서 기다리고 있다. 에릭이 회의실로 들어온다.

에릭 : 기다려주셔서 감사해요. 죄송해요. 통화가 길어져서요.

로비 : 괜찮아요. 잘 지내셨죠?

에릭 : (자리에 앉으며) 그럼요.

로비 : 시간 내주셔서 감사해요.

에릭 : 천만에요. 오늘은 무슨 일이시죠?

사샤 : 변호사님, 혹시 폴 섄리라는 신부를 아시나요?

에릭은 놀랐지만, 일부러 덤덤한 척한다.

에릭 : 네, 알고 있습니다.

사샤 : (고개를 끄덕이며) 섄리 신부 사건을 합의하신 적이 있나요?

에릭 : 잘 아시겠지만 그런 정보는 말씀드릴 수 없어요.

로비 : (메모하며) 그럼…. 로널드 패퀸 신부는요?

에릭 : (당황해서 웃으며) 그것 역시도 말씀드릴 수 없어요. 이러지 마세요.

- **get stuck**
  ~에 걸리다, 꼼짝 못 하다, 막히다
- **feign**
  ~인 체하다, 꾸며내다, 속이다
  pretend, fake, bluff
- **burst out**
  갑자기 ~하기 시작하다, 튀어나오다

You bet.

You bet!은 두 가지 다른 상황에서 사용되는 친밀한 표현입니다. 우선 본문에서처럼 고맙다는 인사말에 대한 대답, 즉 You're welcome의 의미로 사용될 수 있습니다. 또한 상대방의 질문에 대한 강한 긍정으로도 쓰일 수 있습니다. 이때는 Sure, Certainly. 등과 같은 의미입니다.

Zoom In

You bet.

천만에요

SACHA : We understand you've settled several cases against each of them.

ERIC : Even if I'd been involved in those cases, the settlements would be confidential and I could be disbarred for acknowledging their existence. Okay?

ROBBY : Uh-huh.

Robby's not backing down. MacLeish shakes his head.

ERIC : Look, I told you guys these are tough cases. Most of these folks they just want some acknowledgment of what happened. We got 'em a sit down with the bishop and a little dough and that's the best they could hope for.

ROBBY : Well, it's certainly the best the priests could hope for.

ERIC : No, the Church promised they'd take the priests out of circulation.

ROBBY : And did you follow up on that?

ERIC : (laughs, refusing to answer) Do you guys need anything else?

SACHA : Yes. Why aren't there any records? I was down at the courthouse earlier. There aren't any records of any of these settlements.

MacLeish pauses. Hesitant, now not so sure of himself.

사샤 : 그 신부들과 여러 건의 합의를 하신 걸 알고 있어요.

에릭 : 제가 관여했다 하더라도 합의 여부는 기밀 사항이에요. 그 사실을 인정하는 것만으로도 변호사 자격이 정지될 수 있어요. 아시겠어요?

로비 : 네.

로비가 순순히 물러서지 않는다. 맥클레쉬가 고개를 절레절레 흔든다.

에릭 : 이런 건 곤란한 사건이라고 말씀드렸잖아요. 피해자들 대부분은 피해 사실을 인정받는 것만으로 만족해요. 주교와 면담을 하고 위로금이라도 조금 받는 게 그분들에게는 최선이죠.

로비 : 가해 신부들이 원하는 최선의 결과겠죠.

에릭 : 아니요, 교회에서는 그 신부들을 정직시킨다고 약속했어요.

로비 : 정말 그렇게 했는지 알아봤어요?

에릭 : (답을 거부하며) 더 궁금하신 게 있나요?

사샤 : 네. 왜 기록이 하나도 없죠? 아침에 법원에 다녀왔는데 소송 합의 기록이 없다고 하더군요.

맥클레쉬의 말문이 막힌다. 어떻게 말해야 할지 잠시 망설인다.

- **acknowledge**
  인정하다, 시인하다, 감사를 표하다
  admit, accept, allow, grant
- **back down**
  물러나다, 철회하다, 포기하다, 패배를 인정하다
  pull back, hold back, give in, yield
- **folks**
  사람들, 지역 주민, 가족, 부모
  • old folks 노인들
  • my folks 우리 부모님
- **dough**
  밀가루 반죽, 〈속어〉 돈

The Church promised they'd take the priests out of circulation.

promise 뒤에 접속사 that이 생략된 형태로, '교회가 ~하겠다고 약속했다'는 뜻입니다. 그리고 circulation은 순환, 유통, 사회활동 등의 의미가 있으므로, take someone out of circulation은 '누군가가 활동을 못 하도록 빼버린다'는 뜻이죠. 여기서는 문제를 일으킨 신부들이 성직 활동을 못 하도록 정직시킨다는 의미로 사용됐습니다.

Zoom In

The Church promised they'd take the priests out of circulation.

교회에서는 그 신부들을 정직시킨다고 약속했어요.

ERIC : We dealt directly with the church. We would draw up a demand letter and send it to the chancery.

SACHA : You never filed anything in court?

ERIC : It's a private mediation.

ROBBY : So, this is just you and the archdiocese's lawyers... in a room?

ERIC : Correct.

SACHA : Anyone else?

ERIC : Occasionally the Church would bring in another defense attorney to help out.

ROBBY : You have names?

ERIC : (shakes his head) Nope. No I don't.

INT. GLOBE, SPOTLIGHT - LATE AFTERNOON

Ben sits with the gang. They are all serious.

BEN : So this was all under the table?

SACHA : There's no paper trail. At all. The victim has to sign a confidentiality agreement to get the settlement. The lawyer takes a third and the Church sweeps it under the rug.

MIKE : Jeez. It's a freakin' racket.

BEN : It's more complicated than that. MacLeish's got a duty to the client to get the best deal he can.

에릭 : 교회와 직접 합의했거든요. 합의 요청서를 작성해서 교구 행정국으로 보냈죠.

사샤 : 법원에 고소장을 제출 안 하고요?

에릭 : 사적 조정이었어요.

로비 : 그럼 당신과 대교구 측의 변호사만… 따로 만나서요?

에릭 : 맞아요.

로비 : 다른 사람은 없었고요?

에릭 : 가끔 교회에서 다른 피고의 변호사를 데려와서 같이 처리하기도 했어요.

로비 : 누군지 이름을 알아요?

에릭 : (고개를 가로저으며) 아니요. 모르겠네요.

내부. 보스턴 글로브, 스포트라이트 팀 사무실 - 늦은 오후

벤이 스포트라이트 팀과 함께 앉아있다. 모두가 심각한 표정이다.

벤 : 그걸 전부 비밀리에 처리했다고?

사샤 : 아무런 기록도 안 남아있어요. 단 하나도요. 합의를 원하는 피해자는 비밀 유지 각서에 서명해야만 했죠. 변호사는 합의금의 3분의 1을 받아서 좋고, 교회는 사건을 덮을 수 있으니까 좋고요.

마이크 : 제길. 순 장사꾼이네요.

벤 : 그렇게 단순하게만 볼 순 없어. 맥클레쉬는 의뢰인에게 최대한 유리한 조건을 끌어낼 의무가 있으니까.

- **draw up**
  (문서를) 작성하다, (계획을) 세우다, (차 등을) 멈추다
  • draw up a will 유서를 작성하다
- **chancery**
  주교 관할구의 행정국, 교황청 상서국, (외교) 공관, 형평법 법원
- **mediation**
  중재, 조정; 매개, 화해
  arbitration
  • labor dispute mediation 노동 분쟁 조정
- **defense attorney**
  피고 측 변호사
- **gang**
  친구 집단, 동료 집단, 패거리, 폭력단
- **paper trail**
  (증거가 되는) 문서 기록
  • leave a paper trail 행적을 남기다
- **racket**
  소음, 부정한 돈벌이, 생업, (테니스 등의) 라켓

So this was all under the table?

under the table은 테이블 밑으로 무언가가 오가는 모습에서 상상할 수 있듯이 '은밀히 처리된다'는 뜻입니다. 암시장에서의 거래나 뇌물을 주고받는 행위 등 남몰래 숨어서 하는 떳떳하지 못한 일들을 의미합니다. 이 문장에서는 범행이 알려지지 않도록 몰래 이뤄진 합의를 말하는 거겠죠.

Zoom In

So this was all under the table?

그걸 전부 비밀리에 처리했다고?

SACHA : Sure, but how many victims do you represent and profit from before you say something?

MIKE : Garabedian would say none. That's why he's taking these cases to court. Because he wants people to know about this.

SACHA : I agree. And legal ethics aside Ben, I mean, operating the way MacLeish has all but guarantees that the abuse stays under wraps.

BEN : Yeah. Did MacLeish confirm all Saviano's priests?

ROBBY : No. He's limited by his confidentiality agreement.

SACHA : But clearly he's settled cases against a number of them. Phil's put me in touch with some of the other victims, I'm pretty confident all of his priests are going to check out.

BEN : So it is thirteen priests?

SACHA : Yeah.

ROBBY : Looks that way.

BEN : Holy shit... (standing up) Okay. Keep going.

Ben leaves.

사샤 : 그렇죠, 하지만 소송 기회도 주지 않고 얼마나 많은 피해자들을 대리하면서 돈을 번 건지 봐야죠.

마이크 : 개러비디언이라면 절대 안 그래요. 그래서 사건을 법정으로 끌고 가는 거죠. 더 많은 사람에게 알리려고요.

사샤 : 맞아요. 변호사 윤리 같은 건 차치하더라도, 맥클레쉬처럼 처리하면 사건은 영원히 은폐될 수밖에 없어요.

벤 : 그래. 사비아노가 말한 신부들이 다 맞다고 맥클레쉬가 확인해줬어?

로비 : 아니요. 비밀 유지 의무 때문에 말할 수 없대요.

사샤 : 하지만 그중 상당수의 신부들과 합의한 게 분명해요. 필을 통해서 다른 피해자들도 만나보면, 그 신부들이 전부 가해자라는 게 확인될 거예요.

벤 : 그래서 13명이라고?

사샤 : 네.

로비 : 그게 맞는 것 같아요.

벤 : 젠장. (일어서며) 알았어. 계속 알아봐.

벤이 밖으로 나간다.

- **legal ethics**
  법조 윤리
  - professional ethics 직업 윤리
  - medical ethics 의료 윤리
- **under wraps**
  비밀인, 감춰진
  concealed, suppressed, secret
  - keep under wraps 감추다
- **limit**
  제한하다, 한정하다
  - limited monarchy 입헌군주제(군주의 권력 행사에 법적 제한이 가해지는 제도)
- **confidentiality agreement**
  비밀 유지 협약

Chapter 5

지금까지는 빙산의 일각

Just the Tip of the Iceberg

시간 00:54:24~01:05:28

INT. COPLEY SQUARE BALLROOM, ATRIUM - NIGHT

Catholic Charities Gala is holding at a large hotel ballroom. Kim, a party assistant, scans the guest list for Marty. Marty stands before her, restlessly.

KIM : I'm sorry. What was the name again?

MARTY : Baron. B-A-R-O-N.

KIM : (looking through the list) I'm having trouble finding it. Just give me a second.

PETE : It's okay Kim, I can vouch for him.

Marty turns, finds Pete Conley, 60s, Irish wealth and power. He extends his hand.

PETE : I'm Pete Conley, I'm on the board of Catholic Charities. Welcome to Boston, Mr. Baron.

MARTY : Thank you.

PETE : I appreciate you joining us. We're very proud of

내부. 코플리 스퀘어 호텔 연회장, 입구 – 밤

넓은 호텔 연회장에서 가톨릭 자선 행사가 진행되고 있다. 파티 도우미인 킴이 손님 목록에서 마티의 이름을 찾고 있다. 마티는 그 앞에 초조하게 서 있다.

킴 : 죄송해요. 성이 어떻게 되신다고요?

마티 : 어… 배런이요. BARON이에요.

킴 : (목록을 살펴보며) 어디 있는지 잘 안 보이네요. 잠시만 기다려주세요.

피트 : 괜찮아, 킴. 이분은 내가 보증할 수 있어.

마티가 뒤돌아보자 피트 콘리의 모습이 보인다. 아일랜드계의 60대 남성으로 돈과 권력을 지닌 인물이다. 피트가 악수를 청한다.

피트 : 전 피트 콘리라고 합니다. 가톨릭 자선 위원회 임원이죠. 보스턴에 오신 걸 환영합니다.

마티 : 감사합니다.

- **gala**
  축제, 경축 행사, 운동 경기 (특히 수영)
- **restlessly**
  안절부절못하며, 불안하게
  not able to rest, relax, or be still
- **vouch**
  보증하다, 단언하다, 뒷받침하다
  verify, confirm, support

the work we do here at Boston. Oh, the Cardinal said you had a nice visit.

MARTY : Yes, we did.

PETE : He's an extraordinary man. I'm glad you had a chance to chat.

INT. COPLEY SQUARE BALLROOM - CONTINUOUS

Marty walks toward the party. Classical music is coming from the ballroom. It is crowded with people, but Marty doesn't know a soul. He stands alone, taking it in.

ROBBY : Enjoying yourself?

Marty turns. Robby's there. Slacks and a blazer. Marty is kind of relieved.

MARTY : To be honest, these events aren't really my strong suit.

ROBBY : Yeah.

MARTY : Are you involved with the charity?

ROBBY : Not directly, no. Several of my friends are. We all went to high school. BC High. That's the school across the street from the Globe.

MARTY : It's hard to miss.

ROBBY : Yeah. (self-deprecating) Hard to get away from too, apparently.

Marty chuckles. Robby looks around and finds the Cardinal.

피트 : 이렇게 와주셔서 감사해요. 우리는 보스턴 사회에 기여한다는 자부심을 갖고 있어요. 아, 추기경님을 만나 뵀다고 들었어요.

마티 : 네, 그랬죠.

피트 : 아주 특별한 분이죠. 만나 뵐 기회가 있었다니 다행이네요.

내부. 코플리 스퀘어 호텔 연회장 – 계속

마티가 연회장으로 걸음을 옮긴다. 클래식 음악이 울려 퍼지고 있다. 연회장 안은 수많은 사람으로 가득 차 있지만 마티는 아는 사람이 없다. 마티 혼자 우두커니 서서 파티를 바라본다.

로비 : 재미있으세요?

마티가 돌아본다. 로비가 서 있다. 슬랙스와 블레이저 차림이다. 마티는 약간 긴장을 푼다.

마티 : 아… 솔직히 이런 행사는 체질에 안 맞아요.

로비 : 그러시군요.

마티 : 자선 위원회 소속이에요?

로비 : 저는 별 관련이 없는데 제 친구들이 몇 명 속해있죠. 다 같은 보스턴칼리지 고등학교 동창이에요. 우리 신문사 건너편에 있는 학교죠.

마티 : 고개만 들면 보이겠네요.

로비 : 네. (자조적으로) 도망치려야 칠 수가 없죠.

마티가 빙긋 웃는다. 로비는 주위를 돌아보며 추기경을 찾았다.

- **soul**
  영혼, 정신, 사람, 핵심
  • not a soul in sight 눈에 보이는 게 한 사람도 없음
- **take in**
  받아들이다, 이해하다, 구경하다, 보러 가다
- **relieved**
  안심한, 해방된
  pleased, reassured, grateful
- **strong suit**
  장점, 장기, 특색, 높은 끗수의 패
  something that a person does well

It's hard to miss.

miss에는 '놓치다'라는 뜻입니다. 잡아야 할 버스를 놓치거나, 화살이 과녁을 놓치고 지나치거나, 참석해야 할 수업을 놓치는 상황 등에 쓰이죠. 여기서는 로비가 졸업한 고등학교가 직장인 신문사의 길 건너에 있다고 하니 그걸 못 보고 지나치기는 힘들겠다는 의미로 쓰였습니다. 무언가가 너무 뚜렷하면 놓칠 수가 없으니까요. It's impossible not to see(notice) it.과 같은 의미입니다.

• He has a red rose on his suit pocket. You can't miss him. 그 남자는 양복 주머니에 붉은 장미를 달았어. 바로 눈에 띌 거야.

Zoom In

It's hard to miss.

고개만 들면 보이겠네요.

ROBBY : The Cardinal's in the corner if you're so inclined.

Robby nods. Indeed, there's the Cardinal and he's talking to Pete Conley and few others.

MARTY : We've met.

ROBBY : Really? Did he mention the suit?

MARTY : No, but he did give me a copy of the Catechism.

ROBBY : (laughs hard) Yeah, well, the Cardinal's not known for his subtlety. During the Porter investigation, he literally called down the power of God on the Globe.

MARTY : How'd that play out?

ROBBY : A week later our editor broke his leg skiing.

Marty reacts to Robby's line. A server approaches them.

SERVER : Shrimp toast, gentlemen?

ROBBY : No, thanks.

MARTY : No.

INT. ARMENIAN DINER, DOWNTOWN BOSTON - NIGHT

A small and shabby restaurant. Garabedian is having a bowl of soup. Opposite to him, Mike's going over his notes. They're having dinner together.

로비 : 추기경이 저쪽에 있으니 원하시면 만나보세요.

로비가 고갯짓을 한다. 추기경이 피트 콘리를 포함한 몇 명과 담소를 나누고 있다.

마티 : 이미 한 번 봤어요.

로비 : 정말요? 소송 얘기도 하던가요?

마티 : 그런 말은 없었지만, 저한테 교리 문답서를 주더군요.

로비 : (크게 웃으며) 네, 돌려 말할 줄을 모르는 분이에요. 포터 사건 취재 때는 우리 신문사에 하느님의 권능을 보여달라고 부르짖었죠.

마티 : 그래서 어떻게 됐는데요?

로비 : 어…. 일주일 후에 국장이 스키를 타다 다리가 부러졌어요.

마티가 이 말에 반응을 보인다. 그때, 서버가 두 사람에게 다가온다.

서버 : 슈림프 토스트 드릴까요?

로비 : 아니요.

마티 : 괜찮습니다.

내부. 아르메니아 식당, 보스턴 다운타운 – 밤

작고 허름한 식당. 개러비디언이 수프를 먹고 있다. 맞은편에서는 마이크가 취재수첩을 훑어보고 있다. 두 사람이 함께 저녁 식사를 하는 중이다.

- **subtlety**
  섬세함, 미묘함, 치밀함, 세부 사항
  delicacy, artfulness, guile
- **literally**
  말 그대로, 엄밀한 의미로, 실제로, 완전히
  • translate literally 직역하다
- **call down**
  (축복이나 천벌을) 내려달라고 빌다, 비난하다, 싸움을 걸다
  to invoke some sort of divine punishment onto someone
- **play out**
  발생하다, 펼쳐지다, 풀어내다
  to develop or end in a particular way
- **shabby**
  허름한, 초라한, 낡은, 비천한
  beat up, dilapidated, mangy, grungy, tacky

The Cardinal's in the corner if you're so inclined.

inclined는 '~하고 싶은, 마음이 내키는'이라는 뜻으로 주로 inclined to do something의 형태로 쓰입니다. 하지만 여기서처럼 문장 말미에 if you're so inclined라고 붙이면 '네가 하고 싶다면'이라는 표현입니다. If you want와 같은 뜻이죠. 이 문장에서는 그 앞에 you can go and meet him이라는 말이 생략돼 있습니다.

• You can take a picture of it, if you're so inclined. 사진 찍고 싶으면 찍어도 돼.

Zoom In

The Cardinal's in the corner if you're so inclined.

추기경이 저쪽에 있으니 원하시면 만나보세요.

MIKE : You said one of the victims filed a criminal complaint?

GARABEDIAN : Yeah, there were a few of them. But the judge had the case records sealed after friends of the Church complained. And the Church has a lot of friends.

MIKE : Like Eric MacLeish?

GARABEDIAN : (surprised) Yeah. Let's just say he's not part of the solution. You follow what I'm saying?

MIKE : Sure.

Mike jots down some notes. Garabedian watches him.

GARABEDIAN : You work hard, Mr. Rezendes. Are you married?

MIKE : (taking a deep breath) Yeah.

GARABEDIAN : Your wife doesn't mind you working all the time?

MIKE : Oh, yeah, she does.

GARABEDIAN : (nods) That's why I never got married. I'm too busy.

Garabedian salts his soup.

GARABEDIAN : What I do is too important.

Mike stares at him for a while and writes something down.

GARABEDIAN : Your new Editor, he's a Jew right?

마이크 : 형사고소장을 제출한 피해자가 있다고 하셨죠?

개러비디언 : 네, 그런 사람이 몇 명 있었죠. 그런데 교회 지지자들이 항의하자 판사가 사건 기록을 비공개로 지정해버렸어요. 교회는 지지자들이 많거든요.

마이크 : 에릭 맥클레쉬 같은 사람들이요?

개러비디언 : (놀라며) 그래요. 문제 해결의 의지가 없는 사람이라고 해두죠. 무슨 말인지 알겠죠?

마이크 : 그럼요.

마이크가 수첩에 무언가를 적는 모습을 개러비디언이 바라본다.

개러비디언 : 정말 열심이시네요. 결혼하셨어요?

마이크 : (크게 한숨을 쉬며) 네.

개러비디언 : 일만 한다고 부인이 싫어하지 않아요?

마이크 : 당연히 싫어하죠.

개러비디언 : (고개를 끄덕이며) 난 그래서 결혼을 안 했어요. 너무 바쁘거든요.

개러비디언이 수프에 소금을 친다.

개러비디언 : 게다가 내가 하는 일은 너무 중요해요.

마이크가 개러비디언을 가만히 바라보다가 뭔가를 기록한다.

개러비디언 : 신임 국장이 유대인이라면서요?

- **complaint**
  불평, 항의, 고소
- **friend**
  친구, 후원자, 지지자, 자기편, 동료
- **salt**
  소금; 소금을 치다, 소금에 절이다, 활기를 더하다
- **jew**
  유대인; 유대교도

You follow what I'm saying?

follow에는 말을 이해하거나 내용을 따라잡는다는 의미가 있습니다. understand와 같은 뜻이죠. 따라서 위 문장은 Do you understand what I'm saying?으로 바꿔 쓸 수도 있습니다. 중요하고 복잡한 얘기를 설명하는 중에 상대가 잘 따라오고 있는지 확인하는 거죠.

- I'm sorry, but I don't follow you. 미안하지만 네 말이 이해가 안 돼.

Zoom In

You follow what I'm saying?

무슨 말인지 알겠죠?

MIKE : (smiles) Uh, that's right, yeah.

GARABEDIAN : Yeah, see... he comes in and suddenly everybody's interested in the Church. You know why? Because it takes an outsider, like me. I'm Armenian. (looking around) How many Armenians do you know in Boston?

MIKE : Steve Kurkjian, works at the Globe.

GARABEDIAN : (chuckles) Huh. That's two. You should get a prize or something. What are you, Italian?

MIKE : No, I'm Portuguese.

GARABEDIAN : From where?

MIKE : East Boston.

GARABEDIAN : (surprised) Really? East Boston? You don't sound like it.

Mike shrugs. Garabedian shakes his head.

GARABEDIAN : This city, these people, (sniffs) making the rest of us feel like we don't belong. But they're no better than us. Look at how they treat their children.

Garabedian looks straight at Mike with defiant eyes.

GARABEDIAN : Mark my words, Mr. Rezendes, if it takes a village to raise a child, it takes a village to abuse one.

마이크 : (미소를 지으며) 아 네, 맞아요.

개러비디언 : 바로 그거예요. 그 사람이 오니까 갑자기 모두가 교회에 관심을 두잖아요. 왠지 알아요? 이런 일엔 외부인이 나서야 하거든요. 나처럼요. 난 아르메니아인이에요. (주위를 둘러보며) 보스턴에 있는 아르메니아인을 몇 명이나 알아요?

마이크 : 우리 신문사에 스티브 커크지안이라고 있어요.

개러비디언 : (웃으며) 하, 그럼 두 명이네요. 당신한테 상이라도 줘야겠는데요. 당신은 이탈리아 계예요?

마이크 : 아니요, 포르투갈 계예요.

개러비디언 : 고향은 어딘데요?

마이크 : 아, 이스트 보스턴이요.

개러비디언 : (놀라며) 정말요? 이스트 보스턴이요? 그쪽 말투가 아닌데.

마이크가 어깨를 으쓱한다. 개러비디언은 고개를 가로젓는다.

개러비디언 : 이 도시 토박이들은… (콧방귀를 뀌며) 나머지를 이방인들로 소외시키죠. 그들이 우리보다 나을 것도 없어요. 자기 자녀들을 어떻게 대했는지 봐요.

개러비디언이 도전적인 눈빛으로 마이크를 똑바로 바라본다.

개러비디언 : 내 말 명심해요. 한 아이를 길러내는 게 마을의 책임이라면, 그 아이가 학대당하는 것도 마을의 책임이에요.

- **outsider**
  외부인, 국외자, 문외한
  stranger, visitor, foreigner, newcomer, alien
- **shrug**
  어깨를 으쓱하다 (의문이나 무시, 무관심의 표현으로)
- **belong**
  속하다, 자격이 있다, 있어야 할 장소에 있다, 어울리다
  fit in a specified place or environment

Mark my words.
mark는 '표시한다'는 뜻이죠. 내 말에 표시를 하라는 건 결국 중요하게 생각하고 마음에 새기라는 말이 됩니다. 비슷한 표현으로는 Listen to me, Remember this, Keep in mind 등이 있습니다. 그 중에서도 mark my words는 조금 격식을 차린 구식 표현입니다.

Zoom In

Mark my words.

내 말 명심해요.

INT. COPLEY SQUARE BALLROOM, ATRIUM - NIGHT

Robby crosses the room, joins Jim Sullivan at the bar.

JIM : Hey, there he is. Want a beer?

ROBBY : Love one.

JIM : (to bartender) Another.

Robby gives a deep sigh.

JIM : (to Robby) You here with Barbara?

ROBBY : No, she hates these things.

JIM : Karen, too.

ROBBY : Yeah.

JIM : Smart ladies.

ROBBY : Slainte.

JIM : Slainte.

They both take a sip of beer.

JIM : Hmm... I met your new editor. Seemed like a decent fellow.

ROBBY : I think he is. (sighs) Hey, I had an interesting conversation with Eric Macleish the other day. Turns out he's been settling abuse cases with the Archdiocese for years.

JIM : You, um, really want to talk about this here?

ROBBY : Jim, you said you helped out on Father Barrett as a favor. That was a one off?

내부. 코플리 스퀘어 호텔 연회장, 입구 – 밤

로비가 연회장을 가로질러서 바에 있는 짐 설리번에게 간다.

짐 : 로비, 거기 있었군. 맥주 마시겠나?

로비 : 좋지.

짐 : (바텐더에게) 한 잔 더.

로비가 크게 한숨을 내쉰다.

짐 : (로비에게) 부인도 같이 왔어?

로비 : 아니, 이런 행사라면 질색을 해.

짐 : 우리 집사람도 그래.

로비 : 그래.

짐 : 역시 여자들은 똑똑해.

로비 : 건강을 위해.

짐 : 건강을 위해.

두 사람은 맥주를 한 입씩 마신다.

짐 : 음… 신임 국장이랑 인사했어. 괜찮은 친구 같더군.

로비 : 내 생각도 그래. (한숨을 쉰 후) 그런데 내가 어제 에릭 맥클레쉬한테 재미있는 얘기를 들었어. 수년간 대교구와 여러 성추행 사건을 합의해왔다는 거야.

짐 : 지금 여기서 그 얘기를 하자는 거야?

로비 : 짐, 부탁을 받고 배럿 신부를 도와줬다며. 그거 한 번뿐이었어?

- **a sip of**
  한 모금
  • sip 홀짝이다, 한 모금
- **decent**
  품위 있는, 제대로 된, 신분에 맞는, 매력적인, 친절한, 상당한
  satisfactory, respectable, fair, honorable, nice, proper
- **one off**
  단 한 번, 일회성
  one shot; happening only once

Slainte
사실 Slainte는 아일랜드에서 쓰이는 게일어입니다. 서로 술잔을 부딪치며 외치는 말이죠. 보스턴은 미 동부에서도 아일랜드인들이 가장 많이 정착한 도시로, 아일랜드계가 인구의 15% 이상을 차지합니다. 그래서 이런 건배가 자연스러운 거겠죠. 일반적으로는 Cheers! Good health! Here's to you! 등이 많이 쓰입니다.

Zoom In

Slainte

건강을 위하여

Jim frowns and clears his throat. Robby pushes on.

ROBBY : How many of these cases have you been involved with?

JIM : (sighs) You know I can't answer that, Robby. It's unethical.

ROBBY : Is that all it is?

Jim raises his eyebrows, but soon makes smile.

JIM : So, this would be the Robby Robinson I've always heard about but never met.

ROBBY : Listen to me Jimmy. You want to be on the right side of this.

JIM : (sighs) This is the Church you're talking about Robby. Look around. These are good people, done a lot of good for this city. (smiles) Enjoy the party.

Jim heads into the party, leaving Robby alone at the bar. Robby glances over at Marty, still feeling out of place. So this is what it feels like to be on the outside…

INT. GLOBE, ROBBY'S OFFICE - DAY

Matt, Sacha and Mike are crammed in Robby's office. There are stacks of books on the table, including '1994 Massachusetts Catholic Directory.'

짐이 얼굴을 찡그리더니 목을 가다듬는다. 로비가 계속 다그친다.

로비 : 얼마나 많은 사건에 손을 덴 거야?

짐 : (한숨을 쉬며) 그건 말 못하는 거 알잖아. 변호사 윤리 위반이야.

로비 : 단지 그 이유 때문이야?

짐이 눈살을 찌푸리다가 곧 미소를 짓는다.

짐 : 이게 그동안 내가 말로만 들어왔던 기자 로비 로빈슨의 모습이군.

로비 : 내 말 잘 들어. 자네도 올바른 편에 서고 싶잖아.

짐 : (한숨을 쉬고) 자네가 싸우려는 상대는 가톨릭 교회야. 주위를 둘러봐. 다들 선량한 사람들이야. 보스턴을 위해 좋은 일도 많이 했고. (미소를 지으며) 그냥 파티나 즐겨.

짐이 파티장을 향해 떠나고 로비 혼자 바에 남는다. 로비의 시선은 아직 파티장에서 어색해하는 마티에게로 향한다. 이 방인이 받는 소외감이란 바로 이런 것이군….

내부. 보스턴 글로브, 로비의 사무실 – 낮

매트와 사샤, 마이크가 로비의 사무실 안에 모여있다. 테이블 위에는 '1994년 매사추세츠 가톨릭 교회 인명부'를 포함해 여러 권의 책이 놓여있다.

- **push on**
  계속하다, 몰아대다, 강요하다, 다그치다
- **involved in**
  관여하는, 연루된, 몰두하는
  associated with, connected with
- **unethical**
  비윤리적인, 윤리에 어긋나는
  immoral, dishonorable, dishonest
- **out of place**
  장소에 어울리지 않는, 잘못 놓인, 실직한

Robby pushes on.

push on someone는 '몰아대다, 강요하다, 다그치다'의 의미로 누군가가 어떤 행동을 하도록 압박을 가한다는 말입니다. 여기서는 상대가 꺼리는 주제이지만 계속해서 질문을 퍼붓는 로비의 행동을 표현하고 있죠.

- Don't push on me! 나한테 강요하지 마!

Zoom In

Robby pushes on.

로비가 계속 다그친다.

MATT : I've been through a lot of these, now 'Sick leave' isn't the only designation they use when they take one of these priests out of circulation. They use a slew of terms; 'absent on leave', 'unassigned', 'emergency response'.

A phone rings in the Spotlight office.

MIKE : They got a word for everything, these guys.

SACHA : Except rape.

Mike exits to get the phone.

MATT : (to Robby) And they move parishes way more frequently than other priests. When I was a kid a priest moved after seven or eight years. Sometimes longer. These guys, it's two to three years tops.

SACHA : And did they use these designations for all of Saviano's priests?

MATT : Yeah, it's a pretty clear pattern.

As Robby considers this, Mike calls from Spotlight.

MIKE : Guys, I got Sipe.

INT. GLOBE, SPOTLIGHT OFFICE - MOMENTS LATER

The team is huddled around a speakerphone.

매트 : 내가 여러 권을 살펴봤는데, 신부를 전출시킬 때 쓰는 명칭이 '병가'만이 아니었어. '휴가', '미발령', '사고' 등등 아주 다양해.

스포트라이트 팀 사무실에서 전화벨이 울린다.

마이크 : 온갖 걸 다 끌어다 썼네.

사샤 : 강간만 빼고.

마이크가 전화를 받으러 나간다.

매트 : (로비에게) 이런 신부들은 보통의 경우보다 교구를 더 자주 옮겨 다녀요. 제가 어릴 때 신부님들은 7~8년이 돼야 전근을 가셨고 더 오래 계실 때도 있었는데, 이 신부들은 길어봤자 2~3년이에요.

사샤 : 필 사비아노가 말한 신부들의 전출 사유도 그런 식으로 기재돼 있어?

매트 : 응, 아주 확실한 패턴이지.

로비가 이 말을 곱씹고 있을 때, 마이크가 이들을 부른다.

마이크 : 잠깐만요, 사이프한테 전화가 왔어요.

내부. 보스턴 글로브, 스포트라이트 팀 사무실 – 잠시 후

스포트라이트 팀이 스피커폰 주위에 모여있다.

- **on leave**
  휴가 중
- **pretty**
  꽤, 상당한, 매우
  considerably
- **consider**
  깊이 생각하다, ~라고 여기다, 고려하다
- **huddle around**
  옹기종기 모이다

These guys, it's two to three years tops.

구어체 문장에서 tops가 이렇게 부사로 쓰이면 '최대로'라는 뜻이 됩니다. at the most와 같은 의미죠. 최대한으로 잡으면 얼마라는 뜻인데, 여기서는 가해 신부들이 한 교구에 머무른 기간이 가장 길게 봐도 2~3년을 넘지 않는다고 강조하는 거죠.

- It takes him 3 seconds tops to steal the second base. 그는 2루까지 도루하는 데 3초도 채 걸리지 않는다.

Zoom In

These guys, it's two to three years tops.

이 신부들은 길어봤자 2~3년이에요.

SIPE : (O.S.) I think if you really want to understand the crisis, you need to start with the celibacy requirement. That was my first major finding only 50% of the clergy are celibate.

They share a look. 50%? Can that be true?

SIPE : (O.S.) Now, most of them are having sex with other adults. But the fact remains, this creates a culture of secrecy that tolerates and even protects pedophiles.

SACHA : (surprised) So you believe the Church is aware of the extent of this... crisis?

SIPE : (O.S.) Oh, absolutely. After the first major scandal in Louisiana, Tom Doyle, the Secretary Canonist for the Papal Nuncio, co-authored a report warning pedophile priests were a billion dollar liability. That was in 1985.

MIKE : (shocked) 1985?

SIPE : (O.S.) That's right.

MIKE : Who saw that report? Anyone from the Catholic hierarchy?

SIPE : (O.S.) Sure. Doyle tried to introduce the report at the National Conference of Catholic Bishops. In fact, Cardinal Law initially helped to fund the report. But then he backed out and he shelved it.

MIKE : (to Matt) Are you kidding me?

사이프 : (목소리) 이 사태를 제대로 이해하려면 순결 서약부터 짚고 넘어가야 해요. 제가 밝혀낸 가장 놀라운 사실은 사제들의 50%만이 순결을 지키고 있다는 거예요.

팀원들이 서로 시선을 교환한다. 50%라니 그게 사실일까?

사이프 : (목소리) 대부분은 성관계의 대상도 성인이긴 하지만, 이런 사실 때문에 소아성애자들을 묵인하고 심지어는 두둔하는 은폐 문화가 형성된 거예요.

사샤 : (놀라서) 그럼 교회도 인지하고 있다고 생각하시는 거죠? 이 사태의 심각성을요.

사이프 : (목소리) 당연하죠. 루이지애나에서 처음 대형 스캔들이 터지고 나서 교황청 대사관의 교회법 학자였던 톰 도일은 소아성애자인 사제들로 인한 피해 규모가 10억 달러에 이른다고 경고하는 공동 보고서를 작성했어요. 그게 벌써 1985년이었죠.

마이크 : (경악하며) 1985년이요?

사이프 : (목소리) 그래요.

마이크 : 고위 성직자들도 그 보고서를 봤나요?

사이프 : (목소리) 물론이죠. 도일은 이 보고서를 전미 가톨릭 주교 회의에서 발표하려고 했어요. 애초에 이 보고서의 연구 기금을 지원한 사람이 로 추기경이었어요. 그러다가 지원을 철회하고 보류시켰지만요.

마이크 : (매트에게) 말도 안 돼.

- **celibacy**
  독신, 금욕
  • vow of celibacy 순결 서약
- **celibate**
  금욕을 지키는, 결혼하지 않은, 독신주의자
- **canonist**
  교회법 학자
  • canon 교회법, 공인 성전, 미사 전문, 성인 명부; 주요 문헌, 규범
- **Papal Nuncio**
  교황청 대사관
- **pedophile**
  소아성애자
  • phile ~을 사랑하는 사람
  cinephile 영화 애호가
  bibliophile 애서가
- **hierarchy**
  계급, 계급제, 권력층(지배층)
- **shelve**
  선반에 두다, 보류하다
  postpone, delay, defer

But the fact remains, this creates a culture of secrecy...

the fact remains는 그럼에도 불구하고 ~라는 사실에는 변함이 없다는 걸 강조하는 구문입니다. 여기서는 비록 대부분의 사제들이 성인들과 관계를 맺지만, 그렇다 해도 순결 서약을 깼다는 사실에는 변함이 없기에 아동 성추행까지도 은폐하는 문화가 생겼다는 말이죠.

• He officially made a public apology, but the fact remains that he drove under the influence alcohol. 비록 공식적으로 사과했지만 그가 음주운전을 했다는 사실에는 변함이 없다.

Zoom In

But the fact remains, this creates a culture of secrecy...

하지만 그런 사실 때문에 은폐 문화가 형성된 거예요.

ROBBY : Richard, Robby here. We think we have thirteen priests in Boston that fit this pattern which would be a very, very big story. Does that sound right to you in terms of scale?

SIPE : (O.S.) No, not really, Robby. It sounds low to me. My estimates suggest six percent act out sexually with minors.

MIKE : Six percent of what?

SIPE : (O.S.) Six percent of all priests.

Holy shit. Robby turns to the team.

ROBBY : How many priests do we have in Boston?

MATT : About fifteen hundred. One percent is fifteen. Six percent is... (pauses) ninety.

ROBBY : (frightened) Alright. Nine-- ninety priests.

SACHA : Is that possible?

SIPE : (O.S.) From a metric standpoint, yes, that would certainly be in line with my findings.

The room goes quiet. They are all speechless.

SIPE : (O.S.) Hello?

MIKE : Uh...

INT. GLOBE, BEN'S OFFICE - DAY

Robby and Mike sit with Ben. Ben is shocked.

로비 : 리처드, 난 로비예요. 보스턴에는 이 패턴과 일치하는 사제들이 13명 있는 것 같아요. 사실이라면 엄청난 일이죠. 비율로 따지면 타당한 수치일까요?

사이프 : (목소리) 아니요. 제 생각엔 너무 적어요. 전 6%가 미성년자와 성관계를 맺는다고 추정하고 있어요.

마이크 : 어… 무엇의 6%요?

사이프 : (목소리) 전체 성직자의 6%요.

맙소사. 로비가 팀원들을 바라본다.

로비 : 보스턴에 사제가 전부 몇 명이지?

매트 : 1,500명쯤 돼요. 1%가 15명이니까 6%면… (잠시 멈췄다가) 90명이에요.

로비 : (충격을 받고) 그럼, 90명인데요.

사샤 : 그게 가능해요?

사이프 : (목소리) 통계상으로 보자면 그게 확실히 제 연구 결과에 부합하는 수치죠.

사무실 안에 정적이 흐른다. 모두가 할 말을 잃었다.

사이프 : (목소리) 여보세요?

마이크 : 아….

내부. 보스턴 글로브, 부국장실 – 낮

로비와 마이크가 벤 앞에 앉아있다. 벤은 충격을 받았다.

- **in terms of**
  ~면에서, ~에 관하여, ~로 환산하여
  regarding, concerning
- **scale**
  규모, 축소 / 확대 비율, 등급, 척도, 눈금
- **estimates**
  추정치, 견적, 평가
- **act out**
  ~을 행하다, 행동으로 옮기다
- **minor**
  미성년자, 부전공, 단조, 중요하지 않은
- **metric**
  측정 기준, 거리, 미터법의
- **standpoint**
  관점, 입장
  point of view, attitude, stance, opinion

That would certainly be in line with my findings.

be in line with는 '~과 같은 선상에 있는, 즉 일치한다'는 표현입니다. 또는 ~과 연결되어 같이 움직인다는 뜻도 있습니다. in line with inflation rate이라고 하면 물가 상승률과 연동한다'는 표현이죠. 또한, 중간에 들어간 certainly는 '확실히, 분명히'라며 무언가를 강조하는 말로, surely, definitely, indeed와 같은 의미입니다.

Zoom In

That would certainly be in line with my findings.

그게 확실히 제 연구 결과에 부합하는 수치죠.

BEN : Ninety fucking priests? In Boston?

ROBBY : That's what he said.

BEN : If there were ninety of these bastards people would know.

MIKE : Maybe they do.

BEN : And no one said a thing?

MIKE : Good Germans?

BEN : (admonishingly) I don't think that's a comparison you want to make publically.

ROBBY : MacLeish knew. He just didn't say anything.

Ben remains skeptical about this idea.

BEN : That's thirteen priests. There's a big difference between thirteen and ninety. Where's this guy Sipe getting his numbers?

MIKE : Well, he's been studying this for thirty years. He is a trained psychotherapist.

BEN : Okay, but we need something more than a metric from some hippy ex-priest who's shacking up with a nun.

MIKE : Okay, so we'll track down more victims. We'll get more priests.

Robby turns back and shares a look with Mike.

벤 : 가해 신부가 90명이라고? 그것도 보스턴에서만?

로비 : 사이프 말로는 그래요.

벤 : 그런 놈들이 90명이나 된다면 사람들이 알았겠지.

마이크 : 이미 아는지도 모르죠.

벤 : 그런데 모두가 함구했다고?

마이크 : 나치 치하 독일인들처럼요.

벤 : (충고하듯이) 남들 앞에서 그런 비유는 안 하는 게 좋아.

로비 : 맥클레쉬는 알았어요. 하지만 입을 다문 거죠.

벤은 계속해서 회의적인 입장을 보인다.

벤 : 13명이라며. 13명과 90명은 차이가 너무 크잖아. 사이프라는 작자는 어디서 그런 숫자를 끌어 온 거야?

마이크 : 이걸 30년간 연구해온 사람이에요. 전문 심리치료사고요.

벤 : 알았어. 하지만 근거가 더 필요해. 수녀랑 살림을 차린 전직 신부가 내놓는 수치 말고.

마이크 : 그럼 다른 피해자들을 만나서 가해 신부들의 이름을 더 받아낼게요.

로비가 고개를 돌려 마이크와 시선을 마주친다.

▪ **bastard**

〈속어〉 나쁜 놈; 사생아, 잡종
rogue, villain, rascal, scoundrel

▪ **trained**

숙련된, 자격을 갖춘
having been prepared for a particular job or activity, by learning skills, getting qualifications, etc.

▪ **shack up with**

~와 살림을 차리다, 동거하다

And no one said a thing?

여기서 a thing은 anything의 의미로, '아무 말도'라는 걸 강조하기 위해 쓰였습니다. And no one said anything? 단 한 마디라도 한 사람이 없겠느냐는 말이죠.

• That's not even a thing. 그건 아무 것도 아니야.

Zoom In

And no one said a thing?

그런데 모두가 함구했다고?

MIKE	: Then we can check them against the directories.
BEN	: (annoyed) That's a shitload of victims.
MIKE	: We'll get there.
BEN	: (to Robby) How long's it gonna take?

Mike shrugs. Robby considers. Then…

ROBBY	: Too long.

Robby stands and reaches for the door. Maybe with and idea.

BEN	: Wait, but, meeting's over?
ROBBY	: Yeah, for now.

Robby exits and Mike immediately follows him.

INT. GLOBE, NEWSROOM - MOMENTS LATER

Robby walks through the newsroom. Mike catches up to him.

MIKE	: Look, what've you got?
ROBBY	: What if we work backwards.
MIKE	: What do you mean? From what?
ROBBY	: From the directories. We've been using them to confirm bad priests. What if we do it the other way around?

마이크 : 그런 다음에 인명부에서 확인해보면 돼요.

벤 : (짜증스러운 듯) 피해자가 어디 한두 명이야?

마이크 : 다 찾아내면 돼요.

벤 : (로비에게) 얼마나 걸리겠어?

마이크가 어깨를 으쓱한다. 로비는 생각에 잠긴다. 그리고….

로비 : 너무 오래 걸리겠죠.

로비가 일어나더니 문가로 간다. 무슨 아이디어가 생각난 것 같다.

벤 : 뭐야, 얘기 끝난 거야?

로비 : 네, 일단은요.

로비가 문밖으로 나가고 마이크도 즉시 따라 나간다.

내부. 보스턴 글로브, 편집국 – 잠시 후

로비가 편집국을 가로질러 간다. 마이크가 그런 로비를 따라잡는다.

마이크 : 좋은 생각이라도 있으세요?

로비 : 거꾸로 하면 어떨까?

마이크 : 뭘 거꾸로 해요?

로비 : 인명부 말이야. 지금까지는 가해 신부들을 확인하는 데 썼잖아. 그런데 이젠 반대로 하는 거야.

- **shitload**
〈속어〉 다량, 다수
- **immediately**
즉시, 바로, 직접적으로, ~하자마자 곧
- **catch up with**
따라잡다, 체포하다

What if we do it the other way around?

the other way around는 '반대로, 거꾸로'라는 의미입니다. 비슷한 표현으로는 the reverse와 the opposite 등이 있죠. 또한, what if~는 만약 ~라면 어떨지 묻는 질문문의 형식입니다.

- You wore the T-shirt the other way around! 너 티셔츠를 거꾸로 입었어!
- I thought he had kicked her, but it was the other way around. 난 그 남자가 여자를 찬 줄 알았는데, 그 반대였어.

Zoom In

What if we do it the other way around?

반대로 해보면 어떨까?

MIKE : (getting it) Use the directories to identify bad priests.

ROBBY : Yeah, exactly. We search by designation. We look for any priest on "sick leave" or "unassigned".

MIKE : Or have been moved around a lot.

ROBBY : Yeah.

MIKE : It's gonna take a load of work.

ROBBY : Well, not if we're all on it.

MIKE : You, too?

ROBBY : Generally that's what all means. Yeah.

MIKE : Yeah, generally.

That's the plan. Robby looks set.

INT. GLOBE, SPOTLIGHT - LATER

The team goes through the directories. Close on a ruler moving down a directory. It stops at a designation: "Sick Leave." Pan to the name of a priest. Mahan, Paul J. A pen circles it. Cut to another ruler scanning a directory. It stops. "Unassigned." Pan to the name of another priest. Keane, John F. The name is circled. Cut to another ruler scanning. "Sick Leave." Paquin, Ronald H.

Sacha moves a ruler down a directory. Mike scans a directory with a ruler. Robby squints at a directory. Mat, hunched over a computer, enters data. Close on an excel spreadsheet. A date, a priest's name, then the designation are typed into a column. More names and designations, logged year by year, are typed into the spreadsheet.

마이크 : (말을 알아듣고) 인명부로 가해 신부들을 찾는 거군요.

로비 : 바로 그거야. 전출 사유가 '병가'나 '미발령'인 신부들을 찾는 거지.

마이크 : 아니면 전출을 많이 다녔든지요.

로비 : 그래.

마이크 : 작업량이 엄청나겠는데요.

로비 : 우리가 전부 달라붙으면 돼.

마이크 : 팀장님도요?

로비 : 보통 우리라고 하면 나도 포함되는 거잖아.

마이크 : 보통은 그렇죠.

그게 앞으로의 조사 방향이다. 로비는 아주 확고해 보인다.

내부. 보스턴 글로브, 스포트라이트 팀 – 얼마 후

스포트라이트 팀이 각자 인명부를 붙들고 조사한다. 줄자 하나가 클로즈업된다. 인명부 목록을 따라 내려가다가 '병가'라는 글자에 멈춰 선다. 카메라가 왼쪽으로 움직여 신부의 이름을 비춘다. 폴 J. 메이헌. 누군가 펜으로 이름에 동그라미를 친다. 또 다른 줄자가 인명부 위를 훑어 내려간다. 그러다가 '미발령'에서 멈춘다. 또 다른 신부의 이름이 비친다. 존 F. 킨. 이름에 동그라미가 쳐진다. 또 다른 줄자가 움직이고 있다. '병가. 로널드 H. 패퀸' 사샤가 인명부 위에 줄자를 대고 천천히 내린다. 마이크도 줄자로 인명부를 훑는다. 로비가 침침한 눈으로 인명부를 본다. 매트가 컴퓨터 앞에 웅크리고 앉아 자료를 입력한다. 엑셀 창이 열려있다. 연도와 신부의 이름, 전출 사유를 한 줄에 입력한다. 점 더 많은 이름과 전출 사유가 연도별로 엑셀 창에 입력된다.

- **identify**
  확인하다, 식별하다, 동일시하다
  recognize, single out, pinpoint, spot
- **ruler**
  통치자, 자(길이를 재는 도구)
- **pan**
  카메라를 좌우로 움직이다
  pan left, pan right
  • tilt 카메라를 상하로 움직이다. (tilt up, tile down)
- **hunch**
  몸을 구부리다, 밀다, 예감이 들다

Robby looks set.
set이 형용사로 쓰이면 '단호한, 완고한, 고정된' 등의 의미로 사용됩니다. 이 문장에서는 이미 마음을 단호하게 먹은 것처럼 보인다는 뜻으로, 비슷한 단어로는 determined나 intent가 있겠습니다.
• When you study a foreign language, you should have a set purpose. 외국어를 공부할 때는 확고한 목적이 있어야 해

Zoom In

Robby looks set.

로비는 확고해 보인다.

INT. SACHA'S HOUSE - NIGHT

Sacha sits at her desk, looking through a directory.

INT. SANTARPIO'S, EAST BOSTON - NIGHT

Mike sits in the pizza joint, marking up a directory.

EXT. PORTER SQUARE T-STOP, CAMBRIDGE, MA - MORNING

Sacha waits for the T, working on a directory.

INT. GLOBE, LIBRARY - DAY

From the crow's nest above, we see Mike and Matt at the table in the library, stacks of directories between them.

INT. GLOBE, CAFETERIA - DAY

Robby sits alone in cafeteria, working on a directory.

EXT. BOSTON PUBLIC LIBRARY, DOWNTOWN BOSTON - DAY

Sacha walks towards the library.

INT. GLOBE, SPOTLIGHT - DAY

Close on the spreadsheet. More names are entered. We scan down the growing list of priests…

INT. GLOBE, LIBRARY - NIGHT

Mike in a back aisle, works on the directories.

INT. BOSTON PUBLIC LIBRARY, BOOK REQUEST DESK - EARLY EVENING

Sacha works late, directories all around her.

LIBRARY WORKER: Library is closing. (walking down the hall) Library is closing.

내부. 사샤의 집 – 밤

사샤가 책상에 앉아 인명부를 살펴보고 있다.

내부. 산타피오 피자, 이스트 보스턴 – 밤

마이크가 피자집에 앉아 인명부에 표시를 하고 있다.

외부. 포터 스퀘어 전철역, 매사추세츠 주 케임브리지 – 아침

사샤가 전철을 기다리며 인명부를 보고 있다.

내부. 보스턴 글로브, 서고 – 낮

높이 설치된 카메라가 서고 책상에 앉아있는 마이크와 매트의 모습을 비춘다. 둘 사이에는 인명부가 한 무더기 쌓여있다.

내부. 보스턴 글로브, 구내 식당 – 낮

로비가 혼자 식당에 앉아 인명부를 보고 있다.

외부. 보스턴 공공 도서관, 보스턴 다운타운 – 낮

사샤가 도서관을 향해 걸어간다.

내부. 보스턴 글로브, 스포트라이트 팀 사무실 – 낮

엑셀 창이 보인다. 입력된 이름이 더 많아졌다. 화면이 스크롤되어 내려가면 더 많은 사제의 목록이 보인다.

내부. 보스턴 글로브, 서고 – 밤

마이크가 구석 자리에서 인명부를 훑고 있다.

내부. 보스턴 공공 도서관, 도서 요청 데스크 – 저녁

사샤가 늦은 시간까지 일하고 있다. 책상엔 온통 인명부로 가득하다.

도서관 직원 : **폐관 시간입니다.** (복도를 걸어가며) **폐관 시간입니다.**

- **joint**
  (값싼) 음식점, 술집
  a bar or restaurant that serves food and drink at low prices
  • hamburger joint 햄버거 가게
- **mark up**
  (인쇄 원고 등에) 표시하다, 가격을 올리다
- **T**
  보스턴 지하철의 애칭
- **crow's nest**
  돛대 꼭대기의 망대, 높이 설치된 관측물

Library is closing.

close는 '닫다, 끝내다, 마감하다'라는 뜻이죠. 휴관일을 말할 때는 close on (요일), 마감 시간을 말할 때는 close at (시간)을 쓰면 됩니다. 단, close down이라고 하면 완전히 폐쇄되는 것을 의미하므로 사용에 유의해야 합니다.

• The museum closes on Mondays. 그 미술관은 월요일이 휴관일이야.
• The post office closes at 5pm. 우체국은 5시에 문을 닫아.

Zoom In

Library is closing.

폐관 시간입니다.

INT. MATT CARROLL'S HOUSE, WEST ROXBURY - NIGHT

Matt sits at a desk at home, hunched over a directory, scanning it with a ruler. He pauses…leans in further. Close on a directory entry. "O'Sullivan, Eugene M.- Treatment Center. 276 Pelton Street."

MATT : Holy shit…

Matt pales, then takes off his glasses and leaves the house.

EXT. MATT CARROLL'S HOUSE, WEST ROXBURY - CONTINUOUS

Matt heads across the lawn, down the sidewalk. He crosses the street, rounds the corner, turning onto Pelton street. He picks up his pace, checking house numbers. Finally, he stops at a classic, two story Victorian house. Number 276.

MATT : No freakin' way…

INT. MATT CARROLL'S HOUSE, KITCHEN - LATER

Matt sits on the kitchen floor. In front of the refrigerator, taping a note to the door.

"Kids Stay Away From This House At 276 Pelton Street. And Stay Away From The Men Who Live Inside It."

Beside the note is a B&W photo of the house down the street.

내부. 매트 캐롤의 집, 웨스트 록스베리 – 밤

매트가 자기 집 책상에 앉아 등을 구부린 채 줄자로 인명부를 훑어 내려가고 있다. 그러다가 멈춰서는…. 몸을 앞으로 더 기울인다. 인명부의 한 이름이 클로즈업된다. "유진 M 오설리번 – 치료센터, 펠튼 가 276번지"

매트 : 이럴 수가….

매트가 사색이 되어 안경을 벗고 집 밖으로 나간다.

외부. 매트 캐롤의 집, 웨스트 록스베리 – 계속

매트가 집 앞 잔디밭을 지나 인도로 나간다. 길을 건너 코너를 돌자 펠튼 가가 나온다. 여기서부터는 번지수를 찾는 걸음이 점점 빨라진다. 그리고 마침내 한 집 앞에 멈춰 선다. 빅토리아풍의 2층짜리 주택이다. 여기가 바로 276번지다.

매트 : 이건 말도 안 돼….

내부. 매트 캐롤의 집, 부엌 – 얼마 후

매트가 부엌 바닥에 앉아서 냉장고 문에 메모를 하나 붙인다.

"얘들아, 이 집에 가까이 가지 마. 펠튼 가 276번지야. 거기 사는 사람들한테도 가까이 가지 마"

메모 옆에는 그 집의 흑백 사진이 붙어있다.

- **holy shit**
  〈속어〉 이런, 제길 (매우 놀라거나 화가 났을 때)
- **pale**
  창백해지다, 약해지다; 창백한, 희미한
- **sidewalk**
  인도, 보도
  pavement, walkway
- **pick up the pace**
  속도를 내다
  to speed up the tempo
- **Victorian House**
  빅토리아풍의 주택 (영국 빅토리아 여왕 시기에 지어진 주택과 이를 모방한 스타일의 주택)
- **B&W**
  흑백의 (black and white의 줄임말)
- **No freakin' way.**
  이건 말도 안 돼
  (no way는 '절대로 안 되다, 싫다'는 말로 그냥 no보다 강한 거부감의 표현입니다. 그런데 여기서는 그 중간에 욕설인 freakin' (freaking)까지 넣어서 훨씬 더 강력한 분노를 표출하고 있습니다. 상대방의 질문에 대한 답으로 쓸 수도 있고, 이 상황에서처럼 혼자 내뱉는 감탄사로도 쓸 수 있습니다.)

Chapter 6

목표는 깃털이 아닌 몸통

Target the System, not Individuals

시간 01:05:29~01:14:52

INT. GLOBE, SPOTLIGHT OFFICE - DAY

Mike, Sacha and Matt huddled around the computer cross-checking names. Sacha reads from a large printout. Matt checks it against short list on a computer screen.

SACHA : Talbot.

MATT : Yep.

SACHA : Tivnan.

MATT : Yep.

SACHA : Toma.

MATT : Yep.

SACHA : Turnbull.

MATT : Yep.

SACHA : Walsh.

MATT : Yep.

SACHA : Welsh.

내부. 보스턴 글로브, 스포트라이트 팀 사무실 – 낮

마이크와 사샤, 매트가 컴퓨터 앞에 모여 앉아 서로가 찾은 이름을 대조해 본다. 사샤가 두꺼운 출력물을 읽으면 매트가 컴퓨터 화면에 있는 최종 명단에서 이를 확인한다.

사샤 : 탤벗.

매트 : 있어.

사샤 : 티브넌.

매트 : 있어.

사샤 : 토마.

매트 : 있어.

사샤 : 턴불.

매트 : 있어.

사샤 : 월쉬.

매트 : 있어.

사샤 : 웰쉬.

- **cross-check**
  대조하다, 다시 검토하다, (아이스하키의) 크로스 체크
  to use a different source or method to check
- **short list**
  최종 후보자 명단, 최종 후보에 올리다
- **yep**
  〈구어〉 네, 그래
  all right, aye, yea, yeah, yes, yo

MATT : Yep.

Mike : Is that it?

SACHA : That's it.

MATT : That's it.

Mike looks at the screen.

MIKE : Holy shit.

MATT : Robby?!

Robby looks up from his desk. He walks over to join them.

SACHA : That's three off Sipe's estimate. That's incredible.

MATT : Robby?!

ROBBY : How many?

MATT : Eighty-seven.

MIKE : Eighty-seven priests in Boston.

ROBBY : (pauses, sighs) Call MacLeish. I wanna talk to him.

SACHA : Okay.

Robby takes the printout and walks toward his office.

MIKE : (to Matt) Can you print it?

MATT : Sure can.

매트 : 있어.

마이크 : 이게 끝이야?

사샤 : 끝이야.

매트 : 나도.

마이크가 컴퓨터 화면을 본다.

마이크 : 세상에.

매트 : 팀장님?!

로비가 자기 자리에서 고개를 든다. 그리고 팀원들에게 걸어 온다.

사샤 : 사이프의 추정치에서 3명 모자라. 진짜 놀랍다.

매트 : 팀장님?!

로비 : 몇 명이야?

매트 : 87명이요.

마이크 : 보스턴에 87명이 있어요.

로비 : (잠시 멈춰서 한숨을 쉰 후) 맥클레쉬한테 전화해서 만나자고 해.

사샤 : 네.

로비가 출력물을 집어 들고 자기 사무실로 간다.

마이크 : (매트에게) 이거 인쇄 좀 해줘.

매트 : 알았어.

▪ **off**

할인하여, 밑돌아; 떨어져, 벗어나
below the usual level or standard
• 20% off the price 정가에서 20% 할인된

▪ **incredible**

믿어지지 않는, 놀라운, 엄청난
unbelievable, extraordinary, remarkable, stunning

That's it.

That's it은 짧은 문장이지만 여러 경우에 사용됩니다. 우선 위의 문장에서처럼 그게 전부다, 이제 끝났다는 의미로 쓰일 때는 That's all과 같은 표현입니다.

• That's it for today. Let's go home. 오늘은 여기까지입니다. 이제 집에 가죠

비슷하게 끝이라는 의미가 들어있지만 That's enough와 같은 의미로 쓰이면 이제 어쩔 도리가 없다는 말도 됩니다. 참을 만큼 참았다고 화를 낼 때 자주 쓰이죠.

• That's it! I can't stand it any longer. 그만해. 난 더 이상은 못 참아.

또한, 상대가 질문을 했을 때 긍정적인 대답으로도 쓰입니다.

• You're from Paris, right? 파리에서 오셨죠?
• Yes, that's it. 네, 맞아요.

Zoom In

That's it.

이게 끝이야.

INT. GLOBE, ROBBY'S OFFICE - CONTINUOUS

Robby is on the phone. It rings and a secretary picks up.

SECRETARY : (O.S.) Jim Sullivan's office.

ROBBY : Yeah, Walter Robinson for Jim Sullivan. Tell him it's important, please.

SECRETARY : (O.S.) One moment please.

A beat, then we hear Jim's voice.

JIM : (O.S.) Hey, Robby. Everything okay?

ROBBY : I need you to tell me something, Jim. Could it be ninety priests?

JIM : (O.S.) What?

ROBBY : Could it be as high as ninety?

JIM : (O.S.) Jesus, Robby.

ROBBY : I need to know, Jim. I wouldn't be asking if it wasn't important.

Silence.

JIM : (O.S.) You gotta stop this, Robby.

Clicks. Jim hangs up the phone. Robby darkens, and then sees Sacha in the doorway.

SACHA : Robby, MacLeish's assistant said he's all booked up, he can't see us.

내부. 보스턴 글로브, 로비의 사무실 - 계속

로비가 전화기를 들고 있다. 신호가 가더니 비서가 전화를 받는다.

비서 : (목소리) 짐 설리번 사무실입니다.

로비 : 네, 저 월터 로빈슨인데요. 짐에게 중요한 일이라고 전해줘요.

비서 : (목소리) 잠시만요.

잠시 후 짐의 목소리가 들린다.

짐 : (목소리) 로비. 무슨 일 있어?

로비 : 짐, 자네 대답을 들어야겠어. 신부가 90명일 수도 있어?

짐 : (목소리) 뭐라고?

로비 : 90명이나 될 수도 있냐고.

짐 : (목소리) 맙소사, 로비.

로비 : 난 알아야겠어. 중요하지 않으면 자네한테 묻지도 않아.

침묵이 흐른다.

짐 : (목소리) 이쯤에서 그만해.

딸각 소리가 난다. 짐이 전화를 끊었다. 로비의 표정이 굳는다. 그리고 문가에 와서 말하는 사샤를 바라본다.

사샤 : 맥클레쉬의 비서 말로는 오늘 약속이 꽉 차서 우리는 못 만난대요.

- **click**
  딸깍하는 소리가 나다, 클릭하다, 좋아하게 되다
- **darken**
  어두워지다, 침울해지다
  blacken
- **be booked up**
  매진되다, 선약이 있다
  • book up 예약하다

I need you to tell me something, Jim.

I need you to~는 '~을 해달라'는 표현 중에서도 Could you tell me something? 이나 It would be nice if you tell me something.과 비교하면 약간 강압적인 느낌이 들어가 있습니다. 그래서 친한 사이에서 부탁하거나, 혹은 상사가 부하 직원에게 업무 지시를 내릴 때 주로 사용됩니다. 하지만 You have to tell me something. 보다는 예의를 갖춘 표현이라고 할 수 있습니다.

Zoom In

I need you to tell me something, Jim.

짐, 자네 대답을 들어야겠어.

ROBBY : Yeah. Well, the hell he can't.

Robby grabs his jacket and storms out of the office.

INT. ONE INTERNATIONAL PLACE, LOBBY - EARLY EVENING

Eric Macleish and a colleague get off an elevator, head out.

MACLEISH : All right. That'll be fun.

MacLeish notices Robby and Sacha sitting in the lobby, waiting for him. As they stand, MacLeish turns to his colleague.

MACLEISH : You know what, I'll catch up with you okay?

MAN : We're good.

The colleague heads off.

MACLEISH : Hey, guys, I'm really sorry, I am, but I don't have time now...But if you call my assistant...

SACHA : (interrupting) Mr. MacLeish, we have reason to believe that there are allegations against as many as 87 priests in Boston.

MACLEISH : I can't talk to you about that.

SACHA : Does that number sound right to you?

MACLEISH : You gotta be kidding me. I just told you I don't have time for this crap right now.

ROBBY : (aggressively) Eric. How many priests did you settle?

로비 : 그래, 그러시겠지.

로비가 재킷을 낚아채더니 사무실을 박차고 나간다.

내부. 원 인터내셔널 플레이스, 로비 – 이른 저녁

에릭 맥클레쉬가 동료 한 명과 엘리베이터에서 내려 복도로 나온다.

맥클레쉬 : 그래. 그거 재미있겠네.

맥클레쉬가 건물 로비에 앉아 자신을 기다리는 로비와 사샤를 발견한다. 두 사람이 일어나는 걸 본 맥클레쉬가 동료를 보며 말한다.

맥클레쉬 : 먼저 가 있으면 따라갈게.

동료 : 알았어.

동료가 밖으로 나간다.

맥클레쉬 : 정말 죄송한데 제가 지금은 시간이 없네요. 제 비서한테 전화하시면….

사샤 : (말을 가로막으며) 변호사님, 성추행 혐의를 받는 성직자가 보스턴에 87명이나 있다는 정황을 발견했어요.

맥클레쉬 : 전 그런 얘기 못 해요.

사샤 : 그 정도면 아시는 것과 비슷한가요?

맥클레쉬 : 왜 이러세요. 그런 헛소리나 듣고 있을 시간이 없다고요.

로비 : (공격적으로) 에릭, 몇 명이랑 합의해줬어요?

- **storm out of**
  뛰쳐나가다, 박차고 나가다
- **crap**
  헛소리, 거짓말, 쓰레기, 대변
- **aggressively**
  공격적으로, 적극적으로
  offensively, assertively, hostilely

We're good.

We're good은 okay와 같은 긍정적인 표현입니다. 무슨 말인지 이해했고 그렇게 하겠다는 뜻이죠. 또한, 상대의 제안에 대해 사양하는 No, thank you의 의미도 있습니다.

- Is everyone ready to go? 다들 떠날 준비 됐니?
- Yes, we're good. 네
- Do you guys want some more coffee? 너희 커피 더 마실래?
- No, we're good. 아니, 우린 괜찮아.

Zoom In

We're good.

알았어.

MACLEISH : Robby you know I can't tell you that.

ROBBY : You're gonna give me the names. And the names of their victims.

MacLeish is absolutely dumbfounded. He has never seen Robby angrier than this.

MACLEISH : Are you threatening me?

ROBBY : We've got two stories here; we've got a story about degenerate clergy and we've got a story about bunch of lawyers turning child abuse into a cottage industry. Now, which story do you want us to write? 'cause we're writing one of 'em.

MacLeish recedes. Robby's got him.

MACLEISH : I already sent you a list of names.

ROBBY : What are you talking about? To whom?

MACLEISH : The Globe. Years ago. After the Porter case. I got plenty of calls. I had twenty priests in Boston alone, but I couldn't go after them without the press, so I sent you guys a list of names and you buried it.

Macleish turns and walks off.

ROBBY : I want those names tomorrow.

MACLEISH : (turning back) Check your goddamn clips, Robby.

맥클레쉬 : 말 못 하는 거 알잖아요.

로비 : 그 사람들 이름을 말해요. 피해자들 이름도요.

맥클레쉬가 놀라서 말을 잇지 못한다. 로비가 이렇게 화가 난 모습을 처음 보는 것이다.

맥클레쉬 : 협박하시는 건가요?

로비 : 지금 기삿거리가 두 개 있어요. 하나는 타락한 성직자들 얘기고, 또 하나는 아동 성추행을 돈벌이 수단으로 써먹은 변호사들 얘기예요. 어떤 걸 기사로 쓰면 좋겠어요? 둘 중 하나는 꼭 쓸 거예요.

맥클레쉬가 한발 물러선다. 로비의 말이 효과가 있었다.

맥클레쉬 : 난 이미 당신들한테 명단을 보냈어요.

로비 : 그게 무슨 소리예요? 누구한테요?

맥클레쉬 : 보스턴 글로브요. 몇 년 전이었죠. 포터 사건 후에 전화가 빗발쳤어요. 보스턴에만 20명의 신부를 알아냈는데 언론의 도움 없이는 폭로할 수가 없었죠. 그래서 신문사로 명단을 보냈는데 당신들이 덮어버린 거예요.

맥클레쉬가 몸을 돌려 밖으로 걸음을 옮긴다.

로비 : 내일까지 그 명단을 보내줘요.

맥클레쉬 : (뒤를 돌아보며) 당신들 예전 기록이나 뒤져봐요.

- **dumbfounded**
  놀라서 말이 안 나오는, 어안이 벙벙한
  shocked, puzzled, stunned, astonished
- **degenerate**
  타락한, 쇠퇴한, 퇴화한; 악화하다
  corrupt, degraded, impure
- **bunch of**
  떼, 무리, 다수의
- **cottage industry**
  가내 수공업, 작은 규모의 비공식적인 사업
- **recede**
  물러나다, 철회하다, 멀어져 가다, 감소하다
- **plenty of**
  많은, 충분한

Are you threatening me?

threaten은 '협박하다, 위태롭게 하다'는 동사입니다. 로비의 강압적인 명령에 에릭이 나를 겁 주는 거냐고 묻는 거죠. 명사형인 threat을 써서 Is that a threat? 이라고 해도 같은 표현이 됩니다. 드라마나 영화에서는 이럴 때 대답으로 It's not a threat, it's a promise.라는 말이 자주 나오는데요. '겁주는 게 아니라 꼭 그렇게 할 거야.'라는 뜻입니다.

Zoom In

Are you threatening me?

협박하시는 건가요?

Robby and Sacha remain still watching MacLeish leaving.

SACHA : We didn't find anything in the clips.

ROBBY : Yeah. Big surprise.

INT. MIKE'S APARTMENT, EAST BOSTON - NIGHT

Mike boils hot dogs on the stove. He's on the phone with Sipe, cradling the cell phone on his shoulder.

MIKE : Richard, do you still go to Mass?

SIPE : (O.S.) No. No I haven't been to church for some time now. But I still consider myself a Catholic.

MIKE : How does that work?

SIPE : (O.S.) Well, the church is an institution, Mike. Made of men. It's passing. My faith is in the eternal.

Mike tries to make a note, but his pen is out of ink.

SIPE : (O.S.) I try to separate the two.

MIKE : Sounds tricky.

Mike crosses to his backpack by the front door. He reaches in, digs around for a new pen.

SIPE : It is. Especially since the church continues to go after me. It takes a toll, Mike. They'll try to silence anyone who speaks out. I'm sure they'll come after you and your team soon enough.

로비와 사샤는 그 자리에 서서 멀어져 가는 맥클레쉬를 바라본다.

사샤 : 그런 기록은 전혀 안 나왔어요.

로비 : 그래. 당연히 그렇겠지.

내부. 마이크의 아파트, 이스트 보스턴 – 밤

마이크가 가스레인지에서 핫도그 소시지를 삶고 있다. 동시에 전화기를 어깨 위에 낀 채 사이프와 통화 중이다.

마이크 : 사이프 씨, 요즘도 미사를 다니세요?

사이프 : (목소리) 아니요. 성당에 안 간 지 한참 됐어요. 그래도 아직 가톨릭 신자라고 생각하고 있어요.

마이크 : 어떻게 그게 가능하죠?

사이프 : (목소리) 교회는 인간들로 구성된 단체일 뿐이잖아요. 일시적인 거예요. 하지만 제 믿음은 영원하죠.

마이크는 수첩에 뭔가를 적으려 하지만 볼펜의 잉크가 나오지 않는다.

사이프 : (목소리) 전 그 둘을 따로 떼어서 생각해요.

마이크 : 어렵네요.

마이크가 현관 근처에 있는 가방을 가지러 간다. 가방에 손을 넣고 다른 볼펜을 찾는다.

사이프 : (목소리) 그렇죠. 게다가 전 계속해서 교회의 위협을 받고 있으니까요. 대가가 따르는 일이에요. 교회에선 누구든 발설하면 입을 막으려 하죠. 당신네 팀한테도 조만간 압력이 들어갈 거예요.

- **cradle**
  요람, 수화기 걸이, 요람에 넣다, 부드럽게 잡다, 얹다
- **institution**
  기관, 단체, 시설, 사회 제도
- **passing**
  통과하는, 일시적인, 덧없는, 지나가는
  temporary, fleeting, superficial, momentary
- **eternal**
  영원한, 끝없는
  endless, everlasting, immortal, infinite
- **silence**
  고요, 침묵; 침묵시키다, 조용히 하게 하다

It takes a toll.

toll이란 '사용료나 사상자 수, 혹은 대가나 피해'라는 뜻입니다. 무언가를 위해 치러야만 하는 손해를 의미하죠. 따라서 take a toll은 '타격을 주다, 피해를 끼치다'는 표현입니다. 주로 take a toll on someone or something의 형태로 사용됩니다.

- The sunlight can take a heavy toll on our skin. 태양광은 우리 피부에 심각한 손상을 줄 수 있다.

Zoom In

It takes a toll.

대가가 따르는 일이에요.

MIKE : Really, and how do you think they'll do that?

The phone goes quiet for a moment.

MIKE : Hello? Richard?

Mike checks his phone. It's disconnected. Suddenly, there's a knock at the door. Mike jumps.

MIKE : Who is it?

BEN : (O.S.) It's the Archbishop of Canterbury.

Mike opens the door. Ben is there with a pizza box.

BEN : I had dinner at Santarpio's, had some leftovers.

Ben hands Mike the Pizza.

MIKE : Ah, you're the freakin' best. Thanks. You want a beer?

BEN : Yeah.

Ben enters, takes in Mike's apartment.

MIKE : You got it.

BEN : Jesus. How much longer you gonna be in this shithole?

MIKE : Yeah. I'm working on it.

BEN : She's a good girl, Mike.

마이크 : 정말요? 어떤 식으로 나올까요?

수화기 저편이 순간 조용해진다.

마이크 : 여보세요? 사이프 씨?

마이크가 전화기를 확인해 본다. 통화가 끊어졌다. 그때, 갑자기 현관문 두드리는 소리가 난다. 마이크는 놀라서 움찔한다.

마이크 : 누구세요?

벤 : (목소리) 캔터베리 대주교올시다.

마이크가 현관문을 연다. 벤이 피자 상자를 들고 서 있다.

벤 : 산타피오에서 먹다가 남은 걸 싸왔어.

벤이 마이크에게 피자를 건넨다.

마이크 : 오, 역시 부국장님밖에 없어요. 감사해요. 맥주 드실래요?

벤 : 좋아.

벤이 마이크의 아파트 안으로 들어와 사방을 둘러본다.

마이크 : 잠시만요.

벤 : 세상에. 이 쓰레기장에서 얼마나 더 지낼 거야?

마이크 : 저도 노력 중이에요.

벤 : 자네 부인은 좋은 여자야.

- **jump**
  뛰어넘다, 도약하다, 움찔하다, 건너뛰다
- **Archbishop of Canterbury**
  캔터베리 대주교(영국 캔터베리의 대주교, 영국 성공회의 최고위 성직자)
- **leftover**
  남은 음식, 잔여, 유물
  • Thanksgiving leftover recipe 추수감사절 잔반 처리용 요리법

How much longer you gonna be in this shithole?

How much longer (are) you gonna~는 이 행위를 얼마나 더 지속할 거냐는 질문입니다. 비교급 longer를 써서 이미 오래 해온 일인데 얼마나 더 할 생각이냐고 묻는 겁니다. 반면 아직 그 일을 시작하지 않았다면 How long are you gonna ~라고 물을 수 있습니다. 이 표현은 이미 일이 진행된 상태에서도 사용 가능합니다.

• How much longer are you gonna stay in the States? 미국에 얼마나 더 머물 생각이니?
• How long are you gonna stay in the States? 미국에 얼마나 머물 생각이니?

Zoom In

How much longer you gonna be in this shithole?

이 쓰레기장에서 얼마나 더 지낼 거야?

Mike grabs two beers and opens the bottles.

MIKE : Yeah, she is. We'll figure it out. I haven't had a lot of time lately. I just got off the phone with Sipe actually.

Mike hands him a beer. Clinks!

BEN : Have you met this guy in person yet?

MIKE : No, but his knowledge of this is on a whole other level.

Ben frowns, skeptical.

MIKE : (sits at the table) I'm freaking starving.

Mike opens the pizza box, digs in.

BEN : (sits next to him) So, where are we with the ninety?

MIKE : (eating pizza) We're close

BEN : How close?

MIKE : We're close.

BEN : (annoyed) Just answer the question, will you.

MIKE : We got eighty-seven names. We're trying to get confirmation. I think we will.

Ben shakes his head and signs.

MIKE : Something bugging you?

마이크가 맥주 두 병을 꺼내 뚜껑을 딴다.

마이크 : 알아요. 잘 해결해 봐야죠. 요즘에 너무 바빴어요. 방금 사이프와 통화를 끝낸 참이었어요.

마이크가 벤에게 맥주를 건넨다. 둘이 '짠' 하고 부딪친다.

벤 : 그 사람 직접 만나본 적은 있어?

마이크 : 아니요, 하지만 이 분야에 대한 지식이 상상을 초월해요.

벤이 못 미덥다는 듯 얼굴을 찡그린다.

마이크 : (식탁 의자에 앉으며) 배고파 죽겠네요.

마이크가 피자 상자를 열고 먹기 시작한다.

벤 : (옆에 앉으며) 그래서 90명에 가까워졌어?

마이크 : 비슷해요.

벤 : 얼마나?

마이크 : (피자를 먹으며) 거의 비슷해요.

벤 : (짜증스럽게) 그러지 말고 똑바로 대답해.

마이크 : 87명의 이름을 알아냈어요. 사실 여부를 확인하고 있는데 다 맞을 거예요.

벤이 고개를 가로저으며 한숨을 내쉰다.

마이크 : 마음에 걸리는 거라도 있으세요?

- **figure out**
  해결하다, 이해하다, 계산하다
- **lately**
  최근에, 요즘
  recently
- **clink**
  (컵, 동전 등이 부딪치는) 쨍그랑 소리, 감옥; 쨍그랑 소리를 내다
- **on a whole other level**
  완전히 차원이 다르다
- **dig in**
  먹기 시작하다, 참호를 파다, 묻어버리다

Something bugging you?

작은 곤충을 뜻하는 bug에는 속어로 '괴롭히다'라는 의미가 있습니다. Stop bugging me!라고 하면 날 그만 괴롭히라는 말이죠. 따라서 (Is) something bugging you?는 무언가 때문에 마음이 괴로운지, 즉 마음에 걸리는 일이 있는지 묻는 겁니다. (Is) something bothering you?라고 바꿔 쓸 수도 있습니다.

Zoom In

Something bugging you?

마음에 걸리는 거라도 있으세요?

BEN : It's just surprising, that's all.

MIKE : Yeah. Yeah, it is. For everybody.

INT. MIKE'S BUILDING - FOYER - A LITTLE LATER

Ben walks out of Mike's apartment, heads up the stairs when Mike opens his door, calls after him.

MIKE : Wait, Ben. I forgot to ask you. Phil Saviano said he sent a bunch of info over to the Globe years ago. Do you have any idea to who?

BEN : (irked) No, why?

MIKE : Well, I'm just curious. I wanted to see if there're any leads you guys didn't run out.

BEN : (pissed off) Saviano was a fucking train wreck five years ago, Mike. We didn't miss anything. This story needed Spotlight.

Mike's taken aback.

MIKE : Yeah, I agree. I'm just following up.

Ben turns to leave. Mike watches him go.

BEN : Good night.

MIKE : Yeah, good night.

벤 : 그냥 워낙 충격적인 얘기니까.

마이크 : 네, 그렇죠. 누구나 그럴 거예요.

내부. 마이크의 아파트 현관 – 잠시 후

벤이 아파트를 나가려는데 마이크가 집 문을 열고 불러 세운다. 벤은 고개를 들어 마이크를 바라본다.

마이크 : 부국장님. 깜박하고 못 여쭤본 게 있는데요. 필 사비아노가 몇 년 전에 증거 자료를 우리 신문사로 보냈었대요. 그걸 누가 받았는지 아세요?

벤 : (짜증이 나서) 아니, 왜?

마이크 : 그냥 궁금해서요. 그 당시에 놓친 단서가 있는지도 알아보고 싶고요.

벤 : (화를 내며) 5년 전의 사비아노는 제정신이 아니었어. 우리가 놓친 건 없어. 그저 스포트라이트 팀을 만나야만 하는 이야기였던 거지.

마이크는 당황한다.

마이크 : 네, 제 생각도 그래요. 그냥 확인해보고 싶었어요.

벤이 몸을 돌려 나간다. 마이크가 그 모습을 바라본다.

벤 : 그럼 쉬어.

마이크 : 네, 가세요.

- **call after someone**
  ~를 뒤에서 부르다, ~를 부르며 뒤쫓다
- **lead**
  선두, 단서, 모범, 머리글; 안내하다, 지휘하다, 선두를 달리다
- **train wreck**
  열차 사고, 사고의 잔해, 엉망진창, 재앙

Mike's taken aback.

aback은 원래 항해 용어로 '돛이 역풍을 받는 걸' 뜻합니다. 그럼 배의 속도가 현저히 느려지거나, 심하면 뒤로 물러날 수도 있죠. 그래서 비유적인 표현으로 사람이 예상치 못했던 일에 놀라고 당황할 때 도 be taken aback이라는 말을 씁니다. 남을 놀라게 할 때는 take someone aback이라고 하죠.

- I was completely taken aback, when he told me the truth. 그가 사실을 말했을 때, 나는 정말 충격을 받았다.

Zoom In

Mike's taken aback.

마이크는 당황했다.

INT. GLOBE, MARTY'S OFFICE - DAY

The Spotlight team have a meeting with Marty.

MATT : (o.s.) This is unbelievable.

MARTY : When did you get this?

ROBBY : MacLeish emailed the list this morning. He settled cases against forty-five priests.

Marty pages through the printout.

MARTY : Where are we on Law? Anything that shows he had knowledge of this?

BEN : We're still working Garabedian. But nothing concrete.

Marty stands up from his desk and joins the team at the round table.

MARTY : (to Robby) I keep thinking about that conversation we had the other night about how Law called down the power of God when we reported on Porter.

BEN : That's just Law being Law.

MARTY : Okay, but I checked the clips, and Porter isn't even in the Boston Archdiocese. He's from Fall River. So… Why the extreme reaction?

ROBBY : Law had to know. That's why he had the reaction. Because he knew there were others.

내부. 보스턴 글로브, 국장실 – 낮

스포트라이트 팀이 마티와 회의를 하고 있다.

매트 : (목소리) 엄청난데요.

마티 : 이건 언제 입수했죠?

로비 : 맥클레쉬가 오늘 아침에 이메일로 보내줬어요. 자기가 합의해준 신부만 45명이래요.

마티가 출력된 목록을 넘겨본다.

마티 : 추기경 쪽은 어때요? 이걸 인지하고 있었다는 증거가 나왔나요?

벤 : 개러비디언에게 알아보고 있지만, 아직 구체적인 정황은 없어요.

마티가 자신의 책상에서 일어나 스포트라이트 팀이 앉아있는 라운드 테이블에 와 앉는다.

마티 : (로비에게) 난 자꾸 어제 당신이 한 말이 생각나요. 포터 신부 취재 때 추기경의 하느님의 권능을 내려달라고 했다는 말이요.

벤 : 그야 추기경다운 행동이죠.

마티 : 하지만 내가 기사를 찾아봤더니 포터 신부는 보스턴 교구도 아니었어요. 폴리버 소속이었죠. 그런데 왜 과민 반응을 했을까요?

로비 : 추기경은 알았던 거죠. 그래서 강하게 나온 거예요. 다른 신부들이 더 있는 걸 알았으니까요.

- **page through**
  페이지를 넘겨보다
  leaf through, flip through
- **concrete**
  구체적인, 실체가 있는, 굳어진, 콘크리트로 만든
  specific, solid, tangible, factual

That's just Law being Law.

여기서 Law는 보스턴 대교구 추기경의 성입니다. 그러니까 Law being Law는 추기경이 추기경처럼 굴었다는, 즉 '자기 자신답게 행동했다'는 뜻입니다. be oneself는 이렇게 본래의 자신답다는 말입니다.

• He's just being himself. 그 남자는 원래 그래.

Zoom In

That's just Law being Law.

그야 추기경다운 행동이죠.

MARTY : (shrugs) I think that's the bigger story.

MIKE : (surprised) Bigger than fifty priests?

MARTY : If it came from the top down, yes.

SACHA : But the numbers clearly indicate that there were senior clergy involved.

MARTY : That's all they do. Indicate.

MIKE : Are you telling me that if we run a story with fifty pedophile priests in Boston--

ROBBY : (stepping in) Mike!

MARTY : We'll get into the same cat fight you got into on Porter, which made a lot of noise but changed things not one bit. (sighs) We need to focus on the institution, not the individual priests. Practice and policy. Show me the Church manipulated the system so these guys wouldn't have to face charges. Show me they put those same priests back into parishes, time and time again. Show me this was systemic, that it came from the top down.

Beat. Pretty fucking clear.

BEN : (displeased) Sounds like we're going after Law?

MARTY : We're going after the system.

마티 : (어깨를 으쓱하며) 난 그게 더 중요한 이야기 같아요.

마이크 : (놀라며) 50명의 신부보다요?

마티 : 상부에서 은폐를 지시했다면 이게 더 중요하죠.

사샤 : 하지만 이 정도 숫자면 고위 성직자도 분명 관련돼있을 거예요.

마티 : 바로 그거예요. 윗선에서 지시하는 거죠.

마이크 : 그러니까 보스턴에 소아성애자인 신부가 50명 있다고 보도하면….

로비 : (끼어들면서) 마이크!

마티 : 포터 신부 때처럼 승강이만 벌이게 되겠죠. 소란스럽기만 했지 바뀐 건 하나도 없잖아요. (한숨을 쉬고) 그러니 신부들 개개인이 아닌 조직에 집중해야 해요. 그들의 관습과 정책이요. 교회에서 소송을 피하려고 시스템을 악용했다는 걸 밝혀내요. 문제의 신부들을 이 교구 저 교구로 옮기며 직위를 유지하게 한 것도요. 이 모든 명령을 고위층에서 내렸고, 교회가 조직적으로 움직였다는 걸 밝혀내요.

잠시 침묵이 흐른다. 마티의 의도는 너무나 명확하다.

벤 : (내키지 않아서) 추기경을 저격하자는 거군요.

마티 : 잘못된 시스템을 들춰내자는 거예요.

- **top down**
  상명하달식의, 하향식의
  controlled by the people with the highest statue in an organization
- **indicate**
  가리키다, 지시하다, 암시하다, 나타내다 (위의 사샤 대사에서는 '암시하다'를, 그 밑에 마티의 대사에서는 '지시하다'를 의미.)
- **senior**
  선임, 수석, 선배, 연상
- **manipulate**
  조종하다, 조작하다
  control, influence, maneuver, steer, direct
- **systemic**
  체계의, 조직의

We'll get into the same cat fight you got into on Porter.

get into에는 나쁜 상황에 얽혀 들어간다는 뜻이 있습니다. get into a fight / argument (with someone)이라는 형태로 자주 쓰이죠. 또한, cat fight은 '말다툼, 격렬한 논쟁'이라는 말인데 주로 여자들끼리의 다툼을 표현할 때 사용합니다. 몸이 아닌 말로 하는 싸움을 의미합니다.

- I don't want to get into an argument with you. 니랑 말다툼을 시작하고 싶지 않아.

Zoom In

We'll get into the same cat fight you got into on Porter.

포터 신부 때처럼 승강이만 벌이게 되겠죠.

INT. GLOBE, SPOTLIGHT - LATER

The team enters together, heads for their desks. Robby talks to Sacha.

ROBBY : Make a list of all the victims we have. Start reaching out. And bring Matt in if you need help.

SACHA : Uh-huh. Okay.

Robby turns to Mike.

ROBBY : (to Mike) Hey, when you go to Springfield?

MIKE : Our hearing is Monday.

ROBBY : Okay

Robby heads into his office and Matt follows.

MATT : Hey Robby, you got a second?

ROBBY : Yeah.

INT. GLOBE, ROBBY'S OFFICE - CONTINUOUS

Robby is checking his e-mails.

MATT : I got one of those treatment centers a block from my house.

Robby turns and looks up at him. Matt hesitates, but continues.

MATT : We got neighbors with kids. I know that the work we do is confidential but I'm feeling like.... should tell 'em.

내부. 보스턴 글로브, 스포트라이트 팀 사무실 – 얼마 후

스포트라이트 팀이 사무실로 들어온다. 로비가 사샤에게 지시한다.

로비 : 피해자 명단을 종합해서 한 명씩 만나 봐. 지원이 필요하면 매트를 데려가고.

사샤 : 네, 그럴게요.

로비가 마이크를 돌아본다.

로비 : (마이크에게) 스프링필드는 언제 가?

마이크 : 심리는 월요일이에요.

로비 : 알았어.

로비가 자신의 사무실로 들어가자 매트가 따라간다.

매트 : 팀장님, 잠깐 시간 되세요?

로비 : 그래.

내부. 보스턴 글로브, 로비의 사무실 – 계속

로비가 이메일을 확인하고 있다.

매트 : 우리 집에서 겨우 한 블록 거리에 치료 센터가 있더라고요.

로비가 고개를 돌려 매트를 올려다본다. 매트가 망설이다가 말을 잇는다.

매트 : 주위에 애들 있는 집이 많아요. 취재 내용이 기밀인 건 알지만 아무래도… 말해 줘야 할 것 같아서요.

- make a list
  목록을 작성하다
- reach out
  손을 뻗다, 접근하다, 연락을 취하다

Hey Robby, you got a second?

(Have) you got a second? 또는 Do you have a second?는 모두 상대에게 지금 잠시 시간을 내달라고 요청하는 말입니다. 주로 긴히 할 얘기가 있을 때 이런 식으로 접근하죠. second는 시간 단위인 초를 뜻하지만 여기서 a second는 1초가 아닌 '잠깐'이라는 의미로 쓰였습니다.

Zoom In

Hey Robby, you got a second?

팀장님, 잠깐 시간 되세요?

Robby considers it for a moment.

ROBBY : We'll tell 'em soon.

MATT : You sure?

ROBBY : Yea.

MATT : Okay.

Matt nods and exits.

EXT. RUNDOWN HOUSE, DORCHESTER - DAY

Sacha and Matt are out in Dorchester to meet with victims. Sacha is on the phone.

SACHA : (on the phone) Hi there. I'm Sacha Pfeiffer. I'm with the Boston Globe. I'm just looking for a gentleman by the name of Matthew Walsh. No. He's not.

EXT. LIQUOR STORE - DAY

Sacha is asking for directions.

MAN : Right there on that corner.

SACHA : Yeah, okay. Okay.

EXT. MONTAGE OF VICTIM'S HOUSE - DAY

Sacha and Matt knock on various front doors without response.

EXT. VICTIM'S HOUSE - DAY

Someone answers the door for Sacha.

로비가 잠시 고민을 한다.

로비 : 조만간 기사로 알리게 될 거야.

매트 : 정말이죠?

로비 : 그래.

매트 : 알았어요.

매트가 고개를 끄덕이고 나간다.

외부. 도체스터의 허름한 집 – 낮

사샤와 매트가 피해자들을 방문하러 도체스터에 나와 있다. 사샤는 통화 중이다.

사샤 : (전화에다) 안녕하세요. 보스턴 글로브의 사샤 파이퍼 기자입니다. 매튜 월쉬라는 남성분을 찾는데요. 아니에요?

외부. 주류 판매점 – 낮

사샤가 길을 물어보고 있다.

남자 : 저기 저 모퉁이에 있어요.

사샤 : 네, 알겠습니다.

외부. 피해자의 집 몽타주 – 낮

사샤와 매트가 여러 집의 현관문을 두드리지만, 대답이 없다.

외부. 피해자의 집 – 낮

누군가 사샤에게 문을 열어준다.

- **ask for directions**
  길을 묻다
  • directions 길 안내
- **montage**
  몽타주 (여러 장면을 이어 붙이는 영화 편집 기법)
- **without response**
  대답이 없는, 반응이 없는

I'm just looking for a gentleman by the name of Matthew Walsh.

by the name of는 '~라는 이름의' 혹은 '~라고 불리는'의 뜻입니다. who is called나 who is known as로 대체될 수 있죠. 또한, go by the name of~의 형태로 쓰일 때도 있습니다.

• He used to go by the name of Sundance Kid. 그는 한때 선댄스 키드라고 불렸다.

Zoom In

I'm just looking for a gentleman by the name of Matthew Walsh.

매튜 월쉬라는 남성분을 찾고 있는데요.

SACHA : Hi.

MAN : Hi.

SACHA : I'm Sacha Pfeiffer from the Boston Globe.

MAN : Yeah? What do you want?

SACHA : I'd like to speak with Thomas Kennedy.

MAN : He doesn't live here anymore.

SACHA : Do you know where he lives? Sir, I'd just like to ask a few--

The door is shut in Sacha's face.

EXT. ANOTHER VICTIM'S HOUSE - DAY

Sacha meets with another family member of a victim.

SACHA : Sacha Pfieffer, Boston Globe.

WOMAN : Oh, yeah, hi.

SACHA : Hi. Thank you.

Sacha is finally let inside.

EXT. YET ANOTHER VICTIM'S HOUSE - DAY

Sacha meets with a victim.

SACHA : Anything else you can recall?

MAN : No.

WOMAN (PRELAP) : No.

사샤　　: 안녕하세요.

남자　　: 안녕하세요.

사샤　　: 보스턴 글로브의 사샤 파이퍼 기자입니다.

남자　　: 무슨 일이신데요?

사샤　　: 토마스 케네디 씨를 만나 뵈러 왔습니다.

남자　　: 이제 여기 안 살아요.

사샤　　: 어디로 이사 갔는지 아세요? 대신 선생님께 몇 가지만 여쭤볼….

사샤의 눈앞에서 문이 쾅 닫힌다.

외부. 다른 피해자의 집 – 낮

사샤가 또 다른 피해자의 가족을 만나고 있다.

사샤　　: 보스턴 글로브의 사샤 파이퍼 기자입니다.

여자　　: 아, 네. 안녕하세요.

사샤　　: 안녕하세요. 감사합니다.

드디어 사샤가 집안으로 초대받는다.

외부. 또 다른 피해자의 집 – 낮

사샤가 피해자와 인터뷰하고 있다.

사샤　　: 더 기억나시는 건 없고요?

남자　　: 아니요.

여자　　: (목소리) 아니요.

- **let inside**
  들어오게 하다
  let in
- **recall**
  기억나다, 회상하다, 소환하다, 회수하다

What do you want?
상대가 말을 걸거나 잠시 보자고 할 때 그 이유를 묻는 질문입니다. 하지만 다소 무례한 뉘앙스를 풍기는 표현이죠. 이런 경우에 예의를 갖춰서 묻는다면 Can I help you?라고 하면 됩니다.
- I don't have time now. What do you want? 저 지금 바빠요. 왜 그러시는데요?

Zoom In

What do you want?

무슨 일이신데요?

EXT. PORCH - DAY

Sacha sits with a witness/victim.

WOMAN : but I got a cousin in Quincy. She saw him in the street a few years later.

EXT. STREET - DAY

Sacha and Matt meet back up after looking for victims.

INT. RUNDOWN HOUSE, DORCHESTER - DAY

Sacha sits with a middle aged man.

MIDDLE AGED MAN : The Bishop came over to the house. He said nothing like this had ever happened before and he asked us not to press charges.

SACHA : And what did your mother do?

MIDDLE AGED MAN: My mother? (sniffs) She put out freakin' cookies.

EXT. VICTIM'S HOUSE

Matt speaks with another victim.

WOMAN (PRELAP) : There was a lot of pressure to keep quiet.

INT. VICTIM'S HOUSE

Matt speaks with another victim.

MATT : From the Church?

외부. 현관 – 낮

사샤가 피해자이자 목격자인 여자와 함께 앉아있다.

여자 : 그런데 퀸시에 사는 제 사촌이 몇 년 후에 길거리에서 봤대요.

외부. 거리 – 낮

사샤와 매트가 인터뷰 후에 만나서 서로 진행 상황을 주고받는다.

내부. 도체스터의 허름한 집 – 낮

사샤가 한 중년 남자와 앉아있다.

중년 남자 : 주교님이 집에 찾아오셔서 이런 건 처음 있는 일이라며 고소를 하지 말아 달라고 하셨죠.

사샤 : 어머니는 뭐라고 하셨어요?

중년 : 저희 엄마요? (콧방귀를 뀌며) 쿠키를 드시라고 내왔어요.

외부. 피해자의 집

매트가 다른 피해자와 이야기를 나누고 있다.

여자 : (목소리) 입을 다물라는 압력이 상당했어요.

내부. 피해자의 집

매트가 피해자와 대화를 이어간다.

매트 : 교회에서요?

- **middle aged**
  중년의
- **come over**
  ~에 오다, 방문하다
  visit
- **press a charge**
  고소하다, 고발하다
  Bring, file; make a charge
- **put out**
  불을 끄다, 노력하다, 내밀다, 해고하다, 출판하다

There was a lot of pressure to keep quiet.

여기서 pressure는 누군가가 특정 행동을 하도록 설득, 강요, 협박하는 일을 뜻합니다. to keep quiet, 즉 피해 사실을 발설하지 말라는 압력이었죠. 한편, 일상생활에서 pressure는 다음 예문과 같이 스트레스라는 의미로도 많이 쓰입니다.

- I'm feeling a lot of pressure lately. 난 요즘 너무 큰 스트레스를 받고 있어.

Zoom In

There was a lot of pressure to keep quiet.

입을 다물라는 압력이 상당했어요.

WOMAN : Yeah, from the Church, but not just the Church. From my friends. From the other parishioners.

INT. GLOBE, SPOTLIGHT OFFICE - EARLY EVENING

Close on a spreadsheet, going up on the wall. Names of priests, dates, reports...

SIPE : (O.S.) Well, many of the priests I treated were psychosexually stunted. On the emotional level of a twelve or thirteen year old.

Sacha puts up the list of priests on the corkboard as Matt pins 3x5 cards with victim's stories on it. In the foreground, Mike talks on the phone to Sipe.

MIKE : Jeeze...

INT. COFFEE SHOP, HINGHAM - DAY

Sacha meets with a cop source.

COP : Sure the chief knew. Everybody knew, but nobody wants to cuff a priest.

SACHA : Hmm... and what about the prosecutor?

COP : I shouldn't talk about this shit.

SACHA : I think you should, actually.

Sacha waits, stares him down.

여자 : 교회도 물론 그랬지만 그게 다는 아니었어요. 제 친구들과 다른 교구민들도 제게 압력을 넣었죠.

내부. 보스턴 글로브, 스포트라이트 팀 사무실 - 이른 아침

사무실 벽에 스프레드시트가 부착되고 있다. 신부들의 이름과 사건 일시, 내용이 적혀있다.

사이프 : (목소리) 제가 치료했던 신부들 상당수는 심리성적 발달이 지체돼있었어요. 12살에서 13살 수준에 머물러 있었죠.

사샤가 코르크 보드에 신부 목록을 붙이면, 매트는 그 위에 피해자 진술이 적힌 메모지를 핀으로 꽂는다. 마이크는 그 앞에서 사이프와 통화 중이다.

마이크 : 맙소사….

내부. 힝햄의 커피숍 - 낮

사샤가 취재원인 경찰을 만나고 있다.

경찰 : 서장님도 당연히 알았죠. 다들 알았지만 누가 신부한테 수갑을 채우고 싶어 하겠어요.

사샤 : 음… 그럼 검사는요?

경찰 : 이런 얘기는 하면 안 되는데.

사샤 : 말씀해주셔야 해요.

사샤가 답을 기다리며 경찰을 가만히 바라본다.

- **parishioner**
  교구민
- **psychosexually**
  심리성적으로
  - psychosexual disorder 심리성적 장애
  - psychosexual development 심리성적 발달
- **stunt**
  성장(발육)을 저해하다, 방해하다, 아슬아슬한 묘기
  prevent the growth or development of
- **foreground**
  전경, 가장 앞 쪽, 눈에 잘 띄는 위치
- **prosecutor**
  검사, 검찰

Everybody knew, but nobody wants to cuff a priest.

Everybody ~, but nobody는 '다들 ~했지만 정작 누구도 ~하지는 않았다'는 표현입니다. 수갑은 원래 handcuff인데 속어로 cuff라고만 쓰기도 합니다. 둘 다 수갑을 채운다는 동사도 됩니다.

Zoom In

**Everybody knew,
but nobody wants to cuff a priest.**

다들 알았지만, 누가 신부한테 수갑을 채우고 싶어 하겠어요.

EXT. JAMAICA PLAIN - DAY

Sacha speaks with two builder.

SACHA : Do you know a Father Hurley or Father Gale?

MAN : (nods) I do.

EXT. TWO DECKER, DORCHESTER - DAY

A man yells at Matt from his porch.

MAN : I swear to God, I'll beat the shit out of you.

MATT : Sorry to bother you.

MAN : You leave me alone. You leave my brother alone! You hear me, godammit?!

외부. 자메이카 플레인 – 낮

사샤가 두 명의 건설 인부에게 말을 건다.

사샤 : 헐리 신부님이나 게일 신부님을 아세요?

남자 : (고개를 끄덕이며) 알아요.

외부. 도체스터의 이층집 – 낮

한 남자가 문가에 서서 매트에게 호통을 치고 있다.

남자 : 또 그딴 소리 하면 두들겨 패주겠어.

매트 : 실례가 많았습니다.

남자 : 나랑 내 동생은 건드리지 마! 알았어, 이 자식아?!

- **builder**
  건축업자, 건축 회사, 건설 인부
- **two decker**
  이층 버스, 이층집, 이중 갑판의 배
- **yell at**
  ~에게 고함치다, 호통치다
- **You leave me alone.**
  날 건드리지 마.
  (leave someone alone은 누군가를 혼자 있게 놔둔다, 즉 귀찮게 건드리지 않는다는 말이 됩니다. 따라서 (You) leave me alone!은 '날 건드리지 마, 간섭하지 마, 그냥 내버려둬'라는 강한 의지의 표현입니다. 비슷한 말로는 Stop bothering me!가 있습니다.)

MOVIE TALK 2

영화 속 직업 _기자 그리고 성직자

'스포트라이트'는 이 영화의 제목이자 보스턴 글로브의 탐사보도 섹션 이름입니다. 연극 무대에서 특정 인물을 밝게 비추는 조명을 뜻하는 말이기도 합니다. 이번에는 영화 속에 등장하는 두 가지 주요 직업인 신문 기자와 성직자에 대해 집중 조명해보도록 하겠습니다.

기자

우선 스포트라이트 팀의 기자들을 살펴볼까요. 영화 속 보스턴 글로브의 편집국에는 크게 두 종류의 사람들이 있습니다. 바로 데스크진과 평기자들이죠. 아침 편집회의에 들어가는 이들이 바로 데스크입니다. 영화에서는 편집국장인 마티, 부국장 벤과 함께 편집회의를 하는 각 부서의 부장들이죠. 그리고 열심히 발로 뛰어서 이들에게 취재 내용을 넘기는 이들이 평기자들입니다. 스포트라이트 팀의 마이크와 사샤, 매트 같은 이들이죠.

그런데 스포트라이트 팀은 기자 중에서도 탐사보도 전문 기자입니다. 그렇다면 탐사보도란 정확히 무엇을 의미하는지 알아야겠죠. 탐사기자

및 편집인 협회 (Investigative Reporters and Editors)에서는 탐사 보도를 '개인이나 조직이 숨기고자 하는 중요한 사안을 독자적으로 파헤치는 보도 행위'라고 정의합니다. 여기에는 세 가지 원칙이 있는데, '첫째, 기자가 직접 탐사할 것. 둘째, 주제가 독자들이 일반적으로 인정할 정도의 중요성을 가질 것. 셋째, 개인이나 기관의 은폐 시도가 있는 내용일 것'입니다. 단, 마지막 조항에는 유동성이 있어서 은폐 시도가 없었더라도 대중이 꼭 알아야 하는 중요한 내용이라면 탐사보도로 인정합니다.

스포트라이트 팀이 파헤치는 가톨릭 신부들의 성추행과 교회의 조직적 은폐는 위의 조항들에 딱 들어맞는 주제라고 할 수 있죠

이러한 탐사보도는 데일리 기사와 달리 충분한 시간을 들여 조사해야만 합니다. 그런데 현대에는 이러한 탐사보도가 위협을 받고 있는데요. 우선 활자가 아닌 영상의 시대로 넘어가면서 신문 산업 자체가 위기를 맞고 있으며, 속도 경쟁이 중요한 디지털 시대에는 무거운 내용보다 짧고 가볍게 소비하는 '스낵 콘텐츠'가 더욱 유리하기 때문입니다. 이 때문에 탐사보도는 점점 설 곳을 잃어가는 것처럼 보이기도 합니다.

하지만 한편으로는 발전한 기술로 인해 더 많은 독자를 찾아갈 수 있으며, 자료 조사나 전송 등에 드는 시간을 줄일 수 있는 순기능도 있습니다. 보스턴 글로브도 영화의 배경이 된 2001년에 처음으로 온라인판이 생겼고, 영화 속에서 매트는 기사에 URL을 넣어 법원 공개 문서인 피해자들의 편지 전문을 올려놓자고 제안하죠. 종이 신문이 갖고 있는 지면

의 한계를 기술을 통해 극복한 좋은 예라고 할 수 있습니다.

영화에서와 같은 특종을 터뜨리고 퓰리처상을 받았다고 해서 보스턴 글로브나 스포트라이트 팀 기자들이 경제적으로 큰 이득을 보지는 못했습니다. 하지만 자신들의 노력이 세상을 변하게 하는 것을 보며 기자로서의 보람과 힘을 얻는 거죠. 세월이 변해도 탐사보도는 여전히 기자들이 내놓을 수 있는 가장 강력한 무기입니다. 이를 위해 이들은 오늘도 발이 닳도록 뛰어다니며 수첩과 펜을 들고 취재원들을 만나고 있을 겁니다.

성직자

다음으로는 가톨릭 성직자들에 대해 간략히 알아보겠습니다. 성직자는 크게 부제, 사제, 주교로 나뉘는데, 이중 사제를 신부라고 부릅니다. 이들은 성당에서 미사 집행을 비롯한 성무를 집행하고, 경전에 기록된 하느님의 말씀을 가르치며, 영적인 아버지로서 신자들을 도와주는 일을 맡습니다. 신부가 되기 전에 먼저 부제로 서품되어 사제가 되기까지 준비하며, 주교는 이러한 신부 중에서 교황이 임명합니다. 추기경은 교황을 보좌하는 최고위 성직자로서 역시 교황이 임명합니다. 그리고 이들에게는 교황이 죽으면 새로운 교황을 선출하는 권한이 있습니다.

가톨릭 신부들은 평생 세 가지 원칙을 지키며 살겠다고 서약하며 하느

님께 자신을 봉헌한 사람들입니다. 그 세 가지가 바로 **청빈**과 **순명**과 **정결**입니다. 청빈은 말 그대로 가난한 삶으로, 사제는 교회법에 따라 사유재산을 소유할 수 없으며, 성당에서 최소한의 월급만을 받아 생활하게 되어 있습니다. 또한, 순명은 자신의 자유의지를 끊어버리고 오로지 말씀에 순종하는 자세를 말합니다. 여기에는 자신이 속한 교구의 주교에 대한 순종도 포함되어 있습니다. 마지막으로 정결은 일생을 독신으로 살겠다는 맹세입니다. 영화에서도 순결 서약을 어기는 사제들에 대해 언급이 되는데요. 그만큼 인간으로서 지키기 어려운 서약인 만큼 신부들에게는 수도를 통해 정진하는 삶이 요구되는 겁니다.

한편 가톨릭의 교구는 가톨릭 교회의 기본적인 행정 단위로, 교회법에 따르면 '교회의 일정한 지역에 교회의 수위권자인 교황에 의하여 임명된 주교를 중심으로 한 공동체를 이루고 있는 하느님 백성의 교회'를 뜻합니다. 신도들은 그 교구 안의 개별 성당에 속하여 주교의 대리자인 사제들의 보살핌을 받죠. 그중에서도 주로 대도시에 있으며 대주교가 담당하는 교구를 대교구라고 합니다. 개별 성당과 교구, 대교구는 서로 긴밀한 협력을 주고받는 관계죠. 영화에서 버나드 로 추기경이 맡고 있는 보스턴 대교구는 1875년에 대교구로 승격되었고, 이때 처음 신학교가 세워지며 보스턴에 뿌리 깊은 가톨릭 전통을 만들어냈습니다.

Chapter 7

개러비디언이 준 힌트

A Tip from Garabedian

시간 01:14:53~01:25:16

EXT. TWO FAMILY HOUSE, MALDEN, MA - LATE AFTERNOON

Sacha walks up to a door. She knocks. A kindly looking older man (Ronald Paquin) in a checkered shirt answers the door.

SACHA : Hi there. I'm looking for Ronald Paquin.

RONALD : Yes?

Sacha blinks, surprised.

SACHA : You're Father Paquin?

RONALD : Yes, that's right.

SACHA : (rapid, tense) I'm Sacha Pfeiffer from the Boston Globe.

RONALD : Okay.

Sacha, awkward, reaches for her pad.

SACHA : Could I ask you a few questions?

RONALD : Go ahead, dear.

외부. 매사추세츠 주 몰든의 두 가구 주택 - 느지막한 오후

사샤가 현관 계단을 올라가 노크를 한다. 체크무늬 셔츠를 입은 인자하게 생긴 노인 로널드 패퀸이 문을 열어준다.

사샤 : 안녕하세요. 로널드 패퀸 씨 계시나요?

로널드 : 무슨 일이시죠?

사샤가 놀라서 눈을 깜박인다.

사샤 : 패퀸 신부님이세요?

로널드 : 네, 맞아요.

사샤 : (긴장해서 빠른 말투로) 보스턴 글로브의 사샤 파이퍼 기자입니다.

로널드 : 그러시군요.

사샤가 어색해하며 취재수첩을 꺼낸다.

사샤 : 몇 가지 여쭤봐도 될까요?

로널드 : 그러세요.

- **checkered**
  체크무늬의, 변화가 심한
  checkered flag 채커드 플래그(자동차 경주의 체크무늬 깃발)
- **blink**
  (눈을) 깜박이다, (빛이) 명멸하다
  wink, flicker, twinkle
- **awkward**
  어색한, 서툰, 곤란한, 불편한

Sacha starts recording.

SACHA : We spoke to several men who you knew when they were boys at St. John the Baptist in Haverhill. Did-- They told us you molested them. Is that true?

RONALD : Sure I fooled around, but I never felt gratified myself.

Sacha almost hides her shock.

SACHA : Right. But you admit to molesting boys at St. John the Baptist?

RONALD : Yes, yes, but as I said, I never got any pleasure from it. That's important to understand.

SACHA : Right… But can you tell me where and how you fooled around with these boys?

RONALD : I want to be clear, I never raped anyone. There's a difference. I should know.

SACHA : How would you know?

RONALD : I was raped.

SACHA : (stunned) I'm sorry, who raped you?

JANE : Donny, Who're you talking to?

Paquin's sister, Jane Paquin, comes to the door.

사샤가 수첩에 기록하기 시작한다.

사샤 : 어릴 때 헤이버릴의 성 요한 성당에서 신부님을 알고 지냈다는 사람들을 만나 봤는데요. 그게… 신부님한테 성희롱을 당했다고들 하던데 사실인가요?

로널드 : 내가 좀 만지기는 했어요. 하지만 나도 즐겁지는 않았어요.

사샤는 충격을 받았지만, 가까스로 표정을 숨긴다.

사샤 : 네, 그러니까 성 요한 성당에서 소년들을 성추행했다고 인정하시는 거예요?

로널드 : 네, 그렇긴 하지만 말했듯이 그 행위로 쾌락을 느끼진 않았어요. 그 점이 중요하죠.

사샤 : 알겠습니다. 언제 어디서 아이들을 만졌는지 말씀해주시겠어요?

로널드 : 확실히 말하는데 난 누구도 강간하지는 않았어요. 그건 전혀 달라요. 제가 확실히 알아요.

사샤 : 어떻게 아신다는 거죠?

로널드 : 나도 강간을 당했으니까요.

사샤 : (어리둥절해서) 실례지만 누구한테 강간을 당하셨는데요?

제인 : 로널드, 누구랑 얘기하는 거예요?

패킨의 여동생인 제인 패킨이 문가로 나온다.

- **fool around**
  시간을 낭비하다, (성적으로) 놀아나다, 만지작거리다
  engage in casual sexual activity
- **gratify**
  만족하게 하다, 기쁘게 하다
  please, satisfy
- **admit**
  인정하다, 시인하다, (입장, 가입 등을) 허락하다

Yes, but as I said~

as I said ~는 이미 한 말을 반복할 때 쓰는 말입니다. 상대가 내 말을 완전히 이해하지 못한 것 같을 때 다시 한 번 확실히 말해주는 거죠. 비슷한 표현으로는 like I said~나 as I mentioned before~ 등이 있습니다.

Zoom In

Yes, but as I said~

네, 하지만 말했듯이…

RONALD : It's alright, Jane.

SACHA : Father Paquin, who raped you?

JANE : Who are you?

SACHA : Ah… Sacha Pfeiffer, from the Globe.

JANE : Please get off my porch.

RONALD : (overlapping) I can speak for myself.

JANE : Get inside the house, Ron.

SACHA : Mr--

JANE : Get inside Ron!

SACHA : Sorry. I'm sorry, who are you?

JANE : I'm his sister and I don't want you coming back here.

SACHA : Ms. Paquin…

Jane slams the door in Sacha's face. Sacha turns, quickly heads down the walkway, scribbling notes. She pauses as she reaches the sidewalk, finishing up. Two children ride past on bikes. She's visibly shaken by the encounter.

BOY #1 : Beat you to the end of the street.

BOY #2 : No you won't. I beat you last time.

BOY #1 : No you didn't, you cheated.

BOY #2 : You did.

INT. HAMDEN SUPERIOR COURT, COURTROOM, SPRINGFIELD, MA - DAY

The Globe's lawyer, Joe Albano, is in session with the judge Constance Sweeney.

로널드 : 괜찮아, 제인.

사샤 : 신부님, 누구한테 강간을 당하셨죠?

제인 : 누구세요?

사샤 : 아… 보스턴 글로브의 사샤 파이퍼입니다.

제인 : 우리 집 현관에서 나가세요.

로널드 : (말이 겹치며) 내 얘기는 내가 할 수 있어.

제인 : 안으로 들어가요.

사샤 : 신부님.

제인 : 어서요!

사샤 : 죄송합니다. 실례지만 누구시죠?

제인 : 전 동생이에요. 다시는 찾아오지 마세요.

사샤 : 하지만 부인….

제인이 사샤의 눈앞에서 문을 쾅 닫는다. 사샤는 뒤돌아 재빨리 현관 계단을 내려오며 수첩에 메모를 한다. 인도에 다다라서 메모를 거의 마쳤을 때, 두 아이가 자전거를 타고 지나간다. 그 모습을 본 사샤는 크게 동요한다.

소년 1 : 내가 먼저 갈 거야.

소년 2 : 웃기지 마. 지난번에도 졌으면서.

소년 1 : 아니야, 네가 반칙한 거잖아.

소년 2 : 반칙은 네가 했지.

내부. 매사추세츠 주 스프링필드의 햄든 고등 법원, 법정 – 낮

보스턴 글로브의 변호사인 조 알바노가 콘스탄스 스위니 판사가 주재하는 법정 심리에 참석해 있다.

- **porch**
  현관, 문간
- **scribble**
  휘갈겨 쓰다, 낙서하다
  write or draw carelessly or hurriedly
- **shaken**
  동요한, 흔들린, 충격을 받은
- **encounter**
  만나다, 마주치다, 직면하다; 마주침, 시합
  meet, confront; run into
- **beat**
  이기다, 때리다, 두드리다, 고동치다, 부딪치다, 퍼덕거리다
- **cheat**
  속이다, 사기 치다, 부정행위를 하다, 바람을 피우다

I can speak for myself.

speak for oneself는 '자기 의견을 말한다'는 뜻입니다. 여기서는 I can 뒤에 붙어서 내가 내 얘기를 할 수 있으니 남은 나설 필요 없다는 말이죠. speak for myself는 다음과 같이 나 자신의 입장만을 말한다는 뜻으로도 쓰입니다.

- I'm not speaking for the whole committee; I'm speaking for myself. 전 위원회 전체를 대변하려는 게 아니라 제 입장을 말하러 왔습니다.

Zoom In

I can speak for myself.

내 얘기는 내가 할 수 있어.

JUDGE SWEENEY : Could you please clarify the Globe's position for me, Mr. Albano?

ALBANO : Yes, Judge Sweeney.

Albano stands up to give an oral argument. The courtroom's empty, Garabedian at one desk, the Church's lawyer at another. Mike watches and takes notes from the seats.

ALBANO : Our argument to make these documents public rests mainly on First Amendment grounds. We also have a number of other relevant arguments. After all, your honor, this was a discretionary order.

JUDGE SWEENEY : Yes, it was made at the Judge's discretion.

Mike fights tedium... until Herald's reporter, Joe Quimby, joins him in the seats.

JOE : Hey Mike.

MIKE : (turning back) Hey Joe.

JOE : What's a Spotlight reporter doing in Springfield? (Mike doesn't answer and sniffs.) You boy Albano's sledding uphill. You actually think you have a shot at winning this thing?

MIKE : You want me to comment for the Herald?

JOE : (writing on his pad) "Globe reporter would not comment, but he did not seem hopeful."

Mike settles in. Gonna be a long day.

스위니 판사 : 알바노 변호사, 보스턴 글로브 측의 입장을 명시해주세요.

알바노 : 네, 재판장님.

알바노 변호사가 구두 변론을 하러 일어선다. 법정 안은 거의 텅 비어있다. 한쪽 책상에 개러비디언이 앉아있고, 다른 쪽에는 교회 측 변호사가 앉아있다. 방청석에서는 마이크가 이를 지켜보며 간간이 필기를 한다.

알바노 : 이 기록의 공개를 요청하는 근거는 수정헌법 1조이며 관련 근거는 그 외에도 많이 있습니다. 비공개 명령은 결국 자유재량으로 정한 겁니다.

스위니 판사 : 그래요, 재판부의 재량으로 결정한 거죠.

마이크가 지루해서 어쩔 줄 모를 때 헤럴드 기자인 조 쿼비가 방청석에 들어와 앉는다.

조 : 마이크.

마이크 : (뒤를 돌아보며) 자네도 왔군.

조 : 스포트라이트 팀 기자가 여긴 웬일이야? (마이크가 대답 없이 코웃음을 짖는다.) 알바노 혼자 힘겨워 보이는데, 정말 승산이 있다고 생각해?

마이크 : 내 의견을 기사에 인용하게?

조 : (수첩에 적으며) "보스턴 글로브의 기자는 말을 아꼈지만 큰 기대는 안 하는 듯 보였다."

마이크가 돌아 앉는다. 긴 하루가 될 것 같다.

- **oral argument**
  구두변론
- **rest on**
  ~에 기초하다, ~ 에 달려있다, ~에 놓여있다
- **First Amendment**
  미 수정헌법 1조 (표현의 자유를 보장하는 내용)
- **ground**
  땅, 근거, 기초, 분야, 배경
- **your honor**
  재판장님 (판사를 높여 부르는 말), 전하
- **discretionary**
  자유재량에 의한
  • discretion 재량, 임의, 결정권, 분별, 지각
- **tedium**
  지루함, 단조로움
- **sled**
  썰매, 썰매를 타다
- **uphill**
  오르막의, 오르막길로, 위를 향하여
- **comment**
  의견을 말하다, 논평하다, 주석을 달다

(Do) You actually think you have a shot at winning this thing?

여기서 shot은 '가망성, 기회, 이길 확률'을 뜻합니다. 그래서 shot at winning은 이길 수 있는 가능성, 즉 승산이라는 말이 되죠. 또한, actually는 정말로 그러하냐고 강조하는 부사로 많이 사용됩니다. 의미상으로는 really와 일맥상통합니다.

Zoom In

(Do) You actually think you have a shot at winning this thing?

정말 승산이 있다고 생각해?

INT. GLOBE, SPOTLIGHT OFFICE - DAY

Sacha brings Robby up to speed. Robby listens to it, leaning back with his hands behind his head.

SACHA : He didn't try to hide it at all. He had this really odd rationalization for it. Like it was totally normal to fool around with little boys.

Nearby, we see Matt adding 3*5 victim cards to the wall.

SACHA : I'd really like to go back. I think he'd talk to us.

ROBBY : Oh, we will. Just not yet. I want you to stay focused on the victims right now.

MATT : Sacha, where'd they send Father Talbot again?

SACHA : Umm… I think, wasn't that Cheverus?

MATT : Cheverus, that's right.

ROBBY : (surprised) Wait, Father Talbot from BC High?

MATT : Yeah, you know him?

ROBBY : Yeah, he was there when I was.

Matt walks toward Robby with the card.

ROBBY : We have a victim?

MATT : Yeah, lives in Providence.

Matt hands him the card. Robby stares down at the name.

내부. 보스턴 글로브, 스포트라이트 팀 사무실 – 낮

사샤가 로비에게 보고하고 있다. 로비는 몸을 뒤로 젖히고 두 손으로 뒤통수를 받친 채 이야기를 듣고 있다.

사샤 : 숨기려고 하지도 않았어요. 이상하게 합리화를 하더라고요. 어린 남자애들을 만지는 게 지극히 정상인 것처럼요.

매트는 그 근처 벽에 3*5 크기의 피해자 신상 카드를 붙이고 있다.

사샤 : 다시 가봐야겠어요. 이번엔 말을 해줄 것 같아요.

로비 : 가봐야겠지만 아직은 아니야. 지금은 피해자들한테 집중해.

매트 : 사샤, 탤벗 신부가 어디로 전출됐지?

사샤 : 음… 셰브러스 아니었나?

매트 : 맞아, 거기였어.

로비 : (놀라서) 뭐라고? 보스턴칼리지 고등학교의 탤벗 신부?

매트 : 네, 아세요?

로비 : 내가 다닐 때 있었거든.

매트가 카드를 들고 로비에게로 걸어온다.

로비 : 피해자가 있어?

매트 : 네, 프로비던스에 살아요.

매트가 로비에게 카드를 건넨다. 로비가 카드에 적힌 이름을 바라본다.

- **bring someone up to speed**
  필요한 정보를 주다, 상황을 이해시키다
  give necessary information
- **odd**
  이상한, 특이한, 기묘한, 홀수의
- **rationalization**
  합리화, 이론적 설명
- **totally**
  완전히, 전부, 전혀
  completely, entirely, absolutely
- **stare down**
  아래를 내려다보다, 빤히 쳐다보다

He didn't try to hide it at all.
try to는 '~하려고 시도하거나 노력한다'는 뜻이므로 didn't try to hide는 숨기려는 시도를 하지 않았다는 말입니다. 끝에 at all을 붙여서 그런 시도를 '전혀' 하지 않았다'고 강조하고 있습니다.
• Last night, I didn't get to sleep at all. 난 어젯밤에 한숨도 못 잤어.

Zoom In

He didn't try to hide it at all.

(그는) 숨기려고 하지도 않았어요

INT. HAMDEN SUPERIOR COURT, COURTROOM - DAY

Mike is still listening.

ALBANO : There's nothing personal in these documents, your honor. They concern how the Cardinal is handling--

JUDGE SWEENEY : Say the Archdiocese.

ALBANO : (flustered) Excuse me?

JUDGE SWEENEY : You don't get to tag the Cardinal with everything, Mr. Albano. Say the Archdiocese.

WILSON D. ROGERS, JR. : Judge Sweeny, the Globe is not a party to this case, they just want to sell papers. If Mr. Garabedian had not smeared the Cardinal's good name, we wouldn't even be here.

GARABEDIAN : Your honor, I object to the use of the term smear.

JUDGE SWEENEY : Duly noted, Mr. Garabedian.

GARABEDIAN : Thank you, your honor.

Garabedian, angry, mutters under his breath. Mike catches it.

JUDGE SWEENY : Anything else, Mr. Rogers?

WILSON D. ROGERS, JR. : No, your honor.

JUDGE SWEENY : Mr. Albano, you may continue.

ALBANO : The Globe believes having the…

내부. 햄든 고등 법원, 법정 – 낮

마이크는 아직 방청 중이다.

알바노 : 이 문서에 사적인 내용은 없습니다. 추기경이 이 일을 어떻게 처리하는지….

스위니 판사 : 대교구라고 지칭하세요.

알바노 : (당황해서) 네?

스위니 판사 : 모든 문장에 추기경이라는 말을 붙일 필요는 없어요. 대교구라고 하세요.

월슨 D. 로저스 주니어: 재판장님, 보스턴 글로브는 판매 부수를 늘리려는 거지 이 사건의 당사자도 아닙니다. 개러비디언 변호사가 추기경님을 중상모략하지만 않았어도 이런 자리는 불필요했을 겁니다.

개러비디언 : 재판장님, 중상모략이라는 말에 이의 있습니다.

스위니 판사 : 이의를 인정합니다.

개러비디언 : 감사합니다, 재판장님.

분노한 개러비디언이 혼잣말로 조용히 중얼거린다. 마이크는 이 모습을 놓치지 않는다.

스위니 판사 : 로저스 변호사, 더 하실 말씀 있나요?

월슨 D. 로저스 주니어 : 아니요, 재판장님.

스위니 판사 : 알바노 변호사, 변론을 계속하세요.

알바노 : 보스턴 글로브에서는….

개러비디언은 언짢아하며 고개를 가로젓는다.

- **handle**
  손을 대다, 다루다, 처리하다, 조종하다
- **tag**
  딱지를 붙이다, 별명을 붙이다, 값을 매기다
- **party**
  파티, 정당, 소송 당사자, 관계자
  • a third party 제삼자
- **smear**
  오점, 얼룩, 중상모략, 명예훼손
  slander
- **object**
  반대하다, 이의를 주장하다, 항의하다
- **mutter**
  중얼거리다, 투덜거리다, 작은 소리로 불평하다
  talk under one's breath, murmur, whisper

Duly noted.

duly라는 단어의 어원은 '마땅한, 정당한, 충분한'이라는 뜻의 due 입니다. 또, note에는 '알게 되다, 알아차리다'는 의미가 있죠. 그래서 duly noted라고 하면 방금 네가 언급한 사실이 정당하다고 받아들이는 겁니다. I understand, 혹은 Thanks for letting me know.와 비슷한 맥락이죠. 다만 반어법으로 사용되면 남의 지적이나 비판을 받았을 때 빈정대는 대답이 됩니다.

Zoom In

Duly noted.

(이의를) 인정합니다.

Garabedian shakes his head, disgruntled.

EXT. HAMDEN SUPERIOR COURT, SPRINGFIELD, MA - LATER

Garabedian sits on a bench outside the courthouse, eating a packed lunch out of Tupperware. Simmering. Mike walks up, sits down.

MIKE : Hey Mitch, how are you doing?

GARABEDIAN : I'm fine.

MIKE : He's tough, that Wilson Rodgers.

GARABEDIAN : He's smug. And he's sloppy.

MIKE : He doesn't seem sloppy.

GARABEDIAN : You don't know the half of it. Trust me.

MIKE : What's the half of it?

Garabedian turns to him. Mike shrugs.

MIKE : Tell me the half of it, Mitch.

Garabedian looks at him, wrestling with something.

GARABEDIAN : Off the record.

MIKE : Off the record, yeah.

Garabedian takes a cautious look around him, then talks.

GARABEDIAN : Three years ago, I get a call from an ex-priest. Anthony Benzevich. He was at Blessed Sacrament back in '62 and he saw Geoghan...

외부. 매사추세츠 주 스프링필드의 햄든 고등 법원 - 얼마 후

개러비디언이 법원 밖 벤치에 앉아 플라스틱 용기에 싸온 도시락을 먹고 있다. 화가 머리끝까지 나 있다. 마이크가 다가와 옆에 앉는다.

마이크 : 변호사님, 좀 어떠세요?

개러비디언 : 괜찮아요.

마이크 : 로저스 변호사가 만만치 않네요.

개러비디언 : 잘난 체하지만 허술한 작자예요.

마이크 : 허술해 보이진 않던데요.

개러비디언 : 당신이 잘 몰라서 그래요.

마이크 : 제가 모르는 게 뭐죠?

개러비디언이 마이크를 향해 고개를 돌린다. 마이크가 어깨를 으쓱한다.

마이크 : 가르쳐주세요.

개러비디언은 마이크를 바라보며 뭔가를 고민한다.

개러비디언 : 오프더레코드예요?

마이크 : 네, 물론이죠.

개러비디언이 조심스럽게 주위를 둘러보더니 말을 시작한다.

개러비디언 : 3년 전에 한 전직 신부한테 전화가 왔어요. 이름은 앤서니 벤저비치예요. 62년도에 성체 성당에서 게이건이….

- **disgruntled**
  불만인, 언짢은, 기분이 상한
- **simmer**
  부글부글 끓다, 폭발 직전에 있다
  fume, seethe, boil
- **smug**
  잘난 체하는, 우쭐하는
  excessively self-satisfied
- **sloppy**
  부주의한, 단정치 못한, 엉성한, 질척한
- **wrestle with**
  ~을 해결하려고 애쓰다, 고심하다

You don't know the half of it.

half of it은 '오직 일부분만'이라는 말로, '진짜 중요한 부분'이라는 뜻이 숨어있죠. 주로 부정문인 not the half of it으로 많이 사용됩니다. You don't know the half of it이라고 하면 당신은 알긴 알아도 진짜 중요한 문제가 뭔지, 상황이 얼마나 심각한지는 모른다는 표현입니다.

- I don't like my boss. But that's not the half of it. 난 우리 사장님이 싫어. 하지만 더 심각한 문제는 따로 있어.

Zoom In

You don't know the half of it.

당신이 잘 몰라서 그래요.

Two cops pass right by them. Garabedian stops and waits, until they walk away.

GARABEDIAN : ...taking little boys up to the Rectory bedroom, okay. So he's appalled, all right? Tells the bishop about it. The bishop threatens to reassign him. To South America.

MIKE : Jesus.

GARABEDIAN : Yeah, all right. So fast forward thirty-five years, Benzevich reads that Geoghan's been charged with molesting hundreds of kids. Alright, so he feels guilty. He calls me.

MIKE : So you have testimony of a priest telling his superiors about Geoghan in '62?

GARABEDIAN : (shakes his head) No, I do not. Because when I called Benzevich in to give a deposition, he comes in with a lawyer.

MIKE : Wilson Rodgers.

GARABEDIAN : Right. And suddenly Father Benzevich has a very foggy memory. Can't remember anything. He's useless. So I go back to work, I forget about it. Whatever. Until about a year ago, I find an article about a priest who warned church officials about Geoghan.

MIKE : (stunned) Benzevich went to the press?

경찰 두 명이 바로 앞을 지나간다. 개러비디언은 그들이 멀리 갈 때까지 말을 멈추고 기다린다.

개러비디언 : 남자아이들을 사제관의 침실로 데려가는 걸 봤대요. 그걸 보고 깜짝 놀랐을 거 아니에요. 그래서 주교한테 말했대요. 그랬더니 남미로 전출을 보내겠다고 협박하더라는 거예요.

마이크 : 세상에.

개러비디언 : 그래요. 그로부터 35년 후에 벤제비치는 게이건이 수백 명의 아이들을 성추행한 혐의로 고소당했다는 기사를 봤어요. 그리고 죄책감이 들어서 나한테 전화한 거죠.

마이크 : 그러니까 62년도에 게이건의 성추행 사실을 상부에 알렸다는 신부의 증언을 확보하신 거네요.

개러비디언 : (고개를 흔들며) 그렇지는 않아요. 내가 증언을 녹취하려고 연락했더니 변호사를 대동해서 왔더군요.

마이크 : 윌슨 로저스요?

개러비디언 : 맞아요. 그리고 갑자기 기억력이 흐릿해졌는지 아무것도 기억이 안 난다는 거예요. 아무 도움이 안 됐죠. 그래서 그냥 체념하고 돌아왔어요. 그런데 1년쯤 전에 한 신부가 게이건을 교회 관료들에게 신고했다는 기사를 발견했어요.

마이크 : (놀라며) 벤제비치가 언론에 알린 거예요?

- **rectory**
  사제관, 교구 목사관
- **appalled**
  오싹해진, 얼이 빠진, 깜짝 놀란
  horrified, shocked, frightened
- **reassign**
  재배치하다, 새로 발령하다, 다시 맡기다
- **fast forward**
  (테이프를) 빨리 감다
- **feel guilty**
  죄책감을 느끼다, 가책을 받다
- **superior**
  상관, 상사, 선배, 수도원장
- **deposition**
  증언, 진술서, 녹취록, 퇴적, 폐위
  a formal, usually written, statement to be used as evidence

And suddenly Father Benzevich has a very foggy memory.

foggy는 fog의 형용사형으로 '안개가 낀, 흐릿한, 막연한'이라는 의미입니다. foggy memory라고 하면 기억이 흐릿하다는 얘기죠. 이 문장에서는 앞에 suddenly를 붙여서 멀쩡하던 기억력이 갑자기 흐릿해졌다는 걸 강조하고 있습니다.

Zoom In

And suddenly Father Benzevich has a very foggy memory.

벤제비치 신부의 기억력이 갑자기 흐릿해졌어요.

GARABEDIAN : Yeah, local paper, Patriot Ledger, nobody saw it. But now I got Benzevich on record. So I file a motion to depose Benzevich a second time. Alright, and Wilson Rodgers, that smug son of a bitch, he files a motion opposing my motion. And that's when I have him.

Mike frowns, not understanding what Garabedian's implying by that line.

MIKE : Have-- have him how?

GARABEDIAN : Rodgers opposes my motion, so I have to make an argument as to why I'm allowed to depose Father Benzevich a second time, okay? But this time, I'm allowed to attach exhibits. Do you follow what I'm saying?

MIKE : The sealed documents?

GARABEDIAN : Yes. I can attach the sealed documents that I've gotten in discovery, Mr. Rezendes, the same documents that your paper is currently suing for.

MIKE : (turning pale with shock) You're shitting me?

GARABEDIAN : What? No. No, I'm not shitting you. So I pull out the fourteen most damning docs and I attach them to my motion. And they prove everything. Everything. About the Church, about the bishops, about Law.

MIKE : And it's all public? Because your motion to oppose Roger's motion... is public.

개러비디언 : 그래요. '패트리엇 레저'라는 지역 신문이라 아무도 모르고 지나갔죠. 하지만 난 이제 증거를 확보한 거예요. 그래서 다시 벤제비치를 증인으로 신청했죠. 그런데 저 거들먹거리는 윌슨 로저스가 내 증인 신청에 이의를 신청했어요. 나한테 걸려든 거죠.

마이크는 개러비디언의 말뜻을 이해하지 못해 얼굴을 찌푸린다.

마이크 : 뭘 걸려들어요?

개러비디언 : 로저스가 이의를 신청했으니까 난 내가 왜 벤제비치를 다시 증인으로 신청했는지 변론할 수 있잖아요. 그리고 이때는 증거물을 첨부할 수 있죠. 내 말 알아듣겠어요?

마이크 : 그 비공개 문서요?

개러비디언 : 그래요. 그 비공개 문서를 찾아내서 증거 서류로 첨부한 거예요. 당신네 신문사가 공개를 신청한 바로 그 문서 말이에요.

마이크 : (아연실색하며) 절 놀리시는 거예요?

개러비디언 : 아니에요. 내가 왜 놀리겠어요. 그중에 제일 강력한 문서로 14개를 뽑아서 첨부했어요. 그거면 전부 입증이 돼요. 교회와 주교들, 로 추기경의 혐의가요.

마이크 : 그건 공개 문서겠네요? 로저스의 이의 신청에 반박하는 서류는… 공개 문서니까요.

- **depose**
  증언하다, 퇴위시키다, 물러나게 하다
- **a second time**
  재차, 다시
- **oppose**
  반대하다, 대항하다, 저항하다
- **exhibit**
  전시회, 제출물, 증거 서류, 증거물
- **shit**
  〈속어〉 속이다, 놀리다
- **damning**
  꼼짝달싹할 수 없는, 유죄를 강력히 시사하는

And that's when I have him.
영어에서 have만큼 쓰임새가 많은 단어도 없을 겁니다. 조금씩 뜻은 달라도 전부 기본적인 의미인 '가지다'에서 파생된 것이니 거기서부터 의미를 확장해서 생각해보면 됩니다. 이 문장에서는 누군가를 속이거나 불리한 입장에 빠뜨린다는 속어로 사용됐습니다. 여기서 I have him은 내가 그를 속였다, 그가 내 작전에 걸려 넘어왔다는 말이 됩니다.

Zoom In

And that's when I have him.

(그는 바로 그때) 나한테 걸려든 거죠.

GARABEDIAN : (overlapping) Is public.

Garabedian collects his things, turns to Mike. With clarity.

GARABEDIN : Yeah, exactly. Now you're paying attention.

MIKE : (head spinning) So I could just walk into that courthouse right now and get those documents?

GARABEDIAN : No, you cannot, because the documents are not there.

MIKE : But you just said they're public.

GARABEDIAN : I know I did, but this is Boston, and the Church does not want them to be found. So... they are not there.

MIKE : (astonished) Mitch, are you telling me that the Catholic Church removed legal documents from that courthouse?

GARABEDIAN : Look, I'm not crazy, I'm not paranoid, I'm experienced. Check the docket. You'll see. They control everything. (grabs his bag) Everything.

Garabedian stands and walks away.

GARABEDIAN : I gotta go back in.

Mike watches him go, unnerved. A beat... then Mike grabs his stuff and runs towards his car.

개러비디언 : (말이 겹치며) 공개 문서죠.

개러비디언이 자기 물건을 챙긴 후 마이크를 돌아본다. 모든 게 명확하다.

개러비디언 : 바로 그거예요. 이제 똑똑히 알아들었군요.

마이크 : (혼란스러워서) 그럼 지금 당장 법원에 가서 열람할 수 있다는 거예요?

개러비디언 : 아니요, 볼 수 없어요. 그건 법원에 없거든요.

마이크 : 하지만 공개 문서라면서요.

개러비디언 : 맞아요. 하지만 여긴 보스턴이고, 교회는 그게 공개되는 걸 원치 않죠. 그래서… 법원에 없는 거예요.

마이크 : (경악하며) 가톨릭 교회가 법원에서 법률 문서를 빼돌렸다고요?

개러비디언 : 난 미치지 않았고 피해망상증도 아니에요. 경험으로 아는 거죠. 가서 사건 일람표를 확인해 봐요. 그럼 알게 될 거예요. 그들이 모든 걸 지배하고 있어요. (가방을 집은 후) 모든 것을요.

개러비디언이 일어나서 걸음을 옮긴다.

개러비디언 : 그만 들어가 봐야 해요.

마이크는 멀어져 가는 개러비디언을 불안하게 바라본다. 그리고 잠시 후… 가방을 챙겨 들고 자신의 차로 달려간다.

- **paranoid**
  편집증적인, 과대망상적인; 편집증 환자
- **experienced**
  경험 있는, 숙련된, 노련한
- **docket**
  소송 사건 일람표, 사건 등록서, 명세서, 꼬리표
- **unnerved**
  불안한, 당황한

Are you telling me that the Catholic Church removed legal documents from that courthouse?

Are you telling me~?는 상대가 한 말을 재차 확인하는 질문입니다. 지금 한 말이 이 뜻이 맞느냐는 거죠. Do you mean~?이라고 쓸 수도 있습니다. remove from은 '~에서 치우다, 제거하다'는 뜻이므로, 마이크는 지금 교회가 법원에 마땅히 있어야 할 문서를 치워버렸다는 거냐며 놀라서 되묻는 겁니다.

Zoom In

Are you telling me that the Catholic Church removed legal documents from that courthouse?

가톨릭 교회가 법원에서 법률 문서를 빼돌렸다고요?

MIKE : (running) I just got the fucking documents!

EXT. SUFFOLK COUNTY COURTHOUSE, DOWNTOWN BOSTON - LATER

Mike gets out of his car, runs across same street into the courthouse.

INT. SUFFOLK COUNTY COURTHOUSE, RECORDS ROOM - DAY

A clerk (O'brian) pushes a binder across a help desk to Mike. Mike starts going through the file.

O'BRIAN : Docket entry number 49, it's in the Geoghan case.

MIKE : Okay. Thank you.

O'BRIAN : We're closing in ten minutes.

MIKE : Ten minutes? All right.

Mike, excited, opens the file, finds the motion and a folder, exhibits A ~ N. Mike opens it. It's empty.

INT. ROBBY'S HOUSE, ROBBY'S HOME OFFICE - EARLY EVENING

Robby stands, searching through bookshelves until he finds a BC High yearbook. He flips to the faculty page, homing in on a photo of Father James Talbot.

"Rev. James F. Talbot Religion, Latin, English, Moderator of Freshman Sodality."

Robby's phone rings.

ROBBY : (into phone) Robby.

MIKE : (o.s.) Hey, it's me.

ROBBY : Hey.

MIKE : (o.s.) You're not gonna believe it.

마이크 : (달리며) 이제 그 문서는 내 거야!

외부. 보스턴 다운타운의 서퍽 카운티 법원 – 얼마 후

차에서 내린 마이크가 길을 건너 법원으로 들어간다.

내부. 서퍽 카운티 법원, 기록실 – 낮

기록실 사서인 오브라이언이 안내데스크에서 마이크에게 바인더 하나를 건네준다. 마이크는 얼른 파일을 살펴본다.

오브라이언 : 일람 번호 49, 게이건 사건입니다.

마이크 : 네, 감사합니다.

오브라이언 : 10분 후에 문 닫아요.

마이크 : 10분이요? 알겠습니다.

마이크가 흥분해서 파일을 열자 반박문과 증거 서류 A~N의 폴더가 나온다. 폴더를 열어보지만, 텅 비어있다.

내부. 로비의 집, 작업실 – 이른 저녁

로비가 책꽂이 앞에 서서 보스턴칼리지 고등학교 졸업 앨범을 찾아 꺼낸다. 그리고 교직원 페이지로 넘겨 곧바로 제임스 탤벗 신부의 사진을 찾는다.

'제임스 F. 탤벗 신부 종교, 라틴어, 영어, 신입생 교우회 회장'

로비의 전화가 울린다.

로비 : (전화에다) 여보세요.

마이크 : (목소리) 저예요.

로비 : 그래.

마이크 : (목소리) 말해도 못 믿으실 거예요.

- **yearbook**
  연감, 연보, 졸업 앨범
- **faculty**
  교직원, 교수진, 학부, 능력
- **home in on**
  ~으로 곧장 나아가자, 집중하다
- **moderator**
  중재자, 사회자, 관리자, 의장
- **sodality**
  협회, 조합, 교우회

You're not gonna believe it.

누군가 이 표현으로 대화를 시작한다면 놀라운 소식을 전하려고 운을 떼는 겁니다. 너는 못 믿을 거라며 얼마나 엄청난 일인지 강조하는 거죠. Gonna (going to) 대신 won't를 넣어서 You won't believe this.라고 해도 좋습니다. 비슷하게 believe가 들어간 표현으로는 believe it or not ~ '네가 믿어줄지 모르겠지만~'이 있습니다.

Zoom In

You're not gonna believe it.

말해도 못 믿으실 거예요

Intercut the two scenes.

INT. MIKE'S CAR - SAME

Mike is on the phone with Robby.

MIKE : Garabedian gave me a tip, some of the sealed docs are already public. They're part of a motion he filed.

INT. ROBBY'S HOUSE, ROBBY'S HOME OFFICE - SAME

MIKE : (O.S.) He said they're the best of the bunch. We don't have to wait for Sweeney's ruling.

ROBBY : So we can get them?

MIKE : (O.S.) Yeah, but they're not there.

INT. MIKE'S CAR - SAME

MIKE : Already talked to Albano, he said all we have to do is file a motion and Sweeney will order Mitch to refile the docs.

INT. ROBBY'S HOUSE, ROBBY'S HOME OFFICE - SAME

ROBBY : And you think these documents are--

MIKE : (O.S.) He said these fourteen docs were all we need. They're huge.

ROBBY : Okay. I'll call Ben. Good work.

두 장면이 교차 편집되어 보인다.

내부. 마이크의 차 – 동일 신

마이크가 로비와 통화를 하고 있다.

마이크 : 개러비디언이 힌트를 줬는데요. 비공개 문서의 일부가 이미 공개돼 있어요. 개러비디언이 낸 증인 신청서 때문에요.

내부. 로비의 집, 작업실 – 동일 신

마이크 : (목소리) 그중에서도 제일 센 문서들이래요. 스위니 판사의 판결을 기다릴 필요가 없어요.

로비 : 그럼 열람할 수 있어?

마이크 : (목소리) 네, 그런데 법원에 없어요.

내부. 마이크의 차 – 동일 신

마이크 : 알바노와 얘기해봤는데 우리가 열람을 신청하면 판사가 개러비디언에게 서류를 다시 제출하라고 명령할 거래요.

내부. 로비의 집, 작업실 – 동일 신

로비 : 그러니까 그 서류들만 있으면….

마이크 : (목소리) 그 14개면 충분하다고 했어요. 그만큼 강력하다고요.

로비 : 알았어. 부국장님한테 알릴게. 수고했어.

- **intercut**
  다른 장면을 삽입하다
  • cross–cutting 교차편집
- **ruling**
  판결, 지배, 통치
- **refile**
  재제출하다

Good work.
흔히들 알고 있는 Good job!과 같은 뜻으로 맡은 일을 잘 수행했다고 칭찬해주는 표현입니다. '잘했어, 수고했어, 훌륭해' 등의 의미가 들어가 있죠. 또한, keep up the good work라고 하면 계속 그렇게 잘 해달라는 격려의 표현입니다.

Zoom In

Good work.

수고했어.

EXT. GLOBE, PARKING LOT - EARLY MORNING

Marty gets out of his car and walks toward the building. It's a beautiful September morning.

INT. GLOBE, NEWSROOM - MOMENTS LATER

It's pretty empty. Marty walks in, heads toward his office, but slows down when something on a TV catches his attention. He walks to the TV, joins a young reporter already watching.

MARTY : What happened?

YOUNG REPORTER: They're saying it's a prop plane but that's not a prop plane.

We glimpse the TV. The World Trade Center. On fire.

MARTY : Tell Linda to get every reporter we have in here now.

CARDINAL LAW : (PRE-LAP) You pray for the victims.

INT. GLOBE, NEWSROOM - DAY

Close on a TV. Cardinal Law addressing a large group of reporters, citizens in front of Cathedral.

CARDINAL LAW : (ON TV) You pray for the injured, and you pray for those who survived. You pray too, for the nation. That our response to this might reflect the best ideals of our nation. And even more, reflect God's own teaching. Not only as it's shown in Christianity and Judaism, but in Islam as well.

외부. 보스턴 글로브, 주차장 – 이른 아침

마티가 자신의 차에서 내려 신문사 건물로 향한다. 아름다운 9월의 아침이다.

내부. 보스턴 글로브, 편집국 – 잠시 후

편집국 안은 거의 비어있다. 마티가 들어와 자신의 사무실로 향하다가 TV에 시선이 가면서 발걸음이 느려진다. 그리고 젊은 기자 한 명이 보고 있는 TV 쪽으로 다가간다.

마티 : 무슨 일이지?

젊은 기자 : 프로펠러기라고 하는데 저건 프로펠러기가 아니에요.

잠시 TV 화면이 비친다. 세계무역센터 건물이 불에 타고 있다.

마티 : 린다한테 기자들을 전부 소집하라고 해요.

로 추기경 : (목소리) 피해자들을 위해 기도하십시오.

내부. 보스턴 글로브, 편집국 – 낮

TV 화면이 클로즈업된다. 로 추기경이 성당에서 수많은 기자와 시민들에게 연설하고 있다.

로 추기경 : (TV 화면) 부상자와 생존자들을 위해 기도하십시오. 이 나라를 위해서도 기도하십시오. 우리가 어떻게 대응하는지가 온 천하에 이 나라의 이상향을 드러내고, 나아가 하느님의 가르침을 드러낼 것입니다. 그리스도교와 유대교뿐만 아니라 이슬람교에서도 하느님의 가르침은 동일합니다.

- **catch one's attention**
  시선을 끌다
  draw; arrest one's attention
- **prop plane**
  프로펠러기
  propeller plane
- **glimpse**
  흘끗 보다, 잠깐 보다
- **cathedral**
  대성당, 주교좌 성당
- **the injured**
  부상자, 부상병
  • the dead and the injured 사상자
- **reflect**
  반영하다, 나타내다, 반사하다, 비추다, 심사숙고하다
  indicate, show, display, demonstrate
- **teaching**
  교리, 가르침, 교훈, 교직
  instruction, schooling, education, training

Not only as it's shown in Christianity and Judaism, but in Islam as well.

'~뿐만 아니라 ~도'라고 할 때 보통은 'Not only~ but also~'가 가장 많이 쓰이지만, 때로는 이 문장에서처럼 뒷부분을 but ~ as well 또는 but ~ too의 형태로 쓰기도 합니다. as well은 also나 too와 의미는 같지만 조금 더 격식을 차릴 때 사용하죠.

Zoom In **Not only as it's shown in Christianity and Judaism, but in Islam as well.**

(이 가르침은) 기독교와 유대교에서뿐만 아니라 이슬람교에도 나와 있습니다.

Reveal a group watching TV in the corner of the newsroom, Ben front and center. Robby, Matt, Sacha are off to the side.

BEN : Not bad. Who's there?

FEMALE EDITOR : Paulson.

BEN : I wanna talk to him when he's back. (to Robby) Did Rezendes find a way to get to Florida yet?

ROBBY : They just opened the airport in Providence. He's on his way there now.

News to Sacha and Matt.

CANELLOS : Ben, I'm gonna need more people on Massport.

BEN : I'll give you three of my guys. Robby, put your team on that, too.

ROBBY : Got it.

BEN : And Robby, everything else stops.

ROBBY : Understood.

Ben heads off.

MATT : Why's Mike going to Florida?

ROBBY : Flight school. It's where they learned to fly.

As Robby turns and leaves, Sacha and Matt follow him.

SACHA : Robby, I've got a lot of victim interviews set up this week.

직원들이 편집국 한구석에서 TV를 보고 있다. 벤은 제일 앞 중앙에 있다. 로비와 매트, 사샤는 한쪽에 조금 떨어져 있다.

벤 : 괜찮은 연설이군. 누가 가 있지?

여성 부장 : 폴슨이요.

벤 : 들어오면 나한테 들르라고 해. (로비에게) 마이크는 아직 플로리다로 못 떠났나?

로비 : 프로비던스 공항이 방금 재가동돼서 지금 그쪽으로 가는 중이에요.

사샤와 매트는 처음 듣는 소리다.

카넬로스 : 부국장님, 항만 공단에 보낼 기자가 모자라요.

벤 : 우리 쪽에서 3명 보내줄게. 로비, 자네 팀이 여기로 붙어.

로비 : 알겠습니다.

벤 : 다른 건 전부 중단하고.

로비 : 네.

벤이 자리를 뜬다.

매트 : 마이크가 플로리다에는 왜 가요?

로비 : 테러범들이 그쪽 비행 학교에서 훈련을 받았대.

로비가 뒤돌아 걸음을 옮기자 사샤와 매트도 그 뒤를 따른다.

- **off to the side**
  측면으로 떨어져
- **get to**
  도착하다, 도달하다, 연락을 취하다, 영향을 미치다
- **Massport**
  매사추세츠 항만 공단 (Massachusetts Port Authority)
- **flight school**
  비행 학교
  aviation academy

He's on his way there now.

on one's way는 이미 출발해서 어딘가로 향하고 있는 상태를 말합니다. on the way의 형태로도 쓸 수 있죠. 이 경우는 어떤 상황이 나아지고 있는 것을 의미하기도 하는데요. He's on the way to recovery라고 하면 그가 회복 중이라는 뜻이죠.

Zoom In

He's on his way there now.

(그는) 지금 그쪽으로 가는 중이에요.

ROBBY : You have to cancel 'em.

SACHA : That's gonna be hard.

ROBBY : I know.

MATT : This is nuts. Two days ago I told my wife we gotta be working the biggest story on the planet.

The reception phone rings. Linda and several others are taking calls.

RECEPTIONIST #1: Boston Globe.

RECEPTIONIST #2: Boston Globe. One moment, please.

RECEPTIONIST #3: Yes, if you have a tip I'll transfer down to Metro.

RECEPTIONIST #2: Boston Globe.

사샤 : 팀장님, 전 이번 주에 피해자 인터뷰가 많이 잡혀있어요.

로비 : 다 취소해야지.

사샤 : 진짜 곤란해졌네요.

로비 : 알아.

매트 : 미치고 팔짝 뛰겠네요. 겨우 이틀 전에 집사람한테 세상에서 제일 큰 특종을 터뜨릴 거라고 말해놨는데.

안내 데스크의 전화벨이 울린다. 린다와 다른 직원들이 전화를 받고 있다.

안내 직원 1 : 보스턴 글로브입니다.

안내 직원 2 : 보스턴 글로브입니다. 네, 잠시만요.

안내 직원 3 : 네, 제보 전화는 사회부로 연결해드릴게요.

안내 직원 2 : 보스턴 글로브입니다.

- **on the planet**
  지구상에서, 세상에서
- **transfer**
  옮기다, 양도하다, 갈아타다, 바꾸다
- **This is nuts.**
  미치고 팔짝 뛰겠네요. (nuts는 속어로 '미친, 바보 같은'이라는 뜻입니다. 그러니까 이 문장은 This is crazy.와 같은 말입니다. 비슷하게 You're nuts!라고 하면 '너 미쳤구나!'라는 표현이 됩니다. 또한, nut에는 무언가에 미친 듯이 푹 빠져 있다는 의미도 있습니다. He's nuts about her.는 그가 그녀에게 완전히 미쳐있다는 뜻이 되죠.)

Chapter 8

9/11 이후 다시 시작된 취재

Resumed Investigation after 9/11

시간 01:25:17~01:34:53

INT. GARABEDIAN'S OFFICE, CONFERENCE ROOM - DAY

Garabedian works at his desk. The phone rings. He puts it on speaker.

GARABEDIAN : Mitchell Garabedian.

MIKE : (o.s.) Mitch, it's Mike, I've been trying to reach you.

GARABEDIAN : I don't have time to talk to you, Mr. Rezendes.

INT. MIKE'S CAR - SAME

Mike speeds frantically down I-95 towards Providence, phone to his ear.

MIKE : (into phone) Hey, just quickly, did you re-file those docs yet?

GARABEDIAN : (o.s.) No, I just got the order. It takes time.

MIKE : Okay, great. Can you hold off on refilling them?

GARABEDIAN : (o.s.) Hold off?!

내부. 개러비디언의 사무실, 회의실 – 낮

개러비디언이 책상 앞에 앉아 일하고 있다. 그러다 전화벨이 울리자 스피커폰으로 받는다.

개러비디언 : 미첼 개러비디언입니다.

마이크 : (목소리) 저 마이크예요. 전화를 왜 이렇게 안 받으세요.

개러비디언 : 지금 통화할 시간 없어요.

내부. 마이크의 차 – 동일 신

마이크가 95번 고속도로 프로비던스 방향으로 미친 듯이 달리며 귀에 전화기를 대고 통화 중이다.

마이크 : (전화에 대고) 짧게 끝낼게요. 그 서류 다시 제출하셨어요?

개러비디언 : (목소리) 아니요, 제출 명령을 지금 받았어요. 준비하려면 시간이 걸려요.

마이크 : 네, 잘됐네요. 제출을 조금 보류하시면 안 될까요?

개러비디언 : (목소리) 보류요?!

- **reach**
  ~에 도달하다, 이르다, 내밀다, 연락하다
- **frantically**
  미친 듯이
  desperately, uncontrollably, madly, wildly
- **hold off**
  연기하다, 늦추다, 시작하지 않다

MIKE : I have to go to Florida. Once you refile they're public. Other newspapers will be able to get a hold of 'em.

GARABEDIAN : (O.S.) Other newspapers are not my concern. I received a judicial order, I told you the Church is watching me.

MIKE : Hey Mitch, please. All I need is a few more weeks.

GARABEDIAN : (O.S.) I can't make any promises. Goodbye.

Garabedian hangs up the phone.

MIKE : Mitch? Mitch! Shit!

Mike reacts furiously.

MIKE : Shit.

EXT. T-STOP, BOSTON - DAY

Sacha emerges from the subway, crosses the street.

PHIL : (PRE-LAP) Look, I get it, no one wants to read about kids getting raped by priests.

INT. BAR, JAMAICA PLAIN - DAY

A relatively empty bar. Phil Saviano sits in a booth across from Sacha. Phil's on the edge.

마이크 : 제가 플로리다에 출장을 가거든요. 서류를 제출하면 일반 열람이 가능하니까 다른 신문사에서 채갈 수도 있어요.

개러비디언 : (목소리) 다른 신문사 일은 내 알 바 아니에요. 난 법원 명령을 받았어요. 교회가 날 감시하고 있다니까요.

마이크 : 제발요, 변호사님. 몇 주만 끌어주시면 돼요.

개러비디언 : (목소리) 난 아무것도 장담 못 해요. 끊을게요.

개러비디언이 전화를 끊는다.

마이크 : 변호사님? 젠장!

마이크가 격하게 반응한다.

마이크 : 제기랄.

외부. 보스턴의 지하철역 – 낮

지하철역에서 나온 사샤가 길을 건넌다.

필 : (목소리) 저도 다 알아요. 신부한테 강간당한 애들 얘기를 누가 읽고 싶어 하겠어요.

내부. 자메이카 플레인의 술집 – 낮

술집 안은 거의 비어있다. 사샤와 한 테이블에 마주 보고 앉은 필 사비아노는 신경이 매우 곤두서 있다.

- **get the hold of**
  ~을 잡다, ~을 손에 넣다, 연락을 취하다
- **judicial order**
  법원 명령
  court order
- **furiously**
  맹렬하게, 미친 듯이 날뛰며, 극단적으로
- **emerge**
  나오다, 나타나다, 드러나다, 벗어나다
  come out, come up, appear, arise
- **get it**
  〈구어〉 이해하다, 알다
  • I don't get it. 난 모르겠어.
- **relatively**
  비교적, 상대적으로
- **on the edge**
  신경이 곤두선, 안절부절못하는, 가장자리(모서리)에

Other newspapers are not my concern.

여기서 concern은 '관심사'라는 뜻으로, ~is not my concern이라고 하면 '나는 ~ 에 관심이 없다'는 말입니다. 내가 중요하게 생각하는 일이 아니니 내 알 바 아니라는 거죠. 비슷한 표현으로는 It's none of my business, It has nothing to do with me, I don't care about it 등이 있습니다.

Zoom In

Other newspapers are not my concern.

다른 신문사들은 내 알 바 아니에요.

PHIL : Especially now. But you asked a lot of people to relive some very painful experiences and you just disappear.

SACHA : (interrupting) Phil you know why we were taken off the story.

PHIL : It's been six weeks since 9/11.

SACHA : I realize that and we're gonna get back to it.

PHIL : (irritated) When? (shakes his head) You're doing the same thing you guys did last time.

SACHA : No.

PHIL : You're dropping us.

SACHA : No.

PHIL : Maybe I should tell the Herald that story.

SACHA : (intensely) Okay Phil, you go ahead and do that. It will undo all the work we've done, but I can't stop you.

It quiets him down. He hangs his head down.

SACHA : Listen to me. (seriously) I am here because I care. We're not going away. We're gonna tell this story, we're gonna tell it right. We just need a little more time. That's all we're asking for.

PHIL : (sneers) Why bother asking? You're gonna do what you want anyway. You always do.

필 : 이런 시기엔 특히 더하겠죠. 하지만 피해자들한테서 고통스러운 기억을 끄집어내 놓고 그냥 모른 체하시면 어떡해요.

사샤 : (끼어들며) 취재가 중단된 이유를 아시잖아요.

필 : 9/11 사건도 벌써 6주가 지났어요.

사샤 : 알아요. 곧 취재를 재개할 거예요.

필 : (안달하며) 언제요? (고개를 저으며) 지난번이랑 똑같은 짓을 하려는 거잖아요.

사샤 : 아니에요.

필 : 우릴 버리려는 거예요.

사샤 : 아니에요.

필 : 보스턴 헤럴드에 제보하는 게 낫겠어요.

사샤 : (거세게) 그래요, 제보하고 싶으면 하세요. 그럼 여태 취재한 게 다 물거품이 되겠지만, 제가 그걸 막을 순 없죠.

이 말에 필 사비아노는 조용해진다. 그리고 고개를 떨군다.

사샤 : 잘 들어요. (진지하게) 진심이 아니면 여기 나오지도 않았어요. 우린 절대 안 도망쳐요. 이 일을 제대로 알리고 말 거예요. 하지만 시간이 필요하니까 조금 더 기다려달라고 부탁하는 거예요.

필 : (빈정대듯 웃으며) 부탁은 뭐 하러 해요? 어차피 자기들이 원하는 대로 할 거면서. 당신들은 늘 그런 식이죠.

- **relieve**
  완화시키다, 안심시키다, 구출하다, 방출하다
- **disappear**
  사라지다, 실종되다
- **drop**
  떨어뜨리다, 내려놓다, 관계를 끊다, 그만두다
- **undo**
  원상태로 돌리다, 취소하다, 망치다, 풀다

Why bother asking?

괴롭히다, 귀찮게 한다는 뜻의 bother가 간혹 의문문이나 부정문에 쓰일 때 '신경 쓰다, 애쓰다'라는 의미로도 사용됩니다. 그래서 Why bother ~?라는 말은 '왜 ~를 하느라 애를 쓰느냐'고 묻는 의문문이 됩니다. 그렇게 애쓸 필요가 없다고 강조하는 표현이죠. What's the point?나 It's not necessary. 등도 같은 의미입니다.

- I can't come, so don't bother inviting me to the wedding. 나는 못 가니까 결혼식에 초대할 필요 없어.

Zoom In

Why bother asking?

부탁은 뭐 하러 해요?

Phil gets up and leaves.

SACHA : Phil… Phil…

But he's gone.

INT. HOLIDAY INN, HOTEL ROOM, MIAMI, FL - LATER

A crappy hotel room. A suitcase, clothes, papers everywhere. Mike takes a burrito out of the hotel microwave, tries to pick it up when his phone rings. He grabs the phone.

MIKE : (into phone) Hey.

ROBBY : (O.S.) How's South Beach?

MIKE : (tears off the plastic wrapper) Boynton Beach. Remarkably different place. What's up?

ROBBY : (O.S.) Mitch Garabedian called me today.

MIKE : Why'd he call you?

ROBBY : (O.S.) 'Cause he knew you'd yell at him. He re-filed the docs.

MIKE : (yelling) What?! Robby those docs are public now.

INT. GLOBE, ROBBY'S OFFICE / SPOTLIGHT - SAME

Robby is on the phone with Mike.

MIKE : (O.S.) We gotta get there before anyone else does.

필이 일어나서 걸음을 옮긴다.

사샤 : 필… 필….

하지만 필은 그냥 가버린다.

내부. 플로리다 주 마이애미의 홀리데이 인 호텔 방 – 얼마 후

허름한 호텔 방. 여행 가방과 옷가지, 신문이 사방에 널려있다. 마이크가 호텔 전자레인지에서 데운 부리토를 꺼내 먹으려고 할 때 전화벨이 울린다. 그가 전화를 받는다.

마이크 : (전화에다) 여보세요.

로비(목소리) : 사우스 비치는 어때?

마이크 : (부리토 봉지를 뜯으며) 여긴 보인턴 비치예요. 완전히 다른 곳이죠. 무슨 일이세요?

로비 : (목소리) 개러비디언이 오늘 나한테 연락을 해왔어.

마이크 : 왜 팀장님한테 연락을 해요?

로비 : (목소리) 자네라면 고함을 질러댔을 테니까. 서류를 제출했대.

마이크 : (큰 소리로) 뭐라고요?! 그럼 공개 서류가 된 거예요.

내부. 보스턴 글로브, 로비의 사무실 / 스포트라이트 – 동일 신

로비가 마이크와 통화 중이다.

마이크 : (목소리) 우리가 다른 데보다 먼저 확보해야 해요.

- **burrito**
  부리토 (멕시코 요리의 일종)
- **tear off**
  찢어내다, 떼어내다, 급히 쓰다
  remove something quickly by pulling violently
- **South Beach**
  사우스 비치 (미국 플로리다 주의 마이애미 비치에 있는 호화로운 휴양지)

We gotta get there before anyone else does.

gotta는 have got to의 준말이고 뜻은 have to와 같습니다. Gotta (have got too)가 have to보다 격식을 차리지 않은 구어체에 가깝죠. 맨 끝의 does는 앞에 나온 get there를 반복하지 않기 위해서 쓴 대동사이므로, before anyone else does는 '다른 누가 거기 가기 전에 먼저'라는 뜻이 됩니다.

Zoom In

We gotta get there before anyone else does.

우리가 누구보다 먼저 거기 가야 해요.

ROBBY : I know. I know. I know. Just wrap up what you're doing and get the first flight out.

MIKE : (O.S.) I'll book a flight now and go straight to the courthouse tomorrow.

ROBBY : All right. Call me when you get in.

MIKE : (O.S.) Okay.

Robby hangs up. Sacha is in his door, putting on her coat.

SACHA : Robby, I'd like to let Phil Saviano know that we're back on it.

ROBBY : Good idea. (types something on his computer keyboard) Go have dinner with Hansi. Might be the last time for a while.

SACHA : Uh-huh.

Sacha hesitates, then grabs a clip off her desk.

SACHA : Robby, after we saw MacLeish, I started going back through the clip. I had a little time last week finally, so, uh…

Sacha hands Robby the clip.

SACHA : It's from '93.

Robby looks down. We see the clip. "Lawyer For Porter Victims Says 20 Other Priests In Area Are Accused."

로비 : 알아. 나도 안다고. 거기 취재는 일단 마무리하고 제일 이른 비행기를 잡아타고 와.

마이크 : (목소리) 당장 비행기 예약해서 내일 법원으로 바로 갈게요.

로비 : 그래. 도착하면 연락하고.

마이크 : (목소리) 네.

로비가 전화를 끊는다. 그의 사무실 문 앞에서 사샤가 겉옷을 걸친다.

사샤 : 팀장님, 필 사비아노한테 취재 다시 시작한다고 알려줄게요.

로비 : 좋은 생각이야. (컴퓨터 키보드로 뭔가를 입력하며) 오늘은 남편이랑 저녁 먹어. 당분간 시간 내기 힘들 테니까.

사샤 : 네.

사샤가 잠시 망설이다가 자신의 책상 위에 놓인 기사 하나를 집어 든다.

사샤 : 팀장님, 지난번에 맥클레쉬를 만나고 와서 예전 자료들을 다시 뒤져봤어요. 지난주에 겨우 시간이 좀 나서요.

사샤가 로비에게 기사를 건넨다.

사샤 : 이걸 찾았어요. 93년도 기사예요.

로비가 기사를 내려다본다. 제목은 "포터 사건 피해자 측 변호사, 보스턴 신부 20명에 대한 추가 의혹 제기".

- **go straight**
  곧장 가다, 직진하다, 똑바로 살다 (갱생하다)
- **get in**
  도착하다, 귀가하다; 들어가다
  arrive at its destination
- **for a while**
  당분간, 한동안, 잠시

I'd like to let Phil Saviano know that we're back on it.

I'd like to~는 I would like to의 준말로 '내가 ~ 하고 싶다'는 제안입니다. I want to~보다 격식을 차린 완곡한 표현이죠. 또한, let someone know는 '~에게 알리다, 통보하다'라는 뜻입니다. 마지막으로 문장 끝에 쓰인 it은 성추행 사건의 취재를 말하는 거겠죠.

- I'd like you to let me know whether you can come or not. 네가 참석 가능한지 나한테 말해줬으면 좋겠어.

Zoom In

I'd like to let Phil Saviano know that we're back on it.

필 사비아노한테 취재 다시 시작한다고 알려주고 싶은데요.

Robby's face changes. Sacha waits, expecting a response.

ROBBY : That it?

Robby's abrupt tone catches Sacha by surprise.

SACHA : Yeah. Yeah, that's it.

ROBBY : Good night.

SACHA : Okay. Good night.

Sacha takes a beat, then turns, a bit confused and hurt. She walks off the office.

INT. MATT CARROLL'S HOUSE, BEDROOM, WEST ROXBURY, MA - NIGHT

Matt sits up in bed. Checks the clock. 4am. Can't sleep.

INT. MATT CARROLL'S HOUSE, KITCHEN - LATER

Matt closes the fridge door. He eyes a 9/11 bumper sticker on the fridge. His gaze drifts down to the photo of the house on Pelton Street. Matt frowns... realizing he's back on the church.

INT. MODERN RESTAURANT, PROVIDENCE, RI - DAY

Robby walks along the front of the restaurant, enters. A well dressed man who was checking his blackberry finds Robby and extends his hand. They shake hands.

KEVIN (PRE-LAP) : So, I was probably a few years after you, right?

로비의 표정이 변한다. 사샤는 로비의 반응을 기다리며 서 있다.

로비 : 이게 다야?

로비의 퉁명스러운 말에 사샤가 당혹스러워한다.

사샤 : 네, 그게 다예요.

로비 : 그럼 가봐.

사샤 : 네. 그럼 쉬세요.

약간 당황하고 마음이 상한 듯 멍하니 있던 사샤가 뒤돌아선다. 그리고 스포트라이트 팀 사무실을 걸어나간다.

내부. 매트 캐롤의 집 침실, 매사추세츠 주 웨스트 록스베리 – 밤

매트가 침대에서 일어나 앉는다. 시계는 새벽 4시를 가리키고 있다. 잠이 오지 않는다.

내부. 매트 캐롤의 집 부엌 – 얼마 후

매트가 냉장고 문을 닫는다. 냉장고에 붙은 9/11 범퍼 스티커에 시선이 간다. 그리고 곧 그 아래 붙어 있는 펠튼 가의 주택 사진으로 시선이 옮겨간다. 매트가 얼굴을 찡그린다. 다시 교회를 상대해야 한다.

내부. 세련된 식당, 로드아일랜드 주 프로비던스 – 낮

로비가 길을 걸어와 식당 안으로 들어온다. 양복을 차려입고 휴대폰을 확인하던 남자가 로비를 보자 손을 내민다. 두 사람은 악수를 한다.

케빈 : (목소리) 제가 선배님보다 몇 년 아래 기수죠?

- **bumper sticker**
  범퍼 스티커 (자동차 범퍼에 붙이는 문구나 로고 등이 들어간 스티커)
- **gaze**
  시선, 응시; 가만히 바라보다
  stare, fixed look
- **drift down**
  떠내려가다, 서서히 내려가다

Robby's abrupt tone catches Sacha by surprise.

abrupt는 '갑작스럽다'는 뜻으로 많이 쓰이지만 '퉁명한, 무뚝뚝한'이라는 의미도 있습니다. abrupt answer (퉁명한 대답), abrupt manner (무뚝뚝한 태도) 등으로 쓰이죠. 이 문장에서는 abrupt tone(퉁명스러운 말투)이라고 표현하고 있습니다. 또한 catch someone by surprise는 예상치 못한 일로 누군가를 놀라게 한다는 뜻입니다. 그래서 퉁명스러운 말투가 사샤를 당황하게 만들었다는 의미가 됩니다.

Zoom In

Robby's abrupt tone catches Sacha by surprise.

로비의 퉁명스러운 말에 사샤가 당혹스러워한다.

INT. MODERN RESTAURANT, PROVIDENCE, RI - MINUTES LATER

Robby and the man, Kevin, sit and talk. Kevin is friendly, amiable.

ROBBY	: No, you were more than a few. Believe me.
KEVIN	: (laughing) Well, after BC High I came down to Providence and played hockey for the Friars.
ROBBY	: Oh, well, you must have been pretty good.
KEVIN	: No. Rode the bench in college. Yeah. But I loved the city. And we just had our third kid. And I still get my Globe, for the record.
ROBBY	: Ah, that's good to know. Good to know.

Kevin smiles. Robby nods. Takes a beat. Then dives in.

ROBBY	: Look, Kevin. That's actually why I'm here. I... need to ask you some questions about Father Talbot.

Kevin's face tightens, his eyes intense. Robby waits.

KEVIN	: How'd you find out?
ROBBY	: Well...
KEVIN	: I guess it doesn't matter. (shakes his head) I never even told my wife...

내부. 세련된 식당, 로드아일랜드 주 프로비던스 – 몇 분 후

로비가 아까 그 남자 (케빈)와 앉아서 대화를 나누고 있다. 케빈은 친절하고 붙임성 있는 성격이다.

로비 : 아니요, 몇 년이 아니라 한참 차이 날 거예요.

케빈 : (웃으며) 전 고등학교를 졸업하고 프로비던스로 왔어요. 하키로 대학에 진학했거든요.

로비 : 실력이 아주 좋았나 봐요.

케빈 : 아니요. 대학에선 벤치 신세였어요. 그래도 여기 생활이 만족스러워요. 얼마 전에 셋째가 태어났고 전 아직도 보스턴 글로브를 구독해요.

로비 : 그거 듣기 좋군요.

케빈이 미소를 짓는다. 로비는 고개를 끄덕인다. 잠시 침묵이 흐르고, 본론이 시작된다.

로비 : 그런데, 케빈. 사실 신문사 일 때문에 왔어요. 그러니까… 탤벗 신부에 관해서 물어보고 싶어서요.

케빈의 얼굴이 굳고, 눈에 힘이 들어간다. 로비는 잠잠히 기다린다.

케빈 : 어떻게 아셨죠?

로비 : 그게….

케빈 : 하긴 그런 건 상관없죠. (고개를 가로저으며) 집사람한테도 말 안 한 건데….

- **amiable**
  상냥한, 친절한, 붙임성 있는
- **ride the bench**
  (운동경기에서 주전으로 뛰지 못하고) 벤치를 지키다, 벤치 신세다
  warm the bench
- **for the record**
  참고로 말해두는데, 분명히 말해서, 공식적으로 말해서
  for your information
- **dive in**
  뛰어들다, ~을 시작하다

(I) Rode the bench.

ride the bench는 직역하면 벤치를 타고 있다는 말인데요. 여기서 벤치란 선수들이 앉는 긴 의자를 말하므로, 주전으로 뛰지 못하고 경기 중에 대기하는 후보 선수라는 뜻이 됩니다. 비슷하게 warm the bench라는 표현도 있습니다. 역시 벤치만 데우고 있는 후보 신세라는 말이죠. 이런 맥락에서 후보 선수를 bench-warmer라고 합니다.

- My son is warming the bench again. 우리 아들은 또 벤치만 지키고 있어.

Zoom In

(I) Rode the bench.

난 벤치 신세였어요.

INT. SUFFOLK COUNTY COURTHOUSE, HALLWAY - MOMENTS LATER

Mike, still carrying his bags from the plane, emerges from an elevator.

MIKE : Excuse me.

Mike hurries down the hall, nearly knocking people out of the way. He arrives at the records room and slams up against the glass just as the clerk (O'Brian) locks the door.

MIKE : Hey, hey. I need to get in there.

O'BRIAN : We're closed.

MIKE : Come on, let me in. Five minutes.

O'BRIAN : I'm sorry, we're closed.

MIKE : Come on. Five minutes.

But the clerk leaves. Mike bangs the door in frustration.

INT. SUFFOLK COUNTY COURTHOUSE, HALLWAY - MORNING

The elevator door opens and Clerk O'Brian walks out with coffee and a copy of the Globe. As he approaches the door, Mike who was sitting on the hallway stands up and follows him.

INT. SUFFOLK COUNTY COURTHOUSE, RECORDS ROOM - CONTINUOUS

Mike fills out the application for records and hands it to O'Brian.

MIKE : Here.

O'Brian reads it.

O'BRIAN : This is the Geoghan case?

MIKE : That's right.

내부. 서픽 카운티 법원 복도 - 잠시 후

마이크가 비행기에서 내린 짐을 그대로 들고 엘리베이터에서 나온다.

마이크 : 실례할게요.

마이크는 거의 사람들을 칠 뻔하며 황급히 복도를 뛰어간다. 그렇게 기록실에 도착하지만 사서인 오브라이언이 문을 잠그고 있다. 마이크는 그 유리문을 향해 몸을 부딪친다.

마이크 : 잠깐만요. 전 들어가야 해요.

오브라이언 : 문 닫았어요.

마이크 : 열어줘요. 딱 5분이면 돼요.

오브라이언 : 미안하지만 이미 닫았어요.

마이크 : 제발요. 5분만요.

하지만 사서는 가버린다. 실망한 마이크가 문을 쾅쾅 친다.

내부. 서픽 카운티 법원 복도 - 아침

엘리베이터 문이 열리고 양손에 커피와 보스턴 글로브를 든 사서 오브라이언이 내린다. 그가 기록실 문으로 걸어가자 복도에 앉아있던 마이크가 일어나 따라간다.

내부. 서픽 카운티 법원 기록실 - 계속

마이크가 기록 열람 신청서를 작성해 오브라이언에게 건넨다.

마이크 : 여기요.

오브라이언이 신청서를 읽는다.

오브라이언 : 게이건 신부 사건이에요?

마이크 : 맞아요.

- **knock out**
  나가떨어지게 하다, 놀라게 하다, (권투에서) 녹아웃 시키다
- **bang**
  세게 치다, 두드리다, 부딪치다, 닫다
- **frustration**
  좌절, 실망, 불만

Excuse me.

Excuse me는 남이 기분 나빠할 수 있는 말이나 행동을 할 때 사과를 구하는 표현이죠. 길거리에서 낯선 사람과 몸이 조금만 부딪쳐도 자동으로 나오는 말입니다. 그만큼 사과를 하지 않고 지나치는 건 무례하게 여겨지죠. 영어권 국가를 여행하게 된다면 이 말은 꼭 생활화하는 게 좋겠습니다.

Zoom In

Excuse me.

실례할게요.

O'BRIAN : (shakes his head) Those records are sealed.

MIKE : No. That's a public motion. Those records are public. Look, I work for the Globe.

O'BRIAN : Good for you.

Mike senses his hostile attitude.

MIKE : (pointing inside) Can I talk to your supervisor?

O'BRIAN : He's not in today.

MIKE : What about a judge? There must be judges that work on this kind of thing.

O'Brian eyes Mike and nods.

O'BRIAN : Sixth floor.

Mike rushes out to the elevators.

INT. BC HIGH, PRESIDENT KEMEZA'S OFFICE, DORCHESTER - DAY

Robby, Sacha sit with president Bill Kemeza, spokesman Jack Dunn, and Pete Conley.

JACK DUNN : We understand the nature of the allegations against Father Talbot. I'm just not sure what you want from President Kemeza. Talbot taught here long before Bill took over.

SACHA : Of course. We just want to know if it's possible that the President, the faculty, the Board, that no one knew what was going on at the time.

오브라이언 : (고개를 가로저으며) 그 문서는 비공개예요.

마이크 : 아니요. 그건 공개 자료예요. 열람이 가능하다고요. 전 보스턴 글로브 기자예요.

오브라이언 : 좋으시겠네요.

마이크는 그의 냉담한 태도를 감지한다.

마이크 : (안쪽을 가리키며) 여기 책임자 있어요?

오브라이언 : 오늘 비번이에요.

마이크 : 그럼 판사는요? 이런 문제에 관여하는 판사가 있을 거 아니에요.

오브라이언이 마이크를 빤히 쳐다보며 고개를 끄덕인다.

오브라이언 : 6층으로 가봐요.

마이크가 서둘러 엘리베이터로 뛰어간다.

내부. 보스턴칼리지 고등학교 교장실, 도체스터 – 낮

로비와 사샤가 교장인 빌 키메자, 대변인 잭 던, 그리고 피트 콘리와 함께 앉아 있다.

잭 던 : 탤벗 신부님이 어떤 의혹을 받고 있는지는 알겠지만, 현직 교장 선생님께 뭐가 궁금하신 거죠? 탤벗 신부님이 계셨던 건 훨씬 이전 교장 때의 일인데요.

사샤 : 그건 그렇죠. 저희는 당시 교장이나 교직원, 이사들이 정말 아무도 이 일을 몰랐는지 알아보려고 왔어요.

- **supervisor**
  감독, 관리자, 지도교수
- **eye**
  눈, 시력; 쳐다보다, 눈여겨보다, 관찰하다
- **nature**
  자연, 본질, 성격, 종류
  essence, character
- **take over**
  인수하다, 인계받다, 양도받다, 장악하다

There must be judges that work on this kind of thing.

There must be~는 '틀림없이 ~할 것이다'라는 확신의 표현입니다. There must be some mistake라고 하면 틀림없이 무슨 오해가 있나 보다는 뜻이 되죠. 또한, this kind of ~는 이런 (종류의) ~라는 뜻으로 I don't want to get involved in this kind of situation.이라고 하면, 난 그런 상황에 연루되고 싶지 않다는 말입니다.

Zoom In

There must be judges that work on this kind of thing.

이런 문제에 관여하는 판사들이 있을 거 아니에요.

JACK DUNN : I graduated in 1979 and I had no idea about any of this, so... if you're suggesting that Father Gibbons and Father Callahan had in any way-- had in any way--

ROBBY : (cutting in) Gibbons and Callahan... I mean they ran this place like the navy. Do you really think they didn't know?

JACK DUNN : It's a big school, Robby. You know that. And then we're talking about seven alleged victims over, what, eight years.

ROBBY : We're talking about seven that we know about.

JACK DUNN : This is ridiculous. You're reaching for a story here--

KEMEZA : Jack. Jack. Jack. If I had been president then, I would've known.

Conley looks at him, sharp.

JACK DUNN : Bill, I'm not sure that's relevant.

KEMEZA : Why do you think they sent Talbot up to Cheverus? You know they wanted him out of town.

PETE CONLEY : (clears his throat) Robby, as well intentioned as Bill's remarks are, I'm hoping we can keep this between us until we all get on the same page.

Robby and Sacha share a look. Robby raises his eyebrows.

잭 던 : 전 1979년에 졸업했는데 이런 얘기는 전혀 못 들어봤어요. 지금 말씀하시는 게 혹시 기븐스 신부님이나 캘러헌 신부님이 어떤 식으로든….

로비 : (끼어들며) 기븐스와 캘러헌…. 그 신부들은 학교를 무슨 해군처럼 운영했어요. 정말 그 사람들이 몰랐을 것 같아요?

잭 던 : 아시다시피 학교 규모가 워낙 크잖아요. 피해를 보았다고 주장하는 사람도 겨우 7명이라면서요. 8년 동안요.

로비 : 우리가 아는 것만 7명인 거죠.

잭 던 : 이러시면 안 되죠. 얘기를 만들어내려고 하시면….

키메자 : 잭, 그 정도만 해요. 내가 그때 교장이었다면 아마 알았을 거예요.

콘리가 그를 날카롭게 쏘아본다.

잭 던 : 그런 부적절한 말씀은 하지 마세요.

키메자 : 아니면 왜 탤벗 신부를 셰브러스로 전출시켰겠어요? 여기서 멀리 보내버린 거죠.

피트 콘리 : (헛기침을 한 후) 로비, 교장 선생님이 이렇게 호의를 보여주신 만큼, 이 얘기는 서로 의견이 일치할 때까지 비밀로 해줬으면 하네.

로비와 사샤가 시선을 교환한다. 로비가 눈썹을 추켜세운다.

- **navy**
  해군
  • army 육군
  • air force 공군
- **sharp**
  날카로운, 선명한, 총명한; 날카롭게, 민첩하게
- **relevant**
  관계가 있는, 적절한, 상당한
  • irrelevant 부적절한, 무관한, 무의미한
- **out of town**
  도시 밖의, 시외의, 타지의
  • out of town visitor 타지에서 온 방문객
  • go out of town (출장 등으로) 도시를 뜨다
- **well intentioned**
  선의의, 선의에서 나온
  trying to help but often making things wrong

I'm hoping we can keep this between us until we all get on the same page.

keep something between us는 무언가를 우리 사이에 남겨두자, 즉 남한테는 말하지 말자는 얘기가 됩니다. 또한, on the same page는 같은 페이지 위에 있다는 말이므로 서로 의견이 일치한다는 뜻입니다. I think we're all on the same page.라고 하면 우리 모두 의견이 일치하는 것 같다는 말이죠.

Zoom In

I'm hoping we can keep this between us until we all get on the same page.

이 얘기는 서로 의견이 일치할 때까지 비밀로 해줬으면 하네.

ROBBY : Is that why we're here, to get on the same page?

PETE CONLEY : No, we're here because you're an important alumnus, Robby, and a friend.

JACK DUNN : Exactly, and we know you care about this school as much as we do.

Robby contains his anger.

ROBBY : Did you play a sport here, Jack?

JACK DUNN : (confused) Yeah. Football. Why?

ROBBY : I ran track. You know I went to Providence yesterday to talk to one of Father Talbot's victims. He played hockey here. And he's one of the better ones, he's got a wife, kids, good job. About ten minutes into the conversation, the guy breaks down. You know, couldn't stop crying. Said he could never figure out why Father Talbot picked him. (beat, to Jack) Father Talbot coached the hockey team. So… I guess we just got lucky. You and me.

EXT. BC HIGH, DORCHESTER, MA - DAY

Robby and Sacha walk from BC High back to Globe.

SACHA : Does Jack Dunn work for the school?

ROBBY : No, he's PR for Boston College. They call him when they need help.

로비 : 그 의견을 나누자고 여기 모인 거 아닌가?

피트 콘리 : 아니, 우린 자네가 중요한 동문이고 친구라서 온 거야.

잭 던 : 맞아요. 그리고 모교를 우리만큼 아끼는 분이라는 걸 아니까요.

로비가 속으로 분노를 억누른다.

로비 : 잭, 학창시절에 운동했어요?

잭 던 : (어리둥절하며) 네, 미식축구를 했죠. 왜요?

로비 : 난 육상을 했어요. 내가 어제 프로비던스에 가서 탤벗 신부에게 당한 피해자를 만나고 왔어요. 여기서 하키를 했던 친구죠. 그래도 잘 풀려서 부인과 애들도 있고 좋은 직장에 다녀요. 그런데도 얘기를 시작한 지 10분 만에 무너져 내리더군요. 눈물을 멈추지를 못하면서요. 탤벗 신부가 왜 자기를 골랐는지 아무리 생각해도 이해가 안 간대요. (잠시 멈췄다가 잭에게) 탤벗 신부는 하키팀 감독이었어요. 그러니까… 당신이나 나나 우린 그냥 운이 좋았던 거예요.

외부. 보스턴칼리지 고등학교, 매사추세츠 주 도체스터 – 낮

로비와 사샤가 학교를 나와 다시 신문사로 걸어간다.

사샤 : 잭 던이 이 학교에서 일해요?

로비 : 아니, 보스턴 칼리지의 홍보실에 있어. 도움이 필요할 때만 부르는 거지.

- **alumnus**
  남자 동창생, 졸업생
  • alumna 여자 동창생, 졸업생
  • alumni 동창생 (복수형)
- **track**
  길, 자국, 트랙, 육상 경기
- **break down**
  고장 나다, (감정 등이) 허물어지다
  • nervous breakdown 신경쇠약
- **coach**
  지도하다

We know you care about this school as much as we do.

care about은 '마음을 쓰다, 관심을 가지다'라는 표현입니다. this school, 즉 이들이 졸업한 고등학교에 대한 애교심을 언급하면서 학교의 평판을 생각하라고 은근히 압력을 넣는 겁니다. as much as we do에서 맨 끝의 do 역시 care about을 대체하고 있습니다.

Zoom In

We know you care about this school as much as we do.

(당신이) 모교를 우리만큼 아끼는 분이라는 걸 아니까요.

SACHA : And Pete Conley? Why was he there?

ROBBY : Good question. Pete's a big alumn, but I called Bill directly and asked for a sit down. I never mentioned anybody else.

SACHA : It's like everybody already knows the story.

ROBBY : Yeah. Except us. And we work right there.

INT. SUFFOLK COUNTY COURTHOUSE, JUDGE'S WAITING ROOM - DAY

Mike is still waiting. A judge enters. Mike stands.

MIKE : Judge Volterra?

JUDGE VOLTERRA: Yes.

MIKE : (shakes hands) Hi, I'm Mike Rezendes from the Boston Globe. I'm having some trouble accessing some public records down in the records room. I was wondering if I could have a word with you?

JUDGE VOLTERRA: All right.

MIKE : Thank you.

Mike follows the judge into his chambers.

MIKE : Thank you very much.

INT. SUFFOLK COUNTY COURTHOUSE, JUDGE'S CHAMBERS - LATER

Judge Vieri Volterra stares down at Mike's request.

사샤 : 피트 콘리는요? 그 자리에 왜 있던 거죠?

로비 : 좋은 질문이야. 피트는 거물급 동문이야. 하지만 난 교장한테 직접 전화해서 만나자고 했지 다른 사람은 언급한 적이 없어.

사샤 : 다들 이미 아는 내용 같던데요.

로비 : 그래. 우리만 빼고 말이야. 우리 신문사가 바로 코앞인데 말이야.

내부. 서퍽 카운티 법원, 판사 대기실 – 낮

마이크는 아직 기다리고 있다. 판사 한 명이 들어오자 마이크가 일어선다.

마이크 : 볼테라 판사님?

볼테라 판사 : 그런데요.

마이크 : (악수를 하며) 안녕하세요. 보스턴 글로브의 마이크 레젠데스 기자입니다. 기록실에서 공개 문서를 열람하려 하는 데 문제가 생겨서요. 판사님과 잠깐 말씀을 나눌 수 있을까요?

볼테라 판사 : 그러시죠.

마이크 : 감사합니다.

마이크가 판사를 따라 판사실로 들어간다.

마이크 : 정말 감사합니다.

내부. 서퍽 카운티 법원 판사실 – 얼마 후

비에리 볼테라 판사가 마이크의 신청서를 보고 있다.

- **alumn**
  졸업생 (alumnus나 alumni)
- **except us**
  우리만 빼고, 우리만 제외하고
  except for us, excluding us
- **chamber**
  방, 판사실, 회의실

I was wondering if I could have a word with you?

I was wondering if~는 '~을 해주셨으면 한다'는 정중한 부탁입니다. 비슷한 표현으로는 Would it be possible to~ 혹은 I would be most grateful if you could~ 등이 있습니다. 또한, have a word with~는 '~와 잠시 얘기를 나눈다'는 말로, 특히 단둘이 할 얘기가 있을 때 이렇게 표현합니다.

Zoom In

I was wondering if I could have a word with you?

잠깐 말씀을 나눌 수 있을까요?

JUDGE VOLTERRA: These exhibits you're after, Mr. Rezendes… they are very sensitive records.

MIKE : With all due respect, your honor, that's not the question. The records are public.

JUDGE VOLTERRA: Maybe so, but tell me, (takes off his glasses) where's the editorial responsibility in publishing records of this nature?

MIKE : Well, where's the editorial responsibility in not publishing them?

INT. SUFFOLK COUNTY COURTHOUSE, RECORDS ROOM - DAY

Clerk O'Brian drops the file in front of Mike, who dives in. A beat, then Mike grabs the files, starts to rush out.

O'BRIAN : You can't take those. You need to make copies.

MIKE : I'm going to the copy room.

O'BRIAN : It closed at four.

Mike stops, fucked. He digs into his pocket.

MIKE : Okay. I'll give you…

Mike counts all the money he has on him.

MIKE : …eighty-three bucks to use yours.

볼테라 판사 : 기자님, 요청하신 증거 서류들은… 아주 민감한 자료예요.

마이크 : 외람된 말씀이지만 제가 여쭤본 건 그게 아닙니다. 이건 공개 문서잖아요.

볼테라 판사 : 그렇긴 하지만, 한번 말해보세요. (안경을 벗으며) 이런 기록을 보도하는 게 언론의 의무일까요?

마이크 : 그럼 보도를 안 하는 게 언론의 의무인가요?

내부. 서퍽 카운티 법원 기록실 - 낮

사서 오브라이언이 파일을 꺼내놓자 마이크가 달려든다. 그리고 잠시 후, 파일을 집어 들고 서둘러 나가기 시작한다.

오브라이언 : 가져가시면 안 돼요. 복사를 하셔야죠.

마이크 : 복사실에 가는 거예요.

오브라이언 : 거긴 4시에 닫았어요.

마이크가 기운이 빠져서 멈춰 선다. 그리고 주머니를 뒤진다.

마이크 : 사례를 할게요.

마이크가 가진 돈을 전부 세어본다.

마이크 : 83달러 드릴 테니까 여기 복사기 좀 빌려줘요.

- **with all due respect**
  외람된 말씀이지만, 말씀드리기 송구스럽지만
- **tell me, ~**
  한번 말해보세요
  (구어체 문장에서 질문에 앞서 tell me라고 하는 건 이어지는 질문에 대한 주의를 환기시키는 가벼운 표현입니다.)
  • Tell me, which one do you prefer? 말해 봐, 어떤 게 더 마음에 들어?
- **editorial responsibility**
  언론인(기자)으로서의 의무
- **copy room**
  복사실

Chapter 9

급물살을 타는 취재

The Investigation Gains Speed

시간 01:34:54~01:47:44

EXT. SUFFOLK COUNTY COURTHOUSE, DOWNTOWN BOSTON - TWILIGHT
Mike runs out of the courthouse, chases down a cab.

MIKE : Hey, cabbie! (whistles) Hey! Hey! Hey! Hey! Hey! Hey! Hey! Hey! Hey! Hey! Hey! Hey!

The cab stops, Mike jumps in, takes out his phone at the same time.

MIKE : Take me to the Boston Globe on Morrisey Boulevard. Don't take 93. Take Dorchester Avenue. (into phone) Robby, it's incredible!

EXT. STATE STREET, BOSTON - MOMENTS LATER
Mike's cab moves up State Street.

MIKE : (V.O.) Law new about Geoghan for years, no question. There's a letter to Law from a woman Margaret Gallant, who lived in Jamaica Plain in the early 80's when Geoghan was there.

외부. 서퍽 카운티 법원, 보스턴 다운타운 – 해 질 녘

마이크가 법원에서 나와 택시를 잡으러 뛰어간다.

마이크 : 어이, 택시! (휘파람을 불고) 여기요! 여기! 여기!

택시가 멈춰 서자 마이크가 뛰어든다. 그리고 바로 휴대전화를 꺼내 든다.

마이크 : 모리시 가에 있는 보스턴 글로브 신문사요. 93번 타지 마시고 도체스터 가로 가 주세요. (전화에 대고) 팀장님, 정말 대박이에요.

외부. 스테이트 가, 보스턴 – 잠시 후

마이크의 택시가 스테이트 가를 지난다.

마이크 : (목소리) 추기경이 게이건에 대해 오랫동안 알고 있던 게 확실해요. 마가렛 갤런트라는 여성이 추기경에게 보낸 편지가 있어요. 80년대 초반에 자메이카 플레인에 살았어요. 게이건 신부가 있던 때죠.

- **twilight**
  해 질 녘, 땅거미, 환혼
- **chase down**
  뒤쫓다, 추구하다
- **no question**
  틀림없다, 의심의 여지가 없다 (There's no question about it을 줄인 말)

EXT. RESIDENTIAL STREET- MOMENTS LATER

Mike's cab rolls passed townhouses.

MIKE : (V.O.) Listen to this, "Our family is rooted in the Church, our desire is to protect the Holy Orders."

EXT. KING'S CHAPEL, TREMONT STREET, BOSTON - MOMENTS LATER

Mike's cab whisks past the old King's Chapel.

MIKE : (V.O.) "Even in the midst of our agony over the seven boys in our family who have been violated." Seven, Robby. Seven boys.

As the cab passes a playground by the cathedral, we see Patrick McSorley with his kid. He absent-mindedly pushes his kid on a swing.

EXT. WEST 4TH STREET BRIDGE, BOSTON - LATER

The cab crosses over the bridge into Dorchester.

MIKE : (V.O.) "It was suggested we keep silent. We did not question the authority of the Church two years ago...

EXT. OLD COLONY ROAD, DORCHESTER - LATER

The cab rolls on by.

MIKE : (V.O.) ...but since Father Geoghan is still in his parish--" But she sent it to Law and Law did shit!

외부. 레지덴셜 가 – 잠시 후

마이크의 택시가 타운하우스들을 지나간다.

마이크 : (목소리) 이걸 들어보세요. "저희 집은 대대로 가톨릭 집안이기에 성직자들의 권위에 도전하고 싶지 않았습니다."

외부. 킹스 채플, 트레몬트 가, 보스턴 – 잠시 후

마이크의 택시가 고풍스러운 킹스 채플 앞을 빠르게 지나간다.

마이크 : (목소리) "제 아들 일곱 명이 수치스러운 일을 당해 고통스러워하는 중에도 말입니다." 일곱 명이래요. 자그마치 일곱 명이요.

택시가 성당 옆의 놀이터를 지날 때, 화면에 패트릭 맥솔리와 그의 아들이 비친다. 패트릭은 멍하니 아들이 탄 그네를 밀고 있다.

외부. 웨스트 4가 다리, 보스턴 – 얼마 후

택시가 다리를 건너 도체스터로 넘어간다.

마이크 : (목소리) "침묵하고 있으라고 하셔서 2년 전에는 교회의 권위에 이의를 제기하지 않았지만…."

외부. 올드 콜로니 길 – 얼마 후

택시가 지나간다.

마이크 : (목소리) …게이건 신부는 아직 그 교구에 있습니다." 이 편지를 추기경한테 보냈는데 추기경은 깡그리 무시했어요!

- **townhouse**
  타운하우스(도시의 주택, 연립 주택)
- **be rooted in**
  ~에 뿌리를 박고 있다, ~에 원인이 있다
- **in the midst of**
  ~ 중에, ~ 하는 가운데, ~이 한창일 때
- **agony**
  심한 고통, 몸부림, 격정
  torture, misery, nightmare, anguish
- **violate**
  위반하다, 더럽히다, 욕되게 하다
- **absent-mindedly**
  멍하니, 다른 데 정신이 팔려서, 넋을 잃고
  so lost in thought that one does not realize what one is doing
- **swing**
  흔들리다, 휘두르다, 빙 돌다; 그네, 스윙
- **question**
  질문하다, 의심하다, 이의를 제기하다
  doubt, mistrust, suspect
- **authority**
  권위, 권한, 당국, 권위자
- **roll on (by)**
  지나가다, 경과하다

It was suggested we keep silent.

'제안하다, 넌지시 말하다'라는 뜻의 suggest는 주로 suggest that~이나 suggest ~ing의 형태로 사용됩니다. 이 문장도 It was suggest (that) we keep silent.에서 that이 생략된 형태죠. 주어를 we로 바꾸고 싶다면 We were told / We were advised to keep silent.라고 하면 됩니다.

Zoom In

It was suggested we keep silent.

저희는 침묵하라는 말을 들었습니다.

EXT. DORCHESTER ROAD - LATER

The cab drives alongside a lake.

MIKE : (V.O.) Here's another one to Law, same year. Listen to this, "A word on the recent assignment of Father Geoghan..."

EXT. BOSTON GLOBE - LATER

The cab pulls up. Mike gets out of the cab and runs inside.

MIKE : (V.O.) "...as an associate at Saint Julia's in Weston."

INT. BOSTON GLOBE, FOYER - CONTINUOUS

Mike races into the glass doors, runs through the lobby, then hustles up the escalator.

MIKE : (V.O.) "Father Geoghan has a history of homosexual involvement with young boys. I understand his recent departure from Saint Brendan's may be related to this problem."

INT. GLOBE, SPOTLIGHT OFFICE - NIGHT

The whole team sits around as Mike finishes reading.

MIKE : (V.O.) "I wonder if Father Geoghan should not be reduced to just weekend work while receiving some kind of therapy. You know how grateful I am to you for your constant concern. Sincerely yours in our Lord, Most Reverend John M D'Arcy, Auxiliary Bishop of Boston. December 7, 1984."

외부. 도체스터 길 – 얼마 후

택시가 호숫가를 달린다.

마이크 : (목소리) 같은 해에 추기경한테 보내진 편지가 또 있어요. 들어보세요. "이번에 게이건 신부를…."

외부. 보스턴 글로브 – 얼마 후

택시가 멈춰 선다. 마이크가 택시에서 내려 신문사 안으로 뛰어들어간다.

마이크 : (목소리) "…웨스턴의 성 줄리아 성당의 보좌 신부로 임명하셨더군요."

내부. 보스턴 글로브, 현관 – 계속

마이크가 유리문을 밀며 허겁지겁 들어와 로비를 내달린 후, 에스컬레이터를 뛰어 올라간다.

마이크 : (목소리) "게이건 신부는 소년들과 관계를 한 전력이 있습니다. 최근 성 브렌단 성당에서도 이런 문제로 전출된 것으로 알고 있습니다."

내부. 보스턴 글로브, 스포트라이트 팀 사무실 – 밤

스포트라이트 팀 전체가 둘러앉아 있는 가운데 마이크가 편지를 끝까지 읽는다.

마이크 : (목소리) "어떤 식으로든 치료를 받는 동안은 성직으로 복귀시켜서는 안 될 것 같습니다. 제게 늘 마음 써주시는 점을 진심으로 감사히 생각하고 있습니다. 주님 안에서 이 편지를 올립니다. 보스턴 보좌 주교 존 M. 다시. 1984년 12월 7일."

- **associate**
  연상하다, 어울리다; 동료, 준회원, 공범
- **reduce**
  줄이다, 낮추다, 감소시키다, 복위시키다
- **grateful**
  감사하는, 고마워하는
  thankful, appreciative
- **sincerely yours**
  (편지를 맺는말) ~올림, ~로부터
- **auxiliary**
  보조의, 예비의

Father Geoghan has a history of homosexual involvement with young boys.

have a history of~는 과거에 '~한 전력이 있다'는 말입니다. 주로 병력이나 부정적인 문제를 언급할 때 이런 표현을 하죠. He has a history of cheating on his girlfriend.라고 하면 그는 여자 친구를 두고 바람을 피운 전력이 있다. She has a history of drug abuse.는 그녀는 약물 중독에 빠진 전력이 있다는 뜻입니다.

Zoom In

Father Geoghan has a history of homosexual involvement with young boys.

게이건 신부는 소년들과 관계를 한 전력이 있습니다.

MATT : (surprised) An auxiliary bishop wrote that?

SACHA : That's incredible. He broke ranks. I mean, when did Gallant write her letter?

MIKE : 1984.

SACHA : And Law just ignored it.

MATT : (enraged) How do you ignore that freakin' letter?

MIKE : (to Robby) We got 'em. You can't read these letters and think anything else. It's proof.

Robby also finishes reading another letter standing at Sacha's desk.

ROBBY : Yeah. It is. This is good work.

MIKE : Should we take it up to Ben?

ROBBY : (takes off his glasses) Uh, no. Not yet.

MIKE : Why not? We got Law. This is it.

ROBBY : No, this is Law covering for one priest. There's another 90 out there.

MIKE : Yeah, we'll print that story when we get it, but we gotta go with this now.

ROBBY : I'm not going to rush this story, Mike.

MIKE : We don't have a choice, Robby. If we don't rush to print, somebody else is going to find these letters and butcher the story. Joe Quimby from the Herald was at the freakin' courthouse.

매트 : (놀라며) 보좌 주교가 쓴 편지라고?

사샤 : 엄청난 일이네. 조직에 반기를 든 거잖아. 갤런트 부인의 편지는 언제 쓴 거지?

마이크 : 1984년이야.

사샤 : 그런데 추기경은 묵살한 거고.

매트 : (분개하며) 어떻게 저 편지를 무시할 수가 있지?

마이크 : (로비에게) 이제 잡았어요. 도저히 다른 식으로 해석할 수가 없잖아요. 확실한 물증이에요.

로비도 사샤의 책상 앞에 서서 다른 편지를 막 읽은 참이다.

로비 : 그래, 맞아. 수고 많았어.

마이크 : 부국장님께 보고할까요?

로비 : (안경을 벗으며) 아니, 아직은 안 돼.

마이크 : 왜요? 이걸로 추기경의 꼬리를 잡았잖아요.

로비 : 이건 신부 한 명을 덮어준 증거야. 90명이 더 있잖아.

마이크 : 그건 증거를 찾는 대로 기사화하면 되죠. 이건 지금 터뜨려야 해요.

로비 : 성급하게 기사화할 순 없어.

마이크 : 지금 선택의 여지가 없어요. 당장 보도하지 않으면 누가 이 편지들을 찾아내서 얘기를 망쳐버릴지 모른다고요. 헤럴드의 조 컴비가 법원까지 왔었단 말이에요.

- **break ranks**
  대열을 흐트러뜨리다, 낙오하다, 의견을 달리하다
  publicly show that you disagree with a group of which you are a member
- **out there**
  저기에, 거기에, 저 밖에
- **rush**
  서두르다, 성급하게 행동하다, 돌진하다, 습격하다
- **butcher**
  도살하다, 학살하다, (실수로) 망쳐놓다

We don't have a choice.
여기서 choice는 선택권이라는 뜻으로 쓰였습니다. 그러므로 do not have a choice는 선택권이 없다, 즉, 선택의 여지가 없다는 말이죠. 비슷한 표현으로는 have no choice / have little choice가 있습니다. 주로 have no choice / have little choice but to~의 형식으로 써서, ~을 할 수밖에 없는 상황을 강조합니다.

Zoom In

We don't have a choice.

선택의 여지가 없어요.

ROBBY : So we'll write a holding story and we'll keep our eye on the Herald.

MIKE : (losing it) Keep our eye on the Herald? They run this and they get it wrong, the Church will bury it. We, we gotta do this now.

MATT : Mike, Mike.

MIKE : What? (to Robby) Why are we hesitating? Baron told us to get Law. This is Law.

ROBBY : Baron told us to get the system. We need the full scope, that's the only thing that will put an end to this.

MIKE : Then let's take it up to Ben, let him decide.

ROBBY : We'll take it to Ben when I say it's time!

MIKE : (infuriated) It's time, Robby. It's time! They knew and they let it happen. To kids! Okay. It coulda been you, it coulda been me, it could have been any of us. We gotta nail these scumbags, we gotta show people that nobody can get away with this. Not a priest or a Cardinal or or a freaking Pope.

Robby, Sacha, and Matt are still. Mike is out of breath, adrenaline draining.

로비 : 그럼 기사를 미리 쓰면서 준비해 놓고 헤럴드 쪽의 움직임을 계속 주시해.

마이크 : (발끈하며) 헤럴드를 주시해요? 그쪽에서 기사를 써서 잘못 건드리면 교회는 이걸 다 덮어버릴 거예요. 우리가 지금 터뜨려야 해요.

매트 : 마이크, 마이크.

마이크 : 왜? (로비에게) 왜 망설이세요? 국장님이 추기경을 파헤치라고 해서, 이렇게 물어왔잖아요.

로비 : 시스템을 들춰내라고 하셨지. 우린 전체적인 그림이 필요해. 그래야만 이 고리를 끊어낼 수 있어.

마이크 : 그럼 부국장님한테 가져가서 결정하시게 하죠.

로비 : 내가 때가 됐다고 판단하면 보고할 거야.

마이크 : (격분해서) 지금이 그때예요. 바로 지금이라고요! 그 사람들은 사태의 전말을 알면서도 애들이 그 일을 당하게 놔뒀어요! 아시겠어요? 그게 팀장님이나 저일 수도 있었고 누구든 걸려들 수 있었어요. 이 쓰레기들을 잡아서 이런 짓을 하고도 도망칠 수 있는 사람은 없다는 걸 알려야 해요. 그게 신부든 추기경이든 빌어먹을 교황이든 말이에요.

로비와 사샤, 매트는 미동도 없다. 폭발하며 기운이 빠진 마이크가 씩씩거린다.

- **holding**
  보유 주식, 소장품; 보유하는
- **keep one's eye on**
  ~을 지켜보다, 감시하다, ~에서 눈을 떼지 않다
  monitor someone or something closely
- **full scope**
  전체적인 범위, 전면적인 범위, 충분한 기회
- **nail**
  못, 손톱, 발톱; 못 박다, 붙잡다, 유죄를 밝히다
- **adrenaline**
  아드레날린 (교감 신경을 흥분시키는 호르몬)
- **drain**
  빠져나가다, 배수되다, 소진되다

That's the only thing that will put an end to this.

put an end to~는 '~에 종지부를 찍는다, 폐지시키다'라는 표현입니다. 이 문장에서 this는 신부들에 의한 아동 성추행이 광범위하게 일어나고 그것이 은폐되고 있는 현실을 의미하겠죠. That's the only thing, 즉 그것(전체적인 그림을 밝혀내는 것)만이 이 일을 완전히 끝낼 수 있는 유일한 방법이라는 뜻입니다.

Zoom In

That's the only thing that will put an end to this.

그래야만 이 고리를 끊어낼 수 있어.

ROBBY : You finished?

MIKE : Yeah. I am. (leaving) This is bullshit.

Mike exits, slamming the door behind him. The rest of the team is speechless.

INT. SACHA'S HOUSE, KITCHEN - NIGHT

Sacha and Hansi have just finished dinner. Hansi's cleaning off the table as Sacha loads the dishwasher. She tries to slide the rack into the dishwasher, but it's jammed. She forces it, smashing dishes. It seems like she sprained her finger. Then she puts one hand on her forehead, letting out a long sigh. Hansi is just staring at her from the table.

HANSI : You okay?

Before she can answer, there's a knock on the door. Hansi walks over, opens the door. It's Mike.

MIKE : Hey, Hansi.

HANSI : Hard day at work, Mike?

EXT. SACHA'S HOUSE, BACK PORCH - LATER

Sacha walks onto the porch with two beers, hands one to Mike. And she sits down on the emergency stairs.

SACHA : Here.

MIKE : Thank you. I dunno why I got so pissed off. You know, I think Robby's wrong.

SACHA : You know, you just-- you care about the story, Mike, we all do.

로비　　　: 할 말 다 끝났나?

마이크　　: 그래요. (나가며) 이건 말도 안 돼요.

마이크가 문을 쾅 닫으며 나간다. 남은 팀원들은 할 말을 잃었다.

내부. 사샤의 집 부엌 – 밤

사샤와 한시가 저녁 식사를 갓 마쳤다. 한시가 식탁을 정리하는 사이에 사샤는 그릇들을 식기세척기에 넣는다. 식기세척기의 선반을 밀어 넣으려 하지만 걸려서 움직이지 않는다. 억지로 힘을 주어 밀자 그릇들이 세게 부딪친다. 그러다 손가락을 삔 것 같다. 사샤가 손으로 이마를 짚으며 한숨을 내뱉는다.

한시　　　: 괜찮아?

한시가 식탁에서 그녀를 가만히 바라보고 있다. 사샤가 대답을 하기 전에 현관문 두드리는 소리가 난다. 한시가 걸어나가 문을 연다. 마이크가 서 있다.

마이크　　: 안녕하세요.

한시　　　: 오늘 힘든 하루였나 봐요?

외부. 사샤의 집 베란다 – 얼마 후

사샤가 맥주 두 병을 들고나와 마이크에게 한 병을 건넨다. 그리고 비상계단에 앉는다.

사샤　　　: 이거 마셔.

마이크　　: 고마워. 왜 이렇게까지 화가 나는지 모르겠어. 팀장님이 잘못하는 것 같아.

사샤　　　: 그래, 그만큼…, 이 이야기에 마음이 쓰이는 거지. 우리도 다 그래.

- **jam**
  가득 차다, 막혀서 움직이지 않다, 방해하다, 밀어 넣다
- **sprain**
  삐다, 접질리다
- **hard day**
  고된 하루
- **emergency stairs**
  비상계단
- **dunno**
  do not know의 줄임말

You finished?

Are you finished talking?를 줄인 표현으로 Are you finished?라고도 합니다. 본문에서와같이 상대방이 혼자서 길게 얘기할 경우 '이제 얘기가 끝났어? 설마 아직 할 말이 남은 건 아니겠지?'라는 의미로 이렇게 묻습니다. Are you finished with~나 Are you finished ~ing의 형태로 써서 '~이 다 끝났니?'라고 묻기도 합니다.

• Are you finished with your meal?
식사 다 드셨습니까?

Zoom In

You finished?

할 말 다 끝났나?

Mike stares away, nods. And he sighs.

MIKE : Yeah, I guess.

SACHA : Hmm… I stopped going to church with my Nana. It was-- it was too hard, you know, I'd be sitting there and I'd start thinking about Joe Crowley or someone else and I just-- I just got so angry.

MIKE : Did you tell her why?

Sacha shakes her head "no."

SACHA : She goes to church three times a week, Mike.

MIKE : (grimaces, sighs) It really pisses me off. You know, I actually really liked going to church when I was a little kid.

SACHA : Hmm… Why'd you stop?

MIKE : Typical shit. But the weird thing is… I think I… I think I figured that maybe one day I would… (gives a hollow laugh) I'd actually go back.

Sacha watches him, nodding.

MIKE : I was really-- I was holding on to that. I read those letters and it, and… and something just… cracked.

SACHA : It's a shitty feeling.

MIKE : Yeah. It's a shitty feeling.

마이크가 고개를 멀리 돌리며 끄덕인다. 그리고 한숨을 내쉰다.

마이크 : 그래, 그런 거겠지.

사샤 : 음… 난 할머니랑 성당 다니던 걸 그만뒀어. 너무 힘들었거든. 거기 앉아 있으면 조 크롤리나 다른 피해자들이 생각나서… 그냥 너무 화가 나는 거야.

마이크 : 왜 안 가는지 말씀드렸어?

사샤가 "아니"라는 의미로 고개를 젓는다.

사샤 : 일주일에 세 번씩 성당에 다니시는 분이야.

마이크 : (얼굴을 찌푸리고 한숨을 쉬며) 정말 열 받아 죽을 것 같아. 난 사실 어릴 때 성당 다니는 걸 진짜 좋아했거든.

사샤 : 음… 그런데 왜 안 다니기 시작했어?

마이크 : 그야 뻔한 얘기지. 그런데 웃긴 건 그러면서도… 언젠가는… 언젠간 거기로… (허탈한 웃음을 터뜨리며) 돌아갈 거로 생각했다는 거야.

사샤가 마이크를 바라보며 고개를 끄덕인다.

마이크 : 난 정말로 그렇게 생각했는데. 그 편지들을 읽고 나서… 모든 게… 산산조각이 났어.

사샤 : 기분이 더럽지.

마이크 : 맞아. 더러운 기분이야.

- **typical**
  전형적인, 일반적인, 평범한
  archetypal, classic, predictable, normal
- **hold on to**
  계속 유지하다, 지키다, 의존하다
  keep
- **shitty**
  〈속어〉 형편없는, 더러운, 싫은

I stopped going to church with my Nana.

'~ 하는 걸 멈췄다, 끊었다'고 할 때 이와 같이 stopped ~ing라고 합니다. 한때 했던 행위를 더는 하지 않는다는 의미죠. I stopped smoking. '난 금연했어', I stopped exercising. '난 운동을 그만뒀어.' 등으로 쓸 수 있습니다. 반면에 I stopped to ~라고 하면 '~하기 위해 멈췄다'는 뜻이 됩니다.

- I stopped to go to church with my Nana. 난 할머니랑 성당에 가려고 (하던 일을) 멈췄다.'

Zoom In

I stopped going to church with my Nana.

난 할머니랑 성당 다니던 걸 그만뒀어.

They are a little lost.

INT. FAIRMONT HOTEL, OAK ROOM, DOWNTOWN BOSTON - NIGHT

The posh bar of one of Boston's oldest hotels. Robby is at the bar, a glass of red wine in front of him.

PETE : Looks like a long day.

ROBBY : (shakes hands) Hey, Pete.

PETE : I'm sorry to make it longer.

Robby chuckles. Pete Conley turns to the bartender and gestures for a drink.

PETE : (to the bartender) Brian.

ROBBY : Anyone ever said no to a drink with you, Pete?

PETE : (laughs) Well, sure. But the trick is to keep asking. (raising his glass) For Boston.

ROBBY : (clinks) Boston. (drinks, then) So, you here for the cardinal?

PETE : Oh, no, no. I wouldn't presume to speak for the Cardinal. No. You know, you got a lot of people here who respect you, Robby, the work you do.

ROBBY : That's good to know.

PETE : You know, it's because you care about this place.

ROBBY : Yeah.

둘 다 조금 심란해 한다.

내부. 페어몬트 호텔 오크룸, 보스턴 다운타운 – 밤

보스턴의 유서 깊은 호텔에 있는 호화로운 바. 로비가 바에 앉아있고, 그 앞에 레드 와인 한 잔이 놓여있다.

피트 : 힘든 하루였나 보군.

로비 : (악수를 하며) 어이, 피트.

피트 : 퇴근 후까지 괴롭혀서 미안하네.

로비가 가볍게 웃는다. 피트는 바텐더에게로 돌아서서 주문하는 손짓을 한다.

피트 : (바텐더에게) 브라이언.

로비 : 자네가 술 한잔 하자는데 거절할 사람이 있겠나?

피트 : (웃으며) 그야 그렇지. 난 승낙할 때까지 계속 부탁하거든. (잔을 들며) 보스턴을 위하여.

로비 : (술잔을 부딪치며) 보스턴을 위하여. (한 모금 마시고 분위기를 바꿔서) 그럼 추기경 때문에 만나자고 한 건가?

피트 : 아니, 아니야. 내가 추기경의 대변인이라고 넘겨짚지는 말게. 자네를 높이 평가하는 사람들이 얼마나 많은지 아나? 자네가 하는 일 말이야.

로비 : 그런 말을 들으니 기쁘군.

피트 : 그만큼 이 도시를 아낀다는 걸 아니까.

로비 : 그래.

- **lost**
  길을 잃은, 분실한, 패배한, 열중한, 어찌할 줄 모르는, 심란한
- **posh**
  쾌적한, 호화로운, 멋진, 상류층의
- **gesture**
  몸짓, 표시; 몸짓 (손짓)을 하다
- **presume**
  추정하다, 가정하다, 추측하다, 뻔뻔스럽게 굴다
  assume, guess, infer, suppose

But the trick is to keep asking.
trick은 속임수나 장난이라는 의미로 많이 쓰이지만, 이 문장에서는 '비결, 요령'이라는 뜻으로 쓰였습니다. The trick is to ~라고 하면 '그 비결은 ~하는 것'이라고 말해주는 거죠. 여기서는 keep asking, 즉 계속 부탁을 하는 게 내가 늘 승낙을 받아내는 비결이라고 장난식으로 말하고 있습니다.

Zoom In

But the trick is to keep asking.
승낙할 때까지 계속 부탁하는 게 내 비결이야.

PETE : It's why you do what you do. It's who you are. You know, but people need the Church, more than ever right now. You know, you can feel it. And the Cardinal, you know… the Cardinal, he might not be perfect but we can't throw out all the good he's doing over a few bad apples.

Robby lets this sink in.

PETE : Now, you know I'm bringing this up to you because I know this is Baron's idea. His agenda. I gotta tell ya, I mean honest to god, I mean he doesn't care about this city the way we do. (shrugs) I mean, how could he? (drinks)

Robby rubs his chin and grimaces. Then, he looks at Pete.

ROBBY : This is how it happens, isn't it, Pete?

PETE : What's that?

ROBBY : A guy leans on a guy and suddenly the whole town just looks the other way

Stung. Pete shakes his head.

PETE : Robby. Robby, look it, Marty Baron is just trying to make his mark. He's gonna be here for a couple of years and he's gonna move on. Just like he did in New York and Miami. (puts his hand on Robby's shoulder) Where are you gonna go?

피트 : 그래서 그 일을 하는 거잖아. 아주 자네다운 거지. 하지만 지금 사람들은 교회를 필요로 해. 그 어느 때보다 말이야. 자네도 그걸 느낄 수 있을 거야. 그리고 추기경님은… 그래 물론 완벽한 사람은 아니지만, 그렇다고 썩어빠진 몇 명 때문에 그분이 하는 좋은 일들까지 내던져 버릴 순 없어.

로비는 이 말을 가만히 되새긴다.

피트 : 이게 신임 국장이 꾸민 일이란 걸 아니까 하는 말이야. 그 사람이 계획한 거지. 하지만 솔직히 터놓고 말해서 그 사람은 우리만큼 보스턴에 대한 애정이 없어. (어깨를 으쓱하며) 당연한 거잖아. (술을 마신다.)

로비가 턱을 문지르며 인상을 쓴다. 그리고 피트를 바라본다.

로비 : 항상 이런 식이었던 거지?

피트 : 뭐가?

로비 : 누군가에게 압력을 가하면 갑자기 도시 전체가 다른 곳으로 시선을 돌리는 거지.

정곡을 찔렸다. 피트가 고개를 가로젓는다.

피트 : 이보게, 로비. 잘 생각해 봐. 마티 배런은 자기 업적을 남기려는 것뿐이야. 여기 몇 년 있다가 또 다른 데로 가겠지. 뉴욕과 마이애미에서 그랬듯이 말이야. (로비의 어깨에 손을 올리며) 하지만 자네는 어디로 갈 거야?

- **more than ever**
  어느 때보다 더, 사상 최대로
  all the more
- **sink in**
  충분히 이해하다, 인식하다
- **lean on**
  기대다, 의지하다; 압력을 가하다, 협박하다
  depend on, rely on; force, threaten, coerce
- **make one's mark**
  주목받다, 성공하다

What's that?
상대가 한 말을 잘 못 알아들었거나 이해가 안 갈 때, 그냥 What?이라고 할 수도 있지만 이렇게 What's that?을 쓰기도 합니다. What did you just say? I beg your pardon? I'm sorry? 등도 모두 같은 의미입니다.

Zoom In

What's that?

뭐가? / 뭐라고?

When their eyes meet, both of them feign smile.

PETE : Good night Robby. (to the bartender) Brian.

Pete gets up and turns to leave.

ROBBY : Hey, Pete.

PETE : (turns back) Yeah?

ROBBY : Uhh... When we do run the story, I'm gonna need a comment from the Cardinal.

Pete takes it. Then smiles.

PETE : We'll talk again later. Good night, Robby.

ROBBY : Good night, Pete.

INT. GLOBE, ROBBY'S OFFICE / SPOTLIGHT OFFICE - DAY

Robby, Mike, Sacha and Matt sit working. It's dark, quiet, serious. A beat, then Robby's phone rings. He answers.

ROBBY : (into phone) Robby. What? No shit, when? Okay. Yeah.

Robby hangs up the phone and walks into the main office.

ROBBY : Hey.

The team looks towards Robby's office as he walks in.

서로 눈이 마주치자 두 사람은 짐짓 미소를 짓는다.

피트 : 그럼 먼저 가겠네. (바텐더에게) 수고하게.

피트가 일어서서 나가려고 뒤돌아선다.

로비 : 이봐, 피트.

피트 : (뒤돌아보며) 응?

로비 : 어… 실제로 보도를 앞두고는 추기경의 코멘트도 필요할 거야.

피트가 이 말을 듣고 미소 짓는다.

피트 : 나중에 다시 얘기하지. 좋은 밤 되게.

로비 : 잘 가게.

내부. 보스턴 글로브, 로비의 사무실 / 스포트라이트 팀 사무실 – 낮

로비, 마이크, 사샤, 매트가 각자 앉아서 일하고 있다. 사무실 안은 어둡고 조용하고 진지한 분위기다. 잠시 후 로비의 전화가 울린다. 로비가 전화를 받는다.

로비 : (전화에다) 여보세요. 뭐라고요? 젠장, 언제요? 네, 알겠습니다.

로비가 전화를 끊고 스포트라이트 팀 사무실로 걸어온다.

로비 : 주목해 봐.

팀원들이 로비의 사무실 쪽으로 고개를 돌린다.

- **their eyes meet**
  (그들의) 눈길이 마주치다

When we do run the story, I'm gonna need a comment from the Cardinal.

여기서 do는 일반 동사인 run을 강조해 주는 조동사로 쓰였습니다. really가 들어간 것과 같은 역할을 하고 있죠. do가 들어감으로써 진짜로 보도할 거라는 로비의 의지를 드러내고 있습니다.

- Sure, I do remember you. 네, 당연히 당신을 기억하죠.
- Do call me! 꼭 전화해!

Zoom In

When we do run the story,
I'm gonna need a comment from the Cardinal.

실제로 보도를 앞두고는 추기경의 코멘트도 필요할 거야.

MIKE : What's up?

ROBBY : Sweeney ruled in our favor. She ruled to unseal the documents.

MIKE : Jeez...

The group sits stunned.

INT. GLOBE, MARTY'S OFFICE - EARLY EVENING

Marty, Ben, Robby, and Canellos sit with Globe lawyer, Albano.

ALBANO : The Church has already filed an appeal. But the trial court's ruling is generally upheld in these matters.

MARTY : And when would we get the documents?

ALBANO : Probably takes Cohen a few weeks to rule, then there's a redaction process. Ah... I'd say they'd be made public mid-January.

MARTY : Okay.

ALBANO : All right.

MARTY : (shakes hands) Thanks, John.

ALBANO : You Bet.

MARTY : Nice work.

ALBANO : Thanks.

Albano leaves. Robby frowns heavily.

CANELLOS : Metro should run something, Marty.

마이크 : 무슨 일이세요?

로비 : 스위니 판사가 우리 손을 들어줬어. 문서를 공개하라고 했대.

마이크 : 맙소사….

모두가 앉은 채로 얼떨떨해한다.

내부. 보스턴 글로브, 국장실 - 이른 아침

마티, 벤, 로비, 카넬로스가 신문사 변호사인 알바노와 앉아 있다.

알바노 : 교회에선 이미 항소를 했어요. 하지만 이런 사안의 경우 대부분 1심 법원의 판결이 그대로 이어져요.

마티 : 그럼 언제 그 문서들을 볼 수 있는 거죠?

알바노 : 아마 재심까지 몇 주가 걸릴 테고, 그런 다음엔 문서를 편집하겠죠. 아… 그럼 일반에 공개되는 건 1월 중순쯤 되겠네요.

마티 : 알았어요.

알바노 : 네.

마티 : (악수를 하며) 고마워요.

알바노 : 당연한 걸요.

마티 : 수고 많았어요.

알바노 : 감사합니다.

알바노가 나간다. 로비가 얼굴을 잔뜩 찌푸린다.

카넬로스 : 사회부에서 다루겠습니다, 국장님.

- **in our favor**
  우리에게 유리하게, 우리 편으로
  to our credit or advantage
- **appeal**
  항소, 호소, 간청, 매력
- **trial court**
  1심 법원, 사실심 법원
- **uphold**
  지키다, 확정하다, 유지하다
  advocate, confirm, maintain, hold to
- **redaction**
  편집, 교정, 개정
- **mid-January**
  1월 중순

Sweeny ruled in our favor.
스위니는 담당 판사의 이름이므로, 여기서 rule은 '(재판장이) 판결을 내리다'라는 의미로 사용됐습니다. 또한, favor는 '호의, 친절, 편애, 허가' 등을 뜻하므로, in our favor는 '우리에게 유리하게, 우리 편으로'라는 의미가 됩니다. 결국, 판사가 우리 편을 드는 판결을 내렸다는 뜻이 되죠.

Zoom In

Sweeny ruled in our favor.

스위니 판사가 우리 손을 들어줬어.

ROBBY : We can't run this one big.

Marty and Ben look at Robby simultaneously.

CANELLOS : Why wouldn't we? It's a major First Amendment victory. Not to mention, you got an Irish Catholic judge ruling against the church? That's a hell of a precedent.

ROBBY : Uh huh. (to Ben) We don't want the Herald going deep on this.

MARTY : Why's that?

ROBBY : You're gonna have to step out, Peter.

CANELLOS : I'm not stepping out. (snorts)

Robby hands a folder to Marty, Ben looks at Peter.

BEN : Peter...

Marching orders. Canellos exits, not happy.

INT. GLOBE, MARTY'S OFFICE - MOMENTS LATER

Marty finishes reading the letter and puts it down, sighing.

MARTY : When did you, uh...

ROBBY : A couple of weeks ago.

BEN : A couple of weeks?

ROBBY : Yeah.

BEN : And you're telling us now?

로비 : 이건 크게 보도하면 안 돼.

마티와 벤이 동시에 로비를 쳐다본다.

카넬로스 : 왜 안 돼? 언론의 자유가 거둔 위대한 승리잖아. 게다가 아일랜드계 가톨릭 신자인 판사가 교회에 패소 판결을 낸 거 아니야. 역사에 남을 사건이라고.

로비 : 그래. (벤에게) 헤럴드에서 이걸 집중 취재 들어가면 큰일 나요.

마티 : 왜죠?

로비 : 피터, 자네는 좀 나가 있지.

카넬로스 : 내가 왜 나가. (콧방귀를 뀐다)

로비가 마티에게 폴더 하나를 건네고, 벤은 피터를 쳐다본다.

벤 : 피터….

퇴장 명령이다. 카넬로스는 못마땅해하며 나간다.

내부. 보스턴 글로브, 국장실 – 잠시 후

마티가 편지를 다 읽고 한숨을 쉬며 내려놓는다.

마티 : 이걸 언제….

로비 : 2주 정도 됐습니다.

벤 : 2주라고?

로비 : 네.

벤 : 그런데 이제야 얘기하는 거야?

- **simultaneously**
  동시에, 일제히
  together, as one, concurrently
- **precedent**
  선례, 판례, 전례; 앞서는, 선행하는
- **step out**
  나가다, 잠시 자리를 비우다, 물러나다
- **marching order**
  행군 명령, 퇴장 명령, 해고 통지

Not to mention~

몇 가지 이유를 나열할 때, 앞에 한 말에 새로운 이유를 덧붙이며 강조하는 표현입니다. '~은 말할 것도 없고, ~은 물론이고'라는 뜻이죠. 비슷한 표현으로는 also / not to speak of / in addition to 등이 있습니다.

- She is so smart and gorgeous, not to mention a good actress. 그녀는 똑똑하고 우아한 데다가 연기까지 잘한다.

Zoom In

Not to mention~

게다가 / ~은 말할 것도 없고

MARTY : These are substantial. They clearly show that Law was negligent.

ROBBY : I need more time. I want to keep digging.

As Robby says this line, Ben stops reading the letters, annoyed.

BEN : For what? This is the goddamn story.

ROBBY : It's not the whole story.

BEN : (dismissive) Tough shit. We're on a clock now. Even if we don't run Sweeney's ruling, another paper could find these letters and fuck the story.

ROBBY : Agreed. But we run these letters alone, Law apologizes, says it's a one-time thing. He can bury it.

MARTY : How? These clearly show he knew and did nothing about it.

ROBBY : Look, I'm close to stories on seventy priests. We nail that, along with those letters, this is proof this is bigger than Law. It's the whole system.

Marty considers.

MARTY : You have multiple sources confirming all those priests?

마티 : 확실한 증거네요. 추기경의 과실을 여실히 드러내고 있잖아요.

로비 : 시간이 더 필요합니다. 계속 파헤쳐보고 싶습니다.

벤은 로비의 이 말을 듣고 짜증스럽다는 듯 편지 읽던 걸 멈춘다.

벤 : 뭘 더? 이거면 충분히 기삿거리가 돼.

로비 : 아직 일부분일 뿐이에요.

벤 : (반박하며) 그만둬. 지금 한시가 급해. 우리가 스위니 판사의 판결을 보도 안 해도 다른 신문사에서 이 편지를 찾으면 기사를 쓸 수도 있어.

로비 : 맞아요. 하지만 이 편지만 발표하면 추기경은 한 번 실수한 거라며 사과하겠죠. 그리고 다 은폐해버릴 거예요.

마티 : 어떻게요? 다 알면서 방조했다는 게 편지에 다 나오잖아요.

로비 : 지금 가해 신부 70명의 이야기가 거의 완성돼가고 있어요. 그 이야기를 이 편지들과 같이 폭로하면 추기경보다 더 큰 배후가 있다는 증거가 돼요. 교회 시스템 전체를 까발리는 거죠.

마티가 생각에 잠긴다.

마티 : 각 신부의 행위에 대해 복수의 정보원으로부터 증언을 받았나요?

- **substantial**
  상대한, 중대한, 유력한, 견고한
  large in size, value, or importance
- **negligent**
  태만한, 부주의한, 무관심한
  not being careful or giving enough attention to people or things that are your responsibility
- **tough shit**
  〈구어〉 안 됐군, 어쩔 수 없어, 난 상관 안 해 (무례하게 반박하는 말)

We're on the clock now.
여기서 on the clock이란 남은 시간이 한정된 상태에서 우리가 그 시간에 의해 제약을 받고 있는 걸 뜻합니다. 즉, '낭비할 시간이 없다'는 말입니다. 한편 on the clock에는 근무 중이라는 뜻도 있습니다. 출근 시각과 퇴근 시각 사이에 있는 근무 시간이라는 말이죠.

Zoom In

We're on the clock now.

지금 한시가 급해.

ROBBY	: On some. I can get more.
BEN	: Too risky. If we're not buttoned up on every single one of them, the Church'll pick us apart.

Robby's up against it. He plays his hand.

ROBBY	: I think I can get us someone from the other side of the aisle.
BEN	: Somebody inside the Church?
ROBBY	: Yeah, a lawyer.
MARTY	: Will he go on the record?
ROBBY	: (breathes in) Deep background. But he's a solid source.

Marty considers. A beat, then Ben steps in.

BEN	: (to Marty) Rezendes needs time to write the story. We don't want to drop this at Christmas, not after 9/11. We could run it just after New Year's, before they release the rest of the documents.
MARTY	: Alright. (to Ben) Tell Canellos to bury the ruling in metro. (then, to Robby) You got six weeks. (gets up and leaves)
ROBBY	: Thank you.

로비 : 일부는요. 하지만 더 받아낼 수 있습니다.

벤 : 위험요소가 너무 커. 한 명 한 명을 빈틈없이 조사하지 않는 한, 교회에서 그 틈을 노려 역공할 거야.

궁지에 몰린 로비가 감춰뒀던 패를 꺼내 든다.

로비 : 상대편에 속한 사람을 한 명 끌어들일 수 있습니다.

벤 : 교회 내부 인사야?

로비 : 네, 변호사요.

마티 : 공개 진술을 해줄까요?

로비 : (숨을 들이마시고) 익명으로 해야겠죠. 하지만 확실한 정보원이에요.

마티가 고민한다. 잠시 후 벤이 나선다.

벤 : (마티에게) 마이크도 기사를 쓰려면 시간이 필요할 거예요. 게다가 이걸 크리스마스 시즌에 터뜨릴 순 없어요. 9/11 테러도 있었으니까요. 새해 직후에 보도하는 거로 하시죠. 나머지 문서들이 공개되기 전에요.

마티 : 좋아요. (벤에게) 사회부장한테 이번 판결 건은 그냥 넘어가라고 해요. (잠시 후 로비에게) 그럼 6주 남은 거예요. (일어서서 나간다)

로비 : 감사합니다.

- **risky**
  위험한, 무모한
- **buttoned up**
  빈틈없이 계획한, 주의 깊게 관리한; 보수적인, 입을 다문
  carefully planned, operated, supervised
- **pick apart**
  조목조목 비판하다
  pick holes in, pick to pieces
- **on the record**
  〈미디어 용어〉 온더레코드 (취재원의 신분을 밝혀도 되는 취재 형식)
- **drop**
  떨어뜨리다, 투하하다, 내려놓다
- **release**
  발표하다, 공개하다, 개봉하다, 출시하다
- **bury**
  파묻다, 잊다, 덮어두다

deep background
〈미디어 용어〉 디프 백그라운드 (취재원이나 기사의 출처를 밝히지 않는 취재 형식, '오프더레코드'에 속함)

Zoom In

Deep background.
익명으로 하겠습니다.

INT. GLOBE, NEWSROOM OUTSIDE MARTY'S OFFICE - CONTINUOUS

Ben and Robby walk out.

BEN : Tell Mike I want a draft by Christmas. And we need a response from Lake Street.

ROBBY : Yeah.

BEN : Who does PR for the Cardinal? Still John Walsh?

ROBBY : No, somebody new, Donna Morrisey. She came from TV. She's young.

BEN : Good, get a quote. We need something from Law to appear even handed. Robby, next time give me a goddamn heads up.

ROBBY : Will do.

They walk off in opposite directions.

INVESTIGATION / WRITING MONTAGE

We hear children's voice start singing "Silent Night" and it continues until the end of the scene. Mike types up a draft of the story on his computer.

"You have 41 days and 3 hours until deadline."

#Special Report : "Spotlight Article #1. Geoghan Letters Et Al."

"Almost always, his victims were grammar school boys. One was just 4 years old."

내부. 보스턴 글로브, 국장실 밖 편집국 - 계속

벤과 로비가 함께 걸어 나온다.

벤 : 마이크한테 크리스마스까지 초안을 달라고 해. 대교구의 반응도 들어야지.

로비 : 네.

벤 : 추기경실 홍보팀장이 누구지? 아직 존 월시인가?

로비 : 아니요, 도나 모리시라고 새로 왔어요. 방송국 출신의 젊은 여자예요.

벤 : 좋아, 코멘트를 따. 추기경 측 입장도 공평하게 다뤄야 해. 로비, 다음부터는 이런 건 미리 알려줘.

로비 : 알겠습니다.

두 사람은 서로 반대 방향으로 헤어진다.

조사 및 기사 작성 몽타주

'고요한 밤 거룩한 밤'을 부르는 어린이들의 목소리가 들리기 시작한다. 이 노랫소리는 신이 끝날 때까지 계속된다. 마이크가 기사 초안을 작성한다.

'마감까지 41일 3시간'

#특별 리포트: "스포트라이트 기사 # 1. 게이건 편지 건 등"

"거의 항상 남자 초등학생들을 노렸다. 한 명은 당시 겨우 4살이었다."

- **draft**
  초안, 징병, 외풍, (스포츠의) 드래프트 제도
- **response**
  반응, 대응, 대답, 회신
- **quote**
  인용문, 인용 부호
- **even handed**
  공평한, 편파적이지 않은
  fair, just, unbiased
- **et al**
  ~ 등, ~ 외

Next time, give me a goddamn heads up.

heads up은 속어로 경고나 주의를 뜻하는 말입니다. 어떤 일이 있는지 미리 알려주는 걸 의미하죠. 주로 give a heads up '경고를 해주다' 또는 get a heads up '귀띔을 받다'의 형태로 사용합니다. 이 문장에서는 goddamn (빌어먹을)이라는 욕설을 붙여서 또 이렇게 골탕 먹이지 말고 미리 가르쳐달라며 불편한 기색을 내비치고 있습니다.

Zoom In

Next time, give me a goddamn heads up.

다음부터는 이런 건 미리 알려줘.

Sacha is with Phil, Joe, and another guy at a shitty diner, sad Christmas décor. Sacha doesn't eat, she writes on a pad.

 # Mike's computer : You have 21 days and 4 hours until deadline.

'...church officials never told him why.'

Matt drives down the street in his car, eyes on an old man, putting down salt on the front walk of the Treatment Center. In Ben's office, Mike watches Ben and Robby reading the story. A small Hyde Park living room. A man in 40s cries, talking to Sacha.

 # Mike's computer: You have 8 days and 2 hours until deadline.

'Three years later, Geoghan was still...'

We see Mike in his apartment, editing, and a beer by the computer.

 # An e-mail to Robby from Ben: "Where are we on your source? It's time. Ben."

We see Robby in his office, staring at the computer. A night mass at an East Boston church. As the children's choir sing "Silent Night," we find Mike, in the doorway, standing there. Watching.

사샤가 필과 조, 그리고 또 한 명의 남자와 함께 초라한 크리스마스 장식이 달린 허름한 식당에 앉아있다. 사샤는 식사를 하지 않고 수첩에 진술을 기록한다.

#마이크의 컴퓨터: 마감까지 21일 4시간.

'…교회 관계자들은 이유를 말해준 적이 없다.'

매트가 운전하며 길을 지나다가 치료센터의 현관 앞에 가짜 눈인 소금을 뿌리는 노인을 본다. 부국장실에서 마이크가 벤과 로비에게 기사를 보여주고 있다. 하이드 파크의 한 좁은 거실. 40대 남성 한 명이 사샤와 인터뷰를 하며 눈물을 흘리고 있다.

#마이크의 컴퓨터: 마감까지 8일 2시간

'3년 후, 게이건 신부는 여전히…'

마이크가 자기 아파트에서 기사를 작성하고 있고, 컴퓨터 옆에는 맥주 한 병이 놓여있다.

벤이 로비에게 보낸 이메일: '정보원은 어떻게 돼가나? 이제 때가 됐어, – 벤.'

로비가 자기 사무실에서 컴퓨터 화면을 바라보고 있다. 이스트 보스턴의 한 성당에서 심야 미사가 진행 중이다. 어린이 성가대가 '고요한 밤 거룩한 밤'을 부르는데 성당 문간에 마이크가 서 있다. 그가 아이들을 바라본다.

- **diner**
  작은 식당, 간이 식당, 식당차, 식사하는 손님
- **sad**
  슬픈, 비참한, 우울한, 어두운, 후줄근한
- **décor**
  (실내) 장식
- **in 40s**
  40대의
- **choir**
  성가대, 합창단, 악단; 합창하다

Chapter 10

스포트라이트 팀의 대서특필

Spotlight's Special Report

시간 01:47:45~02:01:28

EXT. SULLIVAN HOUSE, BROOKLINE - NIGHT

The door of a pretty colonial, a wreath still up. A hand knocks. Jim's wife Karen opens the door.

KAREN : Robby. What a nice surprise. Come on in.

Reveal Robby at the door. He walks into the house.

INT. SULLIVAN HOUSE, JIM'S HOME OFFICE - MOMENTS LATER

Jim sits at on a leather couch watching TV. Through a door, we see a Christmas tree. Karen and Robby walk in.

KAREN : Hey, Hon, look who I found outside.

Jim looks up, less than happy to see Robby standing there.

JIM : Karen, can you give us a minute?

Karen looks surprised.

KAREN : Sure.

외부. 설리번의 집, 브루클라인 – 밤

식민지 양식의 예쁜 집 현관문에 아직 크리스마스 리스가 달려있다. 한 손이 이 문을 두드린다. 짐의 부인인 캐런이 문을 연다.

캐런 : 로비. 반가워요. 어서 들어오세요.

문 앞에 로비가 서 있던 로비가 집 안으로 들어간다.

내부. 설리번의 집, 짐의 서재 – 잠시 후

짐이 가죽 소파에 앉아 TV를 보고 있다. 문밖으로 크리스마스트리가 보인다. 캐런과 로비가 들어온다.

캐런 : 여보, 누가 찾아왔는지 봐요.

짐이 고개를 들어 로비를 보고 그리 반갑지만은 않아 한다.

짐 : 여보, 잠깐 자리 좀 피해 주겠어?

캐런이 당황한 표정을 짓는다.

캐런 : 그럴게요.

- **colonial**
  식민지의, 식민지풍의
- **wreath**
  화환 (크리스마스에 문에 거는 장식), 화관
- **Hon**
  여보, 자기
  Honey의 줄임말
- **less than**
  ~보다 적은, 결코 ~하지 않은, ~라고는 할 수 없는

ROBBY : Good to see you, Karen.

She leaves.

JIM : What's up?

Robby pulls out a list, hands it to Jim. Jim looks it over.

ROBBY : I'm out of time, Jim. We've got cover up stories on seventy priests, but the boss isn't gonna run it unless I get confirmation from your side.

JIM : Are you out of your mind?

ROBBY : Come on. This is our town Jimmy. Everybody knew something was going on and no one did a thing. We gotta put an end to it.

JIM : (pointing angrily) Don't tell me what I gotta do. Yeah, I helped defend these scumbags, but that's my job, Robby. I was doing my job!

ROBBY : Yeah. You and everyone else.

Jim stands, angry. He holds the list out for Robby to take back.

JIM : Get out of my house.

EXT. SULLIVAN HOUSE, BROOKLINE - MOMENTS LATER

Robby walks out of the house, toward his car.

로비 : 반가웠어요, 캐런.

캐런이 나간다.

짐 : 무슨 일인가?

로비가 명단을 꺼내 짐에게 건넨다. 짐이 그 명단을 살펴본다.

로비 : 시간이 별로 없어. 70명의 신부들을 은폐해 준 정황을 폭로할 건데 그쪽 관계자의 확인을 받아야 국장이 보도 허가를 내줄 거야.

짐 : 자네 제정신이야?

로비 : 그러지 말게. 여긴 우리 고향이잖아. 무슨 일이 있었는지 다들 알았으면서 그동안 아무도 나서지 않았어. 그만 종지부를 찍어야지.

짐 : (화가 나 손가락질하며) 나한테 설교하지 마. 그 더러운 인간들을 변호하긴 했지만, 그게 내 직업이야. 난 내 일을 한 거라고!

로비 : 그래. 다른 사람들도 다 마찬가지였지.

짐이 화가 나서 일어선다. 그리고 명단을 든 손을 뻗어 로비에게 돌려준다.

짐 : 내 집에서 나가주게.

외부. 설리번의 집, 브루클라인 – 잠시 후

로비가 집을 나와서 자기 차로 다가간다.

- **out of time.**
  시간이 다 된, (계절, 시기 등이) 맞지 않는
- **cover up**
  덮다, 은폐하다
- **scumbag**
  〈속어〉 쓰레기 같은 인간, 더러운 놈

Are you out of your mind?

out of one's mind는 '제정신이 아니다, 미쳤다'는 말입니다. 또는 누군가 아주 바보 같은 행동을 했을 때도 이런 표현을 쓸 수 있습니다. How can you say that? You must be out of your mind! '어떻게 그런 말을 해. 너 미쳤구나!' 뒤에 with를 붙여서 out of one's mind with~라고 하면 '~때문에 제정신이 아니라'는 표현도 됩니다. She was out of her mind with fear. '그녀는 공포심으로 제정신이 아니었다.'

Zoom In

Are you out of your mind?

자네 제정신이야?

JIM : Hey!

Robby turns, finds Jim.

JIM : You come to my home and lay this shit on me! You are right, Robby. We all knew somethin' was going on. So where were you? What took you so long?

This lands with Robby. No answer.

ROBBY : I don't know, Jim.

Jim gasps, looks like he might slug Robby.

JIM : Give me the list.

Jim holds out his hand. Robby hands him the list. Jim eyes the first page, flips to the second. He looks at Robby and gestures for a pen. Robby gives him one. Jim leans on the roof of Robby's car. He circles the entire first page. And then the second. And he hands it back to Robby. Nothing more to say, Jim turns and walks away. Robby looks down at the list.

EXT. GLOBE - DAY

The Globe building. Snow falls.

MIKE (PRE-LAP) : (into phone) Larry, we're going to press in six hours.

짐 : 이봐!

로비가 뒤돌아보니 짐이 서 있다.

짐 : 그딴 소리나 늘어놓으려고 우리 집까지 찾아왔어? 그래, 자네 말이 맞아. 무슨 일이 벌어지고 있는 걸 다들 알았어. 그런데 자네는 어디 있었나? 왜 이제야 나타났는데?

이 말이 로비의 마음을 무겁게 한다. 바로 대답이 나오지 않는다.

로비 : 그러게 말일세.

짐이 로비를 한 대 때릴 듯이 숨을 헐떡이며 바라본다.

짐 : 그 명단 이리 줘봐.

짐이 손을 뻗는다. 로비가 명단을 건넨다. 짐이 첫 장을 훑어보더니 다음 장으로 넘긴다. 그리고 로비를 보며 펜을 달라는 손짓을 한다. 로비가 펜을 하나 건네준다. 짐이 로비의 차 지붕에 기댄다. 그리고 첫 장 전체에 동그라미를 친다. 다음 장도 마찬가지다. 그리고 명단을 로비에게 돌려준다. 이윽고 할 말은 다 마쳤다는 듯 뒤돌아 걸어간다. 로비가 명단을 내려다본다.

외부. 보스턴 글로브 - 낮

보스턴 글로브 건물 외관. 눈발이 날리고 있다.

마이크 : (전화에다) 래리, 6시간 후면 인쇄에 들어가요.

- **land with**
  (짐이나 일, 책임을) 떠맡긴다
- **gasp**
  숨을 헐떡이다, 숨을 헉 하고 쉬다, 숨이 턱 막히다
  inhale suddenly with the mouth open, out of pain or astonishment
- **slug**
  세게 때리다, 강타하다

What took you so long?

직역하면 '무엇 때문에 이렇게 시간이 오래 걸렸니?' 즉, '왜 이렇게 늦었니?'라는 질문입니다. 상대가 그 행동을 하기를 기다렸다는 의미가 숨어 있죠. 주로 친한 사이에서 격의 없이 쓰는 표현입니다. 더 구체적인 상황을 집어넣어서 What took you so long to~의 형식으로도 쓰입니다.

- What took you so long to call me back? 왜 이제야 전화를 주는 거야?

Zoom In

What took you so long?

왜 이제야 나타났어?

INT. GLOBE, SPOTLIGHT OFFICE - DAY

Mike and Matt work the phone.

MATT : (into phone) Donna Morrisey said she'd called us with a quote from Law hours ago.

MIKE : (into phone) That's what I thought.

MATT : (into phone) When did you talk to her?

MIKE : (into phone) Okay, okay, Larry. (hangs up)

MATT : (into phone) Yeah, that's good to know. Thanks, Pete.

Mike gets up and walks to the coffee machine.

MIKE : Anything?

MATT : (hangs up) Conley said Donna Morrisey should have called, he just left Lake Street.

MIKE : Yeah, Rasky said the same thing.

MATT : This is ridiculous. You'd think they want to get out ahead of this.

MIKE : (pours coffee into a cup) I mean, they'd be idiots not to. I would love to see their faces when they read this.

MATT : You know, Sunday's the Feast of the Epiphany.

내부. 보스턴 글로브, 스포트라이트 팀 사무실 – 낮

마이크와 매트가 각각 통화 중이다.

매트 : (전화에 대고) 도나 모리시 씨가 추기경님의 입장을 전해주신다고 한 지 몇 시간이 지났어요.

마이크 : (전화에 대고) 그럴 줄 알았어요.

매트 : (전화에 대고) 그 얘기를 언제 들으셨어요?

마이크 : (전화에 대고) 알았어요, 래리. (전화를 끊는다)

매트 : (전화에 대고) 네, 알려주셔서 감사해요. 감사합니다, 콘리 씨.

마이크가 커피 머신 앞으로 걸어간다.

마이크 : 뭐 좀 나왔어?

매트 : (전화를 끊으며) 콘리 씨는 방금 대교구에서 나왔고, 도나가 왜 전화를 안 했는지 모르겠대.

마이크 : 그래, 래스키도 똑같은 말을 했어.

매트 : 웃기고들 있어. 난처한 순간을 모면해보려는 거겠지.

마이크 : (커피를 컵에 따르며) 솔직히 안 그러면 바보지. 이 기사를 읽고 어떤 표정들을 지을지 꼭 좀 보고 싶네.

매트 : 이번 일요일이 '주님 공현 대축일'인 거 알아?

- **ridiculous**
  웃기는, 터무니없는, 어리석은
- **get out**
  나가다, 떠나다, 도망치다
- **idiot**
  바보, 멍청이
- **Feast of the Epiphany**
  예수 공현 축일 (1월 6일, 그리스도가 동방박사 세 명 앞에 나타난 날)
  • epiphany 신의 출현, 자기 계시, 직관, 통찰

I would love to see their faces when they read this.

I would(I'd) love to~는 '정말로 ~하고 싶다'는 말입니다. I would(I'd) like to~보다 더 강한 소망의 표현이죠. 여기서는 이 기사를 읽을 그들의 얼굴을 꼭 보고 싶다는 뜻으로 쓰였습니다. 또한 I'd love to는 상대방의 제안에 대한 긍정적인 답변으로도 쓰입니다.

• Do you wanna go to Palm Springs this weekend? 이번 주말에 같이 팜스프링스에 갈래?
• Sure, I'd love to. 그거 좋지.

Zoom In

I would love to see their faces when they read this.

이 기사를 읽고 어떤 표정들을 지을지 꼭 좀 보고 싶네.

MIKE : Its seems appropriate

The phone rings. Mike runs toward it and answers.

MIKE : (into phone) Mike Rezendes. (grabs a pen and a note) Hey, Donna. Thanks for calling. Yeah, I just had a few questions if you have a minute. (listens, surprised) What?

INT. GLOBE, MARTY'S OFFICE - DAY

Marty reads a draft. Ben, Robby and Sacha sit opposite him. Marty makes a note on the draft.

BEN : What?

MARTY : Another adjective.

Mike and Matt walk in.

ROBBY : Anything?

MIKE : Law just turned us down.

BEN : Jesus Christ.

MIKE : I just got off the phone with Donna Morrisey she said, quote, "We don't even want to know what the questions are", end quote.

ROBBY : She really said that?

MIKE : (slight smile) Yeah.

BEN : (to Marty) Well that oughta do it.

MARTY : (writing) "The Church had no interest in knowing what the Globe's questions would be."

마이크 : 잘 맞아떨어졌네.

전화벨이 울리자 마이크가 뛰어가서 받는다.

마이크 : (전화에다) 마이크 레젠데스입니다. (펜과 수첩을 챙기며) 도나 씨. 전화 감사해요. 네, 시간 괜찮으시면 몇 가지만 여쭤볼게요. (얘기를 듣다가 놀라며) 네?

내부. 보스턴 글로브, 국장실 – 낮

마티가 기사안을 읽는다. 벤과 로비, 사샤는 그 맞은편에 앉아있다. 마티가 기사안에 뭔가를 표시한다.

벤 : 왜요?

마티 : 형용사 하나 더 고쳤어요.

마이크와 매트가 들어온다.

로비 : 답변받았어?

마이크 : 추기경이 요청을 거절했어요.

벤 : 맙소사.

마이크 : 도나 모리시와 방금 통화했는데 정확히 이렇게 말하더군요. "우린 그 질문이 뭔지도 알고 싶지 않습니다."

로비 : 정말 그렇게 말했어?

마이크 : (살짝 웃으며) 네.

벤 : (마티에게) 그걸 인용하면 되겠네요.

마티 : (필기하며) "교회에서는 본지의 질문이 무엇인지조차 알고 싶지 않아 했다."

- **appropriate**
  적합한, 적절한, 타당한; 도용하다, 책정하다
  suitable, proper, fitting
- **adjective**
  형용사; 형용사의, 종속적인, 절차상의
- **turn (somebody) down**
  ~을 거절하다
- **Oughta (ought to)**
  ~ 해야 한다

Thanks for calling.

- ~해주셔서 감사하다는 표현은 Thanks(Thank you) for ~입니다.
  Thanks for coming. 와주셔서 감사해요.
  Thanks for giving me this opportunity. 이런 기회를 주셔서 감사합니다.
  Thanks for your patience. 기다려주셔서 감사합니다.
- 반면에 thanks to~라고 하면 ~ 덕분이라는 의미가 됩니다.
  Thanks to your help, I could go home early. 네가 도와준 덕분에 집에 일찍 갈 수 있었어.

Zoom In

Thanks for calling.

전화 (해주셔서) 감사해요.

Marty hands it back to Mike.

MARTY : (to Mike) Work it in somewhere before the jump. (to the team) Anything else?

ROBBY : Matt wants to put the letters online, so the readers can see for themselves.

MATT : We can run the URL at the bottom of the article. It's pretty straightforward.

MARTY : Okay.

MATT : We also put the Spotlight tip line at the end of the story so people can call in. Goes directly to our office.

SACHA : Matt and I can go in in the morning in case we get any calls.

BEN : (to Marty) Yeah, I'm more concerned about the phones at reception. After we ran the Porter case, the message centers were tied up for weeks. It's a real problem.

MATT : There were picketers, too. Lots of 'em.

MARTY : I'll talk to Richard about the security and the phones. (to Robby) How are we coming on the folo story?

Robby looks to Sacha.

SACHA : Well, we've nailed down multiple stories on seventy priests.

마티가 이걸 다시 마이크에게 돌려준다.

마티 : (마이크에게) 첫 페이지 어딘가에 넣어요. (스포트라이트 팀에게) 다른 건요?

로비 : 매트가 그 편지들을 온라인에 올려서 독자들이 볼 수 있게 하자는 의견을 냈어요.

매트 : 기사 하단에 URL을 넣으면 돼요. 간단한 작업이죠.

마티 : 좋아요.

매트 : 또 기사 말미에 제보자들을 위한 전화번호를 넣는 거예요. 저희 사무실로 바로 연결되게요.

사샤 : 제보전화는 매트와 제가 아침에 나와서 받으면 돼요.

벤 : (마티에게) 전 안내 데스크로 오는 전화가 더 걱정이에요. 포터 사건을 다룬 후에 메시지 센터가 몇 주간 다른 업무를 못 했거든요. 진짜 큰일이었죠.

매트 : 시위대도 있었잖아요. 엄청났죠.

마티 : 사장님께 경비와 전화 응대 인력에 대해 말씀드릴게요. (로비에게) 후속 기사는 어떻게 준비되고 있죠?

로비가 사샤를 쳐다본다.

사샤 : 신부 70명에 대한 복수의 증언들을 확보했어요.

- **work it**
  〈구어〉 어떻게 해 보다, 처리하다, 조치하다
- **jump**
  뛰어오르기, 폭등, 장애물, 다른 페이지로 계속되는 기사
- **straightforward**
  간단한, 직접적인, 솔직한
  uncomplicated and easy to do or understand
- **tip line**
  제보 전화
  hot line
- **in case**
  ~인 경우를 대비하여
  in order to be prepared for something that may happen
- **be tied up**
  묶여있다, 매여있다, 정체되다
- **picketers**
  피켓 시위자(시위대)
- **nail down**
  해결하다, 확실하게 하다, 실토하게 하다, 고정시키다

I'm more concerned about the phones at reception.

concern about은 '~을 걱정하다, 염려하다'는 뜻입니다. I'm very concerned about your health.는 '난 네 건강이 너무 염려된다'는 말이죠. 그리고 Your health concerns me very much.라고 해도 같은 뜻이 됩니다. 위의 문장에서는 more를 붙여서 '~이 더 걱정된다'는 표현을 만들었습니다. 앞에서 나온 다른 말들보다 안내 데스크로 오는 전화가 더 걱정된다는 말이죠.

Zoom In

I'm more concerned about the phones at reception.

전 안내 데스크로 오는 전화가 더 걱정이에요.

MARTY : All seventy?

SACHA : Uh huh. And with the confirmation from Robby's source, we're ready to go. We can have a draft next week.

MARTY : Robby, that source of yours, is it something we could revisit?

ROBBY : (breathes in) Might be tough.

BEN : But he has no problem helping the church protect dozens of dirty priests. Guy's a scumbag.

Matt glances at Robby. Who's looking at Ben.

MATT : He's a lawyer, he's doing his job

MIKE : He's a shill for the Church.

BEN : He knew and did nothing.

MIKE : He coulda said something years ago. Maybe saved some lives.

ROBBY : What about us?

BEN : What's that supposed to mean?

ROBBY : We had all the pieces. Why didn't we get it sooner?

BEN : We didn't have all the pieces.

ROBBY : We had Saviano, we had Barrett, we had Geoghan. We had the directories in the basement.

마티 : 70명 전부요?

사샤 : 네. 팀장님의 정보원한테 확인도 받았으니 보도 준비는 끝났죠. 다음 주까지 초안을 준비하겠습니다.

마티 : 로비, 그 정보원은 다시 만나볼 수 있을까요?

로비 : (숨을 들이마시며) 아마 힘들 겁니다.

벤 : 교회가 추악한 신부 수십 명을 감싸는 걸 잘만 도와주더니. 그 인간도 쓰레기야.

매트가 로비를 슬쩍 본다. 로비는 벤을 보고 있다.

매트 : 변호사니까 자기 일을 한 거죠.

마이크 : 교회랑 한통속인 거지.

벤 : 알면서 가만히 있었잖아.

마이크 : 몇 년 전에 말했으면 단 몇 명이라도 구할 수 있었어.

로비 : 그러는 우리는?

벤 : 그게 무슨 소리야?

로비 : 자료도 다 있었는데 왜 더 일찍 밝혀내지 못했죠?

벤 : 자료가 부족했지.

로비 : 사비아노를 알았고 배럿과 게이건을 알았어요. 지하 서고엔 인명부가 있었고요.

- **ready to go**
  준비를 마쳤다
- **revisit**
  다시 방문하다, 재검토하다
- **shill**
  한통속, 야바위꾼, 앞잡이
  accomplice, conspirator, helper
- **coulda (could have)**
  ~할 수도 있었다

What's that supposed to mean?
상대방이 한 말 때문에 당황스럽거나 기분이 상했을 때 자주 쓰는 구어체 표현입니다. 지금 그게 무슨 뜻으로 한 말이냐고 따져 묻는 거죠. 이때 특히 'that'을 강하게 발음합니다. 비슷한 표현으로는 What do you mean?이나 What does that mean?이 있습니다.

Zoom In

What's that supposed to mean?

그게 무슨 소리야?

BEN : You know what? We got it now.

MIKE : Robby, the story needed Spotlight.

ROBBY : Mike, Spotlight's been around since 1970.

BEN : So what. We couldn't see the scope of this. No one could. Robby, this started with one goddamn priest.

Robby looks hard at Ben. A beat.

ROBBY : MacLeish sent us letter on twenty priests, years ago. Sacha found the clip.

MIKE : Freaking kidding? Twenty Priests?

BEN : When?

Robby looks back at Sacha.

SACHA : Just after Porter. December '93.

ROBBY : We buried the story in Metro. No folo.

BEN : That was you. You were Metro.

ROBBY : Yeah. That was me. I'd just taken over. I don't remember it at all. But yeah...

The room quiets. Gut punch.

벤 : 뭐, 어쨌든 이제 밝혀냈잖아.

마이크 : 스포트라이트의 집중 조사가 필요했던 거죠.

로비 : 스포트라이트 팀은 1970년대부터 있었어.

벤 : 그래서? 그땐 이 정도 규모인지 알 수도 없었어. 누구라도 불가능했지. 한 빌어먹을 신부로부터 시작된 거잖아.

로비가 벤을 똑바로 바라본다. 잠시 시간이 흐른다.

로비 : 맥클레쉬는 수년 전에 신부 20명의 명단을 보내왔어요. 사샤가 자료를 찾았죠.

마이크 : 정말이에요? 20명을요?

벤 : 언제?

로비가 사샤를 돌아본다.

사샤 : 포터 사건 직후예요. 93년도 12월이었죠.

로비 : 사회면에만 기사를 실었고 후속 취재는 없었어요.

벤 : 그럼 자네였잖아. 자네가 사회부였으니까.

로비 : 네, 제가 그랬어요. 갓 자리를 옮겼던 때라 기억은 안 나지만요. 하지만 사실이에요.

방안에 정적이 흐른다. 모두가 한 방 얻어맞은 표정이다.

- **have been around**
  ~부터 존재해왔다, 세상 경험이 많다, 세상 물정에 밝다
- **look hard at**
  뚫어지게 보다, 지그시 보다, 자세히 보다
- **quiet**
  조용해지다, 차분해지다; 조용한, 평온한; 고요
- **gut punch**
  심리적인 타격

You know what?

새로운 말을 시작할 때 앞에 달아서 주위를 환기시키는 표현입니다. 지금부터 하려는 말을 강조하고 싶을 때 사용하죠. 한국말로는 '있잖아' 정도가 되겠지만 문맥에 따라 다양하게 해석될 수 있습니다.
You know what? They're getting married soon. 그거 알아? 그 두 사람이 곧 결혼한대.

Zoom In

You know what?

그게 말이야 / 있잖아 / 그거 알아?

MARTY : Uh, Can I say something here? Sometimes it's easy to forget that we spend most of our time stumbling around in the dark. Suddenly a light gets turned on, and there's a fair share of blame to go around. I can't speak to what happened before I arrived, but, um... all of you have done some very good reporting here. Reporting that I believe is gonna have an immediate and considerable impact on our readers. For me, this kind of story is why we do this.

The team takes this in.

MARTY : Having said that, Cardinal Law and the Catholic community are gonna have a very strong response to this. (breathes in) So if you need a moment, you've earned it. But, I will need you back here Monday morning focused and ready to do your job.

EXT. BOSTON GLOBE - NIGHT

The building is dark, save for the press room. Through the window, we see the presses. Running.

INT. GLOBE, BEN'S OFFICE - SAME

Ben, coat on, sits alone at his desk, staring into space.

MARTY : Leaving?

Ben looks up. Marty's in the door. Ben stands.

마티 : 어… 내가 한마디 해도 될까요? 간과하기 쉽지만 우린 대부분의 시간을 어둠 속에서 비틀거리며 보내요 그러다 갑자기 불이 켜지면 서로 큰 소리로 책임 소재를 따지게 되죠. 내가 오기 전에 있던 일에 대해 말할 순 없지만… 여러분은 아주 좋은 기사를 만들어냈어요. 독자들에게 즉각적이고 상당한 영향을 줄 수 있는 보도죠. 난 이런 기사를 쓰는 게 진짜 언론이라고 생각해요.

스포트라이트 팀 전체가 이 말을 되새긴다.

마티 : 그런데도 추기경과 가톨릭 커뮤니티는 강하게 반발을 해오겠죠. (숨을 들이마시며) 그러니까 그 전에 남은 여유를 즐겨요. 그리고 월요일 아침에 맑은 정신으로 나와서 다시 열심히 일해줘요.

외부. 보스턴 글로브 - 밤

어두운 신문사 건물에서 인쇄실만 환하다. 창문 안으로 인쇄기가 보인다. 열심히 돌아가고 있다.

내부. 보스턴 글로브, 부국장실 - 같은 신

벤이 외투를 입은 채 혼자 책상 앞에 앉아 허공을 바라보고 있다.

마티 : 퇴근 안 해요?

벤이 올려다본다. 마티가 문 앞에 서 있다. 벤이 일어선다.

- **stumble around**
  이리저리 비틀거리다
- **(more than) fair share of**
  상당한, 심한
  a lot or more than enough of something bad
- **go around**
  돌아다니다, 골고루 돌아가다, 퍼지다
- **save for**
  ~를 제외하고
  except for

Having said that ~

자신이 앞에서 한 말과 반대되는 맥락의 말을 할 때 그 두 가지를 자연스럽게 연결시키는 표현입니다. 문맥에 따라 However나 On the other hand 등으로 바꿔 쓸 수도 있습니다.

- He is a great player. Having said that, I think he should seriously consider retiring from the national team. 그는 훌륭한 선수야. 그렇지만 국가대표 은퇴를 고려할 때가 된 것 같아.

Zoom In

Having said that ~

그럼에도 불구하고 / 그렇긴 해도

BEN : Yeah.

Ben walks out into the newsroom.

INT. GLOBE, NEWSROOM - CONTINUOUS

Ben and Marty walk across the quiet newsroom.

MARTY : I just got a call from the Cardinal.

BEN : Really. Why?

MARTY : He wanted to tell me personally that he decided not to comment. Yeah, said he wanted to extend me that courtesy.

BEN : Jesus, the balls on that guy. What'd you say?

MARTY : I told him he was making a mistake and that we were still going to run the story.

BEN : Damn right we're gonna run it.

INT. GLOBE, PRESSES - NIGHT

Tomorrow's newspaper is being printed.

INT. SACHA'S GRANDMOTHER'S HOUSE, KITCHEN / DINING ROOM - NIGHT

Sacha's grandmother reads an early edition of the paper. Upset.

Sacha, sitting nearby, watches her nervously.

NANA : Sacha, can I have a drink of water?

SACHA : Yeah. Sure, Nana.

Sacha gets up, walks into the kitchen.

벤 : 가야죠.

벤이 편집국으로 나간다.

내부. 보스턴 글로브, 편집국 - 계속

벤과 마티가 조용한 편집국을 걸어나간다.

마티 : 방금 추기경한테 전화가 왔어요.

벤 : 정말요? 뭐래요?

마티 : 대응 안 하기로 결정했다고 직접 말해주고 싶었대요. 나한테 그 정도의 예의는 베풀고 싶었다나 봐요.

벤 : 세상에, 뻔뻔하기도 하네요. 그래서 뭐라고 하셨어요?

마티 : 실수하시는 거라고, 우린 어쨌든 기사를 내보낼 거라고 했죠.

벤 : 그야 당연히 내보내야죠.

내부. 보스턴 글로브, 인쇄실 - 밤

내일 자 신문이 인쇄되고 있다.

내부. 사샤의 할머니 집, 부엌 / 식당 - 밤

사샤의 할머니가 신문 초판을 읽고 있다. 마음이 심란해 보인다. 사샤는 곁에 앉아서 할머니를 걱정스럽게 보고 있다.

할머니 : 나 물 한 컵만 가져다줄래?

사샤 : 네, 할머니.

사샤가 일어나서 부엌으로 간다.

- **extend courtesy**
  예의를 표하다, 호의를 베풀다
- **balls**
  〈속어〉 배짱, 용기
  guts, nerves
- **make a mistake**
  실수하다, 잘못 생각하다

Damn right we're gonna run it.

right 앞에 내용을 강조하는 욕설인 damn을 붙이면 '당연히'라는 표현이 됩니다. certainly, definitely, absolutely 등과 같은 뜻이죠. 이처럼 damn이 형용사 앞에 붙으면 강조하는 부사가 됩니다. 하지만 속어이기 때문에 아무 때나 써서는 안 됩니다.

- It's damn good. 이거 아주 / 더럽게 좋은데.
- He is damn lucky. 그는 아주 / 더럽게 운이 좋다.

Zoom In

Damn right we're gonna run it.

그야 당연히 내보내야죠.

INT. GLOBE, LOADING DOCKS - NIGHT

Bundles of papers fly down circular chutes into the trucks. Inside the trucks, men grab the bundles, and stack them.

INT. GARABEDIAN'S OFFICE, CONFERENCE ROOM - NIGHT

Mitch is standing behind his desk, at the window. He reads another early edition.

GARABEDIAN : Can I keep this?

MIKE : Sure. I thought you should see it first.

GARABEDIAN : Thank you for bringing it by. I have some clients I have to attend to.

INT. GARABEDIAN OFFICE, HALLWAY - CONTINUOUS

Mike walks back toward the elevator. He presses the button, waits, hears children murmuring. He peers into a small waiting room.

INT. GARABEDIAN OFFICE, SMALL WAITING ROOM - CONTINUOUS

A mother sits with two young children, playing innocently. The mother, distraught, fingers rosary beads.

GARABEDIAN : Both kids were abused.

In the hallway, Garabedian stands behind Mike.

GARABEDIAN : Jamaica Plain. Two weeks ago. (points at Mike) Keep doing your work, Mr. Rezendes.

내부. 보스턴 글로브, 하역장 – 밤

신문 묶음들이 원형 활송 장치를 따라 트럭으로 떨어진다. 트럭 안에서는 사람들이 신문 묶음을 들어 차곡차곡 쌓는다.

내부. 개러비디언의 사무실, 회의실 – 밤

개러비디언이 책상 뒤편 창가에 서 있다. 그 또한 신문 초판을 읽고 있다.

개러비디언 : 내가 가져도 될까요?

마이크 : 그럼요. 제일 먼저 보셔야 할 것 같아서 가져왔어요.

개러비디언 : 직접 가져다줘서 고마워요. 난 이만 만나봐야 할 고객들이 있어서요.

내부. 개러비디언의 사무실, 복도 – 계속

마이크가 엘리베이터를 타러 간다. 버튼을 누르고 기다리는데 아이들이 웅얼거리는 소리가 난다. 마이크가 작은 대기실 안을 들여다본다.

내부. 개러비디언의 사무실, 작은 대기실 – 계속

한 엄마가 자녀 둘과 함께 앉아있다. 아이들은 천진난만하고 놀고, 엄마는 심란해서 묵주의 구슬을 만지고 있다.

개러비디언 : 둘 다 성추행을 당했어요.

개러비디언이 복도에 나와 마이크 뒤에 서 있다.

개러비디언 : 자메이카 플레인에서 2주 전에요. (손으로 마이크를 가리키며) 기자님은 계속 열심히 보도해주세요.

- **chute**
  슈트, 활송 장치
  - mail chute 우편물 활송 장치
  - garbage chute 쓰레기 활송 장치
- **peer into**
  자세히 들여다보다, 가만히 들여다보다
- **distraught**
  당황한, 몹시 동요한, 심란한, 미칠 듯한
- **finger**
  손가락; 손가락으로 만지다, 손가락으로 연주하다, 밀고하다
- **rosary**
  묵주

Keep doing your work.

keep ~ing는 무언가를 멈추지 않고 계속한다는 뜻입니다. your work는 마이크가 하는 일,즉 기자로서의 보도를 말하는 거죠. 결국 당신이 하는 일은 좋은 일이니 그 일을 계속해달라는 부탁의 표현입니다. Keep up the good work.라는 응원의 말과도 일맥상통하죠.

Zoom In

Keep doing your work.

기자님은 계속 열심히 보도해주세요.

He goes in. Mike just stands there, gutted.

GARABEDIAN : Hello.

CHILD #1 : Hello.

GARABEDIAN : How are you guys doing?

CHILD #1 : We're good.

GARABEDIAN : Good.

INT. GLOBE, LOADING DOCKS - NIGHT

The green and gold trucks roll out from the Globe. The papers are sent out on trucks around Boston.

A car waits for the trucks to pass. And it's Robby behind the wheel.

INT. ROBBY'S CAR - SAME

Robby, sits in his car watching the trucks roll out.

EXT. BOSTON - DAWN

The sparkling Boston skyline above the river.

EXT. WEST ROXBURY, BOSTON - EARLY MORNING

A welcome mat. A copy of the Globe is slapped down. We see the headline: "Church Allowed Abuse by Priest for Years."

Reveal Matt walking away from the door. We find it's the treatment center near his house.

그가 안으로 들어간다. 마이크는 처참한 심정으로 그 자리에 서 있다.

개러비디언 : 얘들아, 안녕.

아이 1 : 안녕하세요.

개러비디언 : 잘 놀고 있었니?

아이 1 : 네.

개러비디언 : 잘했구나.

내부. 보스턴 글로브, 하역장 - 밤

녹색과 금색으로 된 트럭들이 신문사를 빠져나간다. 이제 신문이 이 트럭들을 통해 보스턴 전역으로 배송될 것이다. 차 한 대가 트럭들이 지나가길 기다리고 있다. 운전대를 잡은 사람은 로비다

내부. 로비의 차 - 동일 신

로비가 자기 차에 앉아 트럭들이 빠져나가는 걸 지켜보고 있다.

외부. 보스턴 - 새벽

강물 위로 솟은 보스턴의 스카이라인이 불빛으로 반짝인다.

외부. 웨스트 록스베리, 보스턴 - 이른 아침

도어 매트 위로 보스턴 글로브 한 부가 털썩하고 떨어진다. 1면 기사 제목이 보인다. '아동 성추행 신부들을 수년간 묵인해온 가톨릭 교회.' 그 문 앞에서 뒤돌아 가는 사람은 매트다. 이곳은 다름 아닌 그의 집 근처에 있는 치료 센터였다.

- **gutted**
  큰 타격을 받은, 기분이 처참한
  extremely disappointed and unhappy
- **roll out**
  (침대에서) 일어나다, 길을 나서다, 출시하다
- **slap down**
  털썩 놓다

It's Robby behind the wheel.

wheel은 '바퀴'라는 뜻도 있지만 자동차의 '핸들(steering wheel)'을 의미하기도 합니다. behind the wheel은 운전대 뒤에 있다는 말이니까 '운전하다'라는 뜻이 됩니다. 주로 be behind the wheel이나 get behind the wheel의 형태로 쓰입니다.

- Who was behind the wheel? 누가 운전하고 있었어?
- Don't get behind the wheel. 운전하지 마.

Zoom In

It's Robby behind the wheel.

운전대를 잡은 사람은 로비다.

INT. GLOBE, SPOTLIGHT - EARLY MORNING

Sacha enters, turns on the lights, takes off her coat. Matt enters.

MATT : Hey.

SACHA : Good morning.

MATT : How'd you sleep?

SACHA : Not very well. You?

MATT : I haven't slept well for months.

Sacha takes Matt's coat.

MATT : Oh, thanks. I actually started writing.

SACHA : Writing?

MATT : Yeah, I've been working on a book. Gives me something else to focus on.

SACHA : What kind of book?

MATT : Horror.

As Sacha laughs, the phone rings. The tip line. They both stare. At last, Matt picks up.

MATT : (into phone) Spotlight.

Matt and Sacha trade a look.

내부. 보스턴 글로브, 스포트라이트 팀 사무실 – 이른 아침

사샤가 사무실에 들어와 불을 켜고 외투를 벗는다. 이어서 매트가 들어온다.

매트 : 사샤.

사샤 : 좋은 아침.

매트 : 잠은 잘 잤어?

사샤 : 잘 못 잤어. 너는?

매트 : 난 몇 달째 제대로 못 자.

사샤가 매트의 외투를 받아든다.

매트 : 오, 고마워. 사실은 글을 쓰기 시작했거든.

사샤 : 글을 써?

매트 : 응, 책을 하나 집필 중이야. 다른 데 정신을 쏟을 필요가 있으니까.

사샤 : 무슨 책인데?

매트 : 공포 소설.

사샤가 웃는다. 그때, 전화가 울린다. 제보 전화다. 두 사람이 시선을 교환한다. 둘 중 매트가 전화를 받는다.

매트 : (전화에다) 스포트라이트입니다.

매트와 사샤가 서로 눈을 마주친다.

- **focus on**
  집중하다, 주력하다
- **trade a look**
  시선을 교환하다

I haven't slept well for months.

haven't slept well은 과거 어느 시점부터 지금까지 계속 잠을 잘 못 자고 있다는 표현입니다. 여기서는 for months, 즉 몇 달째 그 상태가 지속되고 있다는 거죠. 반면에 어제 하루 잠을 잘 못 잤다면 I didn't sleep well last night.이라고 하면 됩니다.

Zoom In

I haven't slept well for months.

난 몇 달째 제대로 못 자.

MATT : (into phone) Yeah. Yeah, of course. Can I, get your name please?

He grabs a pen.

EXT. GLOBE, FRONT PARKING LOT - EARLY MORNING

The small visitor's lot at the Globe entrance is empty, save for Mike's car. Idling. Robby's car enters, pulls up next to Mike's. Robby looks across at Mike. The two men connect.

Mike and Robby get out of their cars.

ROBBY : You do know its Sunday, right?

MIKE : I couldn't get a tee time.

Robby smiles. Mike notes the security guards at the entrance. Robby and Mike head for the door.

MIKE : No picketers.

ROBBY : Yeah, probably still at church.

They walk in. Warriors returning home.

INT. GLOBE, NEWSROOM - EARLY MORNING

Mike and Robby walk into the newsroom. It's quiet. Mike and Robby share a confused look as they reach the desk. Linda, the operator, and two others sit by the phone. Bored.

MKE : Hey, Linda. It's quiet, huh?

LINDA : Yeah, easiest overtime I ever made. Phone hasn't rung once. Marty sent two of mine down to Spotlight.

매트 : 네. 그럼요. 성함이 어떻게 되시죠?

매트가 펜을 집어 든다.

외부. 보스턴 글로브, 정문 주차장 – 이른 아침

신문사 정문 앞의 방문자 전용 주차장에는 마이크의 차 한 대만이 세워져 있다. 아주 한산하다. 로비의 차가 들어와서 마이크 옆에 세운다. 로비가 마이크를 바라본다. 두 사람의 마음이 통했다. 마이크와 로비가 둘 다 차에서 내린다.

로비 : 오늘이 일요일인 건 알지?

마이크 : 티타임을 못 잡아서요.

로비가 미소를 짓는다. 마이크는 정문 앞의 경비원들이 서 있는 걸 본다. 로비와 마이크가 문으로 걸어간다.

마이크 : 시위대가 없네요.

로비 : 그러게, 아직 성당에 있을 시간인가 봐.

두 사람이 건물 안으로 들어간다. 집으로 돌아온 병사들 같다.

내부. 보스턴 글로브, 편집국 – 이른 아침

마이크와 로비가 편집국에 들어선다. 아주 조용하다. 마이크와 로비가 당황한 듯 서로 시선을 교환하며 안내 데스크로 간다. 전화 교환원인 린다가 두 명의 직원과 함께 전화기 앞에 앉아 있다. 할 일이 없어 지루해 보인다.

마이크 : 린다. 전화가 조용하네요.

린다 : 네, 초과 근무가 이렇게 한가로운 건 처음이에요. 전화가 한 번도 안 울렸어요. 국장님이 여기 있던 두 명을 스포트라이트 사무실로 내려보냈어요.

- **idle**
  헛되이 보내다, 할 일이 없다, 빈둥거리다; 게으른, 한가한
- **overtime**
  초과 근무, 시간 외 근무, 연장전

Can I get your name please?
이름을 묻는 표현에는 여러 가지가 있지만, Can I get your name?은 조금 격식을 차려 묻는 말입니다. 전화상으로 상대의 이름을 묻거나 이름을 메모로 남겨야 할 때 이런 표현을 쓸 수 있습니다. 비슷하게 Can I have your name?이라고도 할 수 있으며, 더 정중하게 묻고 싶다면 Can 대신에 May를 사용하면 됩니다.

Zoom In

Can I get your name please?

성함이 어떻게 되시죠?

Mike and Robby trade a look. They start moving.

LINDA : (calls out after them) Great article guys.

ROBBY : Thank you.

MIKE : Thanks. (to Robby) Spotlight?

They hustle through the empty newsroom, heading downstairs. We hold on Marty, in his office. Working. As always.

INT. GLOBE, HALLWAY - CONTINUOUS

Robby and Mike charge from the stairwall. They quickly walk down the corridor with purpose.

We hear a murmur. Buzzing. And ringing phones. Mike and Robby get to the door. We hold on them for a second as they stand in the doorway, looking into the office.

INT. GLOBE, SPOTLIGHT OFFICE - CONTINUOUS

Chaos. Sacha and Matt and two interns answering phones. Overwhelmed.

INTERN #1 : (into phone) Spotlight. Can I help you?

SACHA : Phones have been ringing all morning.

INTERN #2 : (into phone) Spotlight.

MATT : Mike, can you grab that?

MIKE : Yeah, yeah.

마이크와 로비가 서로 눈을 바라본다. 그리고 걸음을 옮기기 시작한다.

린다 : (뒤에다 대고 소리치며) 멋진 기사 잘 봤어요.

로비 : 고마워요.

마이크 : 고맙습니다. (로비에게) 우리 사무실로 보냈다고요?

두 사람은 텅 빈 편집국을 바삐 가로질러 아래층으로 내려간다. 국장실에 있는 마티가 보인다. 늘 그래왔듯 여전히 일하는 중이다.

내부. 보스턴 글로브, 복도 – 계속

로비와 마이크가 계단을 뛰어 내려온다. 그리고 급한 마음에 복도를 재빠르게 걷는다.
멀리서 사람 목소리와 윙윙거리는 소리, 전화벨 소리가 들려온다. 마이크와 로비가 문에 다가선다. 두 사람은 잠시 문 앞에 서서 사무실 안을 들여다본다.

내부. 보스턴 글로브, 스포트라이트 팀 사무실 – 계속

대혼란이다. 사샤와 매트, 그리고 두 인턴이 전화를 받고 있다. 정신이 하나도 없다.

인턴 1 : (전화에다) 스포트라이트입니다. 어떻게 도와드릴까요?

사샤 : 아침 내내 전화가 끊이지 않고 와요.

인턴 2 : (전화에다) 스포트라이트입니다.

매트 : 마이크, 저것 좀 받아줄래?

마이크 : 알았어.

- **charge**
  돌진하다, 달려가다, 청구하다; 요금, 고발, 책임
- **with purpose**
  목적이 있어서, 일부러
- **chaos**
  혼란, 혼돈, 카오스
- **overwhelmed**
  압도된, 주체를 못 하는, 어찌할 줄 모르는

Mike, can you grab that?
grab에는 '(무언가를 짧은 시간 안에 급하게) 잡는다'는 뜻이 있습니다. 이 문장에서는 전화벨이 계속 울리고 있으니 빨리 받아달라고 부탁하는 거죠. grab이 이런 뜻으로 사용되는 경우는 grab a taxi (택시를 잡다), grab a quick shower (후다닥 샤워를 하다), grab a sandwich (간단히 샌드위치를 해치우다), grab a few hour's sleep (몇 시간만 눈을 붙이다) 등이 있습니다.

Zoom In

Mike, can you grab that?
마이크, 저것 좀 받아줄래?

Mike moves for his desk.

MATT : (to Robby) They're almost all victims, Robby. (back to phone) I'm sorry to make you wait.

SACHA : (into phone) I'm Sacha Pfeiffer.

MATT : (into phone) It's very tough to talk about, I know... Yes, you can reach me here.

Mike answers his phone.

MIKE : This is Spotlight.

Robby moves to his office. He watches the team answering phones, working. Then he grabs a phone.

ROBBY : "Spotlight."

CUT TO BLACK

#Over the course of 2002, the Spotlight team published close to 600 stories about the scandal.

#249 priests were accused of sexual abuse within the Boston Archdiocese.

#The number of victims is estimated to be well over 1,000.

#In December 2002, Cardinal Law resigned from the Boston Archdiocese.

He was reassigned to the Basilica di Santa Maria Maggiore in Rome, one of the highest ranking Roman Catholic churches in the world. Major abuse scandals were subsequently uncovered in:

마이크가 자신의 책상으로 간다.

매트 : (로비에게) 거의 다 피해자들 전화에요. (다시 전화에 대고) 기다리게 해드려서 죄송해요.

사샤 : (전화에다) 사샤 파이퍼 기자입니다.

매트 : (전화에다) 말하기 힘드신 거 잘 알아요. 네, 이 번호로 연락 주시면 돼요.

마이크도 제보 전화를 받는다.

마이크 : 스포트라이트입니다.

로비가 자신의 사무실 쪽으로 간다. 그리고 열심히 전화를 받고 있는 팀원들을 바라본다. 그러다가 로비도 전화를 받는다.

로비 : '스포트라이트'입니다.

화면이 암전된다.

'2002년 한 해 동안 스포트라이트 팀은 관련 기사만 600여 건 가까이 보도했다.'
'보스턴 대교구 내에서만 249명의 성직자가 성추행으로 고소당했다.'
'보스턴에서 피해를 당한 생존자 수는 1,000명이 훨씬 넘는 것으로 추정된다.'
'2002년 12월, 로 추기경은 보스턴 대교구에서 사임했다.'

그리고 전 세계에서 로마 가톨릭 교회 서열상 최상위에 속하는 로마의 산타마리아 마조레 대성당으로 재발령 됐다.

다음과 같은 지역들에서도 대형 성추행 추문들이 밝혀졌다.

- **close to**
  ~에 근접하다
- **within**
  ~안에, 내부에
- **well over**
  훨씬 넘는, 초과하는
- **resign**
  사임하다, 물러나다
- **subsequently**
  그 후에, 이어서
  after a particular thing has happened
- **uncover**
  폭로하다, 드러내다, 뚜껑을 열다
- **I'm sorry to make you wait.**
  기다리게 해드려서 죄송해요.
  (여기서 I'm sorry to~는 '~해서 미안하다'는 표현입니다. 당신을 기다리게 해서 미안하다는 뜻으로 쓰였죠. I'm sorry to keep you waiting.도 같은 상황에서 쓸 수 있습니다. 하지만 I'm sorry to~에는 '~해서 유감'이라는 뜻도 있는데요. I'm sorry to hear about your loss.는 가족이나 사랑하는 이를 잃은 사람에게 위로를 건네는 말입니다.)

Albany, NY
Altoona, PA
Anchorage, AK
Anchorage, KY
Baker, OR
Baltimore, MD
Billings, MT
Bridgeport, CT
Briscoe Memorial, WA
Brooklyn, NY
Burlington, VT
Camden, NJ
Cape Girardeau, MO
Charleston, SC
Chicago, IL
Cincinnati, OH
Cleveland, OH
Collegeville, MN
Conway Springs, KS
Covington, KY
Dallas, TX
Davenport, IA
Denver, CO
Detroit, MI
Dubuque, IA
East Greenwich, RI
El Paso, TX
Fairbanks, AK
Fall River, MA
Fargo, ND
Farmington, IA
Fort Worth, TX
Gallup, NM
Goshen, NY
Grand Mound, IA

뉴욕 주, 올버니
펜실베이니아 주, 앨투나
알래스카 주, 앵커리지
켄터키 주, 앵커리지
오리건 주, 베이커 시티
메릴랜드 주, 볼티모어
몬태나 주, 빌링스
코네티컷 주, 브리지포트
워싱턴 주, 브리스코 메모리얼
뉴욕 주, 브루클린
버몬트 주, 벌링턴
뉴저지 주, 캠던
미주리 주, 케이프 지라도
사우스캐롤라이나 주, 찰스턴
일리노이 주, 시카고
오하이오 주, 신시내티
오하이오 주, 클리블랜드
미네소타 주, 컬리지빌
캔자스 주, 콘웨이 스프링스
켄터키 주, 코빙턴
텍사스 주, 댈러스
아이오와 주, 대번포트
콜로라도 주, 덴버
미시간 주, 디트로이트
아이오와 주, 더뷰크
로드 아일랜드 주, 이스트 그린위치
텍사스 주, 엘패소
알래스카 주, 페어뱅크스
매사추세츠 주, 폴리버
노스다코타 주, 파고
아이오와 주, 파밍턴
텍사스 주, 포트워스
뉴멕시코 주, 갤럽
뉴욕 주, 고센
아이오와 주, 그랜드 마운드

Grand Rapids, MI
Greenbush, MN
Hannibal, MO
Hartford, CT
Helena, MT
Honolulu, HI
Indianapolis, IN
Jackson, MS
Joliet, IL
Kansas City, KS
Kansas City, MO
Lincoln, NE
Los Angeles, CA
Los Gatos, CA
Louisville, KY
Manchester, NH
Marietta, GA
Marty Indian School, SD
Memphis, TN
Mendham, NJ
Miami, FL
Milwaukee, WI
Mobile, AL
Monterey, CA
Nashville, TN
New Orleans, LA
New York, NY
Oakland, CA
Omaha, NE
Onamia, MN
Orange, CA
Palm Beach, FL
Peoria, IL
Philadelphia, PA
Phoenix, AZ

미시간 주, 그랜드래피즈
미네소타 주, 그린부시
미주리 주, 해니벌
코네티컷 주, 하트퍼드
몬태나 주, 헬레나
하와이 주, 호놀룰루
인디애나 주, 인디애나폴리스
미시시피 주, 잭슨
일리노이 주, 졸리엣
캔자스 주, 캔자스시티
미주리 주, 캔자스시티
네브래스카 주, 링컨
캘리포니아 주, 로스앤젤레스
캘리포니아 주, 로스 가토스
켄터키 주, 루이빌
뉴햄프셔 주, 맨체스터
조지아 주, 매리에타
사우스다코타 주, 마티 인디언 스쿨
테네시 주, 멤피스
뉴저지 주, 멘드햄
플로리다 주, 마이애미
위스콘신 주, 밀워키
앨라배마 주, 모빌
캘리포니아 주, 몬터레이
테네시 주, 내슈빌
루이지애나 주, 뉴올리언스
뉴욕 주, 뉴욕
캘리포니아 주, 오클랜드
네브래스카 주, 오마하
미네소타 주, 오나미아
캘리포니아 주, 오렌지
플로리다 주, 팜비치
일리노이 주, 피오리아
펜실베이니아 주, 필라델피아
애리조나 주, 피닉스

Pittsburgh, PA
Portland, ME
Portland, OR
Providence, RI
Raleigh, NC
Richmond, VA
Rochester, NY
Rockville Centre, NY
Rosebud Reservation, SD
Sacramento, CA
San Antonio, TX
San Bernardino, CA
San Diego, CA
Santa Barbara, CA
Santa Fe, NM
Santa Rosa, CA
Savannah, GA
Scranton, PA
Seattle, WA
Spokane, WA
Springfield, MA
St. Francis, WI
St. Ignatius, MT
St. Louis, MO
St. Michael, AK
St.Paul / Minneapolis, MN
Stebbins, AK
Stockton, CA
Toledo, OH
Tucson, AZ
Wellesley, MA
Wilmington, DE
Worcester, MA
Yakima, WA
Yuma, AZ

펜실베이니아 주, 피츠버그
메인 주, 포틀랜드
오리건 주, 포틀랜드
로드아일랜드 주, 프로비던스
노스캐롤라이나 주, 롤리
버지니아 주, 리치먼드
뉴욕 주, 로체스터
뉴욕 주, 록빌 센터
사우스다코타 주, 로즈버드 인디언 보호구역
캘리포니아 주, 새크라멘토
텍사스 주, 샌안토니오
캘리포니아 주, 샌버나디노
캘리포니아 주, 샌디에이고
캘리포니아 주, 샌타바버라
뉴멕시코 주, 샌타페이
캘리포니아 주, 산타로사
조지아 주, 서배너
펜실베이니아 주, 스크랜턴
워싱턴 주, 시애틀
워싱턴 주, 스포캔
매사추세츠 주, 스프링필드
위스콘신 주, 세인트 프랜시스
몬태나 주, 세인트 이그나티우스
미주리 주, 세인트루이스
알래스카 주, 세인트 마이클
미네소타 주, 세인트폴 / 미니애폴리스
알래스카 주, 스테빈스
캘리포니아 주, 스톡턴
오하이오 주, 털리도
애리조나 주, 투손
매사추세츠 주, 웰즐리
델라웨어 주, 윌밍턴
매사추세츠 주, 우스터
워싱턴 주, 야키모
애리조나 주, 유마

Adelaide, Australia
Akute, Nigeria
Antigonish, Canada
Arapiraca, Brazil
Auckland, New Zealand
Ayacucho, Peru
Ballarat, Australia
Bass Hill, Australia
Bathurst, Australia
Berazategui, Argentina
Berlin, Germany
Bindoon, Australia
Bo, Sierra Leone
Bontoc, Philippines
Brits, South Africa
Bruges, Belgium
Buenos Aires, Argentina
Caen, France
Canberra, Australia
Cape Town, South Africa
Cebu City, Philippines
Chatham, Canada
Chimbote, Peru
Christchurch, New Zealand
Ciudad de México, México
Comillas, Spain
Cottolengo, Chile
Cuacnopalan, México
Curracloe, Ireland
Dandenong, Australia
Dublin, Ireland
Edinburgh, Scotland
Feilding, New Zealand
Flawinne, Belgium
Franca, Brazil

오스트레일리아, 애들레이드
나이지리아, 아쿠트
캐나다, 안티고니시
브라질, 아라피라카
뉴질랜드, 오클랜드
페루, 아야쿠초
오스트레일리아, 밸러랫
오스트레일리아, 배스힐
오스트레일리아, 배서스트
아르헨티나, 베라사테기
독일, 베를린
오스트레일리아, 빈둔
시에라리온, 보
필리핀, 본톡
남아프리카 공화국, 브리츠
벨기에, 브뤼허
아르헨티나, 부에노스아이레스
프랑스, 캉
오스트레일리아, 캔버라
남아프리카 공화국, 케이프타운
필리핀, 세부
캐나다, 채텀
페루, 침보테
뉴질랜드, 크라이스트처치
멕시코, 시우다드데메히코
스페인, 코미야스
칠레, 코톨렌고
멕시코, 쿠악노팔란
아일랜드, 쿠라클로이
오스트레일리아, 단데농
아일랜드, 더블린
스코틀랜드, 에든버러
뉴질랜드, 페일딩
벨기에, 플로빈
브라질, 프랑카

Gortahork, Ireland
Goulburn, Australia
Grenada, Spain
Hamilton, New Zealand
Hobart, Australia
Hollabrunn, Austria
Igloolik, Canada
Kilnacrott, Ireland
Kircubbin, Northern Ireland
Lancefield, Australia
Letterfrack, Ireland
London, England
Lota, Ireland
Maipú, Chile
Manchester, England
Manila, Philippines
Mariana, Brazil
Masterton, New Zealand
Medellín, Colombia
Melbourne, Australia
Melipilla, Chile
Mérida, Venezuela
Middlesbrough, England
Mildura, Australia
Mittagong, Australia
Monageer, Ireland
Morisset, Australia
Morón, Argentina
Mount Isa, Australia
Munich, Germany
Nairobi, Kenya
Naval, Philippines
Neerkol, Australia
Newcastle, Australia
Ngong, Kenya

아일랜드, 고타호크
오스트레일리아, 골번
스페인, 그레나다
뉴질랜드, 해밀턴
오스트레일리아, 호바트
오스트리아, 올라브룬
캐나다, 이글루릭
아일랜드, 킬나크로트
북아일랜드, 키르쿠빈
오스트레일리아, 랜스필드
아일랜드, 레터프랙
영국, 런던
아일랜드, 로타
칠레, 마이푸
영국, 맨체스터
필리핀, 마닐라
브라질, 마리아나
뉴질랜드, 매스터턴
콜롬비아, 메델린
오스트레일리아, 멜버른
칠레, 멜리피야
베네수엘라, 메리다
영국, 미들즈브러
오스트레일리아, 밀두라
오스트레일리아, 미타공
아일랜드, 모나기어
오스트레일리아, 모리셋
아르헨티나, 모론
오스트레일리아, 마운트아이자
독일, 뮌헨
케냐, 나이로비
필리핀, 나발
오스트레일리아, 니어콜
오스트레일리아, 뉴캐슬
케냐, 은공

Ollur, India
Ottré, Belgium
Paraná, Argentina
Perth, Australia
Pilar, Argentina
Pozna´n, Poland
Preston, England
Quilicura, Chile
Quilmes, Argentina
Rab, Croatia
Reading, England
Riekhofen, Germany
Rio de Janeiro, Brazil
Rufisque, Senegal
Saint-Jean-de-Maurienne, France
Salta, Argentina
San Luis Potosí, México
Santiago, Chile
Santo Domingo, Dominican Republic
Sherbrooke, Canada
Silverstream, New Zealand
Soni, Tanzania
St. John's, Canada
Sydney, Australia
Toowoomba, Australia
Trondheim, Norway
Tubay, Philippines
Wagga Wagga, Australia
Wexford, Ireland
Wilno, Canada
Wollongong, Australia

인도, 올루르
벨기에, 오트레
아르헨티나, 파라나
오스트레일리아, 퍼스
아르헨티나, 필라
폴란드, 포즈난
영국, 프레스턴
칠레, 킬리쿠라
아르헨티나, 킬메스
크로아티아, 라브
영국, 리딩
독일, 리크호펜
브라질, 리우데자네이루
세네갈, 뤼피스크
프랑스, 생 장 드 모리엔
아르헨티나, 살타
멕시코, 산루이스포토시
칠레, 산티아고
도미니카공화국, 산토도밍고
캐나다, 셔브룩
뉴질랜드, 실버스트림
탄자니아, 소니
캐나다, 세인트존스
오스트레일리아, 시드니
오스트레일리아, 터움바
노르웨이, 트론헤임
필리핀, 투베이
오스트레일리아, 와가와가
아일랜드, 웩스퍼드
캐나다, 빌노
오스트레일리아, 울런공

MOVIE TALK 3

실화를 바탕으로 영화의 배경이 된 도시 _BOSTON

영화 《스포트라이트》가 담담히 풀어놓는 이 충격적인 이야기는 실제 사건을 바탕으로 하고 있습니다. 스포트라이트 팀과 편집국 기자들은 물론이고 대부분의 등장인물이 실존 인물이죠. 영화 제작진은 사전 제작 과정에서 시나리오가 업데이트될 때마다 실제 주인공인 기자들에게 보여주며 자문할 정도로 현실성을 높이는 데 공을 들였다고 합니다.

2001년 7월 말, 마이애미 헤럴드의 주필이었던 마티 배런이 보스턴 글로브의 신임 편집국장으로 부임합니다. 보스턴 글로브는 미 동부 매사추세츠주 보스턴 지역의 최대 일간지로 1872년에 창간된 역사 깊은 신문입니다. 1993년에 뉴욕 타임스 사에 합병되었으나 2013년에 다시 보스턴 레드삭스와 리버풀 FC의 구단주인 존 W. 헨리에게 매각되었습니다. 영화에서도 잠깐씩 언급되는 보스턴 헤럴드와 경쟁 구도를 이루고 있죠.

아무튼, 그렇게 난생처음 보스턴에 와서 업무를 파악하던 마티 배런은 존 J. 게이건 신부의 성추행 소송 건을 다룬 에일린 맥나마라의 칼럼을 접합니다. 게이건이라는 신부가 무려 30여 년간이나 여러 교구를 옮겨 다니며 아이들을 성추행한 경악할 만한 사건이었죠. 그러면서도 아무 탈 없이 성직을 맡고 있다는 건 윗선에서의 비호가 없다면 불가능한 일이었습니다. 그런데 놀랍게도 이 사건의 법정 기록은 비공개 문서로 봉인되

어 있었습니다. 정황상 가톨릭 교회의 압력이 있었다는 사실이 너무나 분명했죠. 이에 마티는 법원에 정보 공개를 청구합니다.

이는 뿌리 깊은 청교도 사회이자 인구의 상당수가 가톨릭교도인 보스턴에 일대 파란을 몰고 왔습니다. 가뜩이나 폐쇄적인 분위기의 보스턴에서는 외지인의 이런 행동을 자신들의 오랜 전통에 대한 도전으로 받아들였습니다. 게다가 보스턴 내에서는 추기경이 행사하는 영향력이 어마어마했기에 신문사로서도 큰 모험이라고 할 수 있었죠. 하지만 마티는 거기에 굴하지 않고 탐사보도 전문 팀인 스포트라이트 팀에 게이건 사건을 심층 취재할 것을 지시합니다. 이 팀은 1970년대에 처음 구성되어 현재까지도 꾸준히 사회 각 분야에 걸친 비리를 철저히 파헤치는 역할을 맡고 있습니다. 영화의 배경이 된 2001년 당시에는 팀장인 로비와 세 명의 취재 기자 (마이크 레젠데스, 사샤 파이퍼, 매트 캐롤)가 팀을 맡고 있었죠.

그런데 스포트라이트 팀의 취재 도중 엄청난 일이 밝혀집니다. 새로운 피해자들과 가해 신부들이 꼬리에 꼬리를 물고 드러난 겁니다. 게이건 사건은 그저 빙산의 일각일 뿐이었죠. 또한, 이 사건들에는 일정한 패턴이 있었습니다. 가해 신부들은 늘 외부에 발설할 가능성이 적은 저소득층이나 편부모 가정의 아이들을 대상으로 노렸으며, 대교구에서는 이를 알면서도 신부들을 이 교구 저 교구로 전근시키며 일을 무마해왔습니다. 가톨릭 교회가 조직 차원에서 은폐에 가담한 거죠. 또한, 이 과정에서 교회와 피해자들 간의 비밀스러운 합의를 도운 거물 변호사들도 있었습니다.

영화 속에서 그 자신도 피해자이자 피해자 단체의 회장인 필 사비아노는 신부들의 성추행을 신체적 학대일 뿐 아니라 영적인 학대라고 표현합

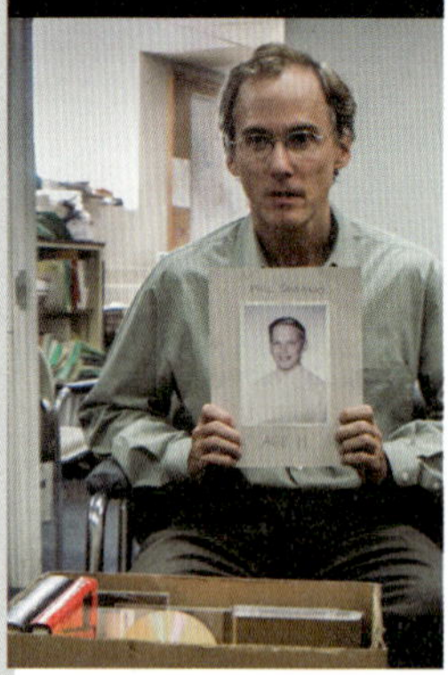

니다. 가해자가 일반 어른도 아닌 성직자인 만큼 아이들의 순수한 믿음이 철저히 파괴되기 때문이죠. 또, 인권 변호사인 개러비디언은 한 아이를 길러내는 게 마을의 책임이라면, 그 아이가 학대당하는 것도 마을의 책임이라며 알면서도 침묵한 보스턴 사회에 일침을 가합니다.

이런 이들의 도움으로 스포트라이트 팀은 단지 몇몇 신부들의 범죄가 아닌 가톨릭 교회 차원의 조직적인 은폐를 드러내기 위해 조사를 계속해나갔습니다. 해마다 발행되는 가톨릭 인명부를 수십 년 단위로 조사해가며 석연치 않은 사유로 전근을 다닌 신부들을 찾아냈고, 이를 피해자들의 진술과 대조해가며 확증에 확증을 더했습니다. 그러던 중 법원에서 비공개 소송 기록의 공개 명령이 떨어졌고, 라이벌 신문사에게 특종을 빼앗길 위험이 있었지만, 사건의 전모를 밝히기 전까지 보도를 서두르지 않았습니다.

이렇게 해서 결국 보스턴 내에서만 70여 명의 가해 신부들에 대한 물증을 확보했으며, 드디어 2002년 1월에 첫 기사를 터뜨렸습니다. 이 보도가 나간 이후 몇 달간 스포트라이트 팀으로 걸려온 제보 전화만 수백 통에 달했습니다. 그동안 두려움에 침묵하고 있던 피해자들이 나만 당한 건

아니라는 사실을 알고 용기를 내어 앞으로 나선 거죠. 이런 제보 전화를 바탕으로 스포트라이트 팀은 수개월 간 같은 주제로 연속 보도를 이어나갔습니다. 이를 통해 수십 년에 걸쳐 아이들을 성추행해 온 신부들이 보스턴에만 200여 명이 밝혀졌으며, 전국적으로는 최소 7천 명에 이르렀다고 합니다.

이로써 아는 사람은 다 알고 있었지만 아무도 나서지 않았던 추악한 범죄의 실체가 만천하에 드러났습니다. 스포트라이트 팀은 이 연속 보도로 2003년에 언론인으로서 최고 영광이라 할 수 있는 퓰리처상까지 받게 됐죠. 그리고 이를 계기로 전 세계에서 더욱더 많은 사제의 성추행 스캔들이 밝혀졌습니다.

이 영화는 마티 배런이 보스턴 글로브에 부임한 2001년 7월부터 최초 보도가 있었던 2002년 1월까지 스포트라이트 팀이 겪은 6개월간의 이야기를 담고 있습니다. 권위에 굴복하지 않고 눈앞의 이익만을 좇지 않은 진정한 언론인들의 모습은 우리에게 진한 감동을 선사하기에 충분합니다.

MOVIE TALK 3

영화의 배경이 되는 도시 _BOSTON

영화 《스포트라이트》의 주요 무대는 보스턴입니다. 우리나라에서는 보스턴이라고 하면 명문 대학이 많은 도시, 유럽풍의 건축물이 많은 도시 정도로만 알려졌지만, 그 안에는 훨씬 더 뿌리 깊은 역사와 전통이 숨겨져 있습니다.

보스턴은 미 동부 매사추세츠 만에 접해 있는 도시로, 1630년에 영국에서 건너온 청교도들에 의해 건설됐습니다. 이들이 미국 최초의 공립학교 (보스턴 라틴 스쿨)와 최초의 단과 대학 (하버드 대학교)을 세우면서 오늘날과 같은 교육의 도시로 발전할 수 있는 기반이 마련됐죠. 이후 1770년대에는 보스턴 차 사건이나 벙커힐 전투 등 미국 독립 전쟁사에 길이 남는 굵직한 사건들의 중심지 역할을 했습니다.

1820년대부터는 유럽 각국에서 이민자들이 몰려오며 민족 구성이 복잡해지기 시작했습니다. 특히, 1840년대 후반에 아일랜드인들이 대기근을 피해 대거 이주해오면서 보스턴 이민자 사회의 대다수를 차

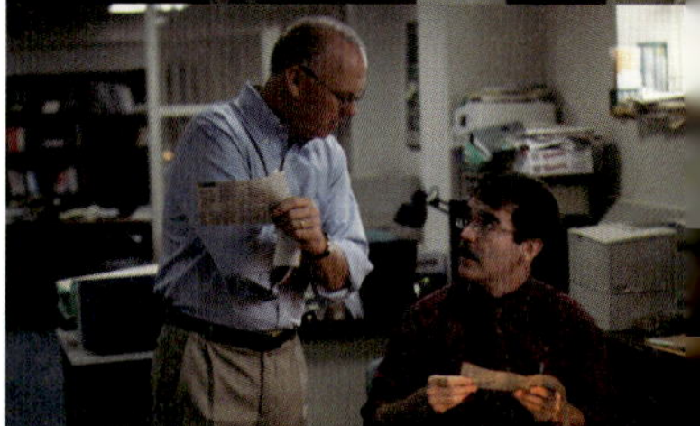

지하게 됐죠. 이 시기에 모여든 유럽인들은 민족에 따라 각자 다른 지역에서 자신들만의 공동체를 형성했습니다. 이탈리아계는 노스엔드, 아일랜드계는 사우스 보스턴 등으로 거주지가 나뉘기 시작한 건데요. 이러한 전통은 오늘날까지도 이어져 내려오고 있습니다. 또한, 이때 단일 민족으로서 가장 큰 단위로 이주해 온 아일랜드계와 이탈리아계 이민자들이 보스턴에 로마 가톨릭을 들여오면서 가톨릭이 보스턴 최대 종교로 자리매김하게 됐죠.

오늘날까지도 보스턴에서 아일랜드계의 파워는 대단해서, 문화, 예술, 정치, 스포츠, 종교 등 사회 각 분야를 장악하고 있으며, 그만큼 민족적인 자부심이 아주 큽니다. 오죽하면 프로농구팀의 이름도 아일랜드 민족의 기원이 되는 켈트족 (Celts)의 이름을 딴 보스턴 셀틱스 (Celtics)죠. 아일랜드의 수호성인인 성 패트릭을 기념하는 성 패트릭의 날 축제도 성대하게 치러집니다.

영화 속에서 이와 같은 주류 아일랜드계를 대표하는 인물이 바로 로비와 짐 설리번, 그리고 피트 콘리입니다. 로비와 짐은 술잔을 부딪치며 아일랜드의 게일어로 건배를 외치죠. 세 사람은 모두 가톨릭계 명문 고등학교인 보스턴칼리지 고등학교 출신입니다. 엄격한 가톨릭 교육을 받고 자란 거죠. 하지만 중간에 떨어져 나온 로비와 달리 짐 설리번과 피트 콘리는 가톨릭 교회의 안정적인 지지층으로 성장한 인물들입니다.

또한, 보스턴 하면 빼놓을 수 없는 게 스포츠입니다. 프로야구팀인 보스턴 레드삭스와 프로농구팀인 보스턴 셀틱스가 있고, 미식축구팀인 뉴잉글랜드 패트리어츠도 원래는 보스턴을 연고지로 창단됐다가 뉴잉글랜드 (메인, 뉴햄프셔, 버몬트, 매사추세츠, 코네티컷, 로드아일랜드의 6개 주에 걸친 지역)로 연고지를 바꿨죠.

영화에서는 특히 야구 얘기가 등장인물들의 대화 소재로 곳곳에서 사용되었습니다. 마이크는 편집국에서 자연스럽게 어제 경기 이야기를 꺼내고, 로비

는 자신을 선수 겸 감독 (팀장이자 기자라는 뜻에서)로 표현합니다. 회의 시간에 스포츠부장이 레드삭스의 중심 투수인 페드로 마르티네스의 부상이 길어질 것 같다고 하자 부국장인 벤은 그럼 미식축구나 봐야겠다는 뜻으로 뉴잉글랜드 패트리어츠의 개막전은 언제냐고 묻죠. 동료들끼리 보스턴 레드삭스의 홈구장인 펜웨이 파크를 찾아 답답한 경기 때문에 타들어 가는 속을 맥주로 달래는 장면도 정겹습니다. 그만큼 야구는 보스턴 시민들의 생활에 녹아있는 스포츠라고 할 수 있죠.

마티가 보스턴의 분위기를 익히기 위해 읽은 책도 바로 '밤비노의 저주'였습니다. 여기서 밤비노는 보스턴 레드삭스의 타자였던 홈런왕 베이브 루스의 애칭입니다.

보스턴 레드삭스는 메이저리그 초창기에 다섯 차례나 우승을 차지한 명문 팀이었습니다. 하지만 1920년에 야구장 건설자금을 확보하기 위해 베이브 루스를 헐값에 뉴욕 양키스로 트레이드 시킨 후 끝없는 추락을 거듭했죠. 반면 뉴욕 양키스는 이때부터 메이저리그 최고의 구단으로 발돋움해서 2002년까지 무려 26번의 월드시리즈 우승을 차지했습니다. 이를 두고 밤비노의 저주라는 말이 생기기 시작한 거죠. 하지만 다행히도 2004년 월드시리즈에서 보스턴 레드삭스가 우승하며 86년 만에 이 저주가 깨졌습니다.

물론 영화의 시간적 배경인 2001~2002년에는 주인공들이 이 사실을 알 수 없었을 테니 그들의 한숨이 이해가 가시겠죠?

이처럼 보스턴이라는 도시는 영화 전체의 분위기를 결정하는 데 큰 영향을 끼치고 있습니다. 위와 같은 내용을 염두에 두고 영화를 보시면 자칫 놓치고 넘어갈 수 있는 미묘한 부분들까지 짚어내실 수 있을 겁니다.

The Boston Globe